图解汽车空调维修技能速成

何应俊　胡照周　主编

机 械 工 业 出 版 社

本书共分9章，详细介绍了汽车空调维修的工具仪表的使用、维修所必备的基本技能，以及汽车空调的制冷、采暖、配气和电控系统等的基本原理、结构、常见故障及维修思路和方法。本书文字简洁，图示丰富、清晰，通俗易懂；结合汽车空调维修实际，内容具体、准确、实用，针对性强，突出技能；目录较为详细，便于读者根据需要进行选择性阅读；提供汽车空调相关维修资料。

　　本书适合从事汽车空调保养和维修的人员实现快速入门与技能提高。

图书在版编目（CIP）数据

图解汽车空调维修技能速成/何应俊，胡照周主编. —北京：机械工业出版社，2022.5

ISBN 978-7-111-70360-0

Ⅰ.①图… Ⅱ.①何…②胡… Ⅲ.①汽车空调–车辆修理–图解

Ⅳ.①U472.41–64

中国版本图书馆 CIP 数据核字（2022）第 043686 号

机械工业出版社（北京市百万庄大街 22 号　邮政编码 100037）

策划编辑：刘星宁　　　　　　责任编辑：刘星宁　闫洪庆

责任校对：肖　琳　李　婷　　封面设计：马精明

责任印制：常天培

北京机工印刷厂印刷

2022 年 6 月第 1 版第 1 次印刷

184mm×260mm·13.5 印张·334 千字

标准书号：ISBN 978-7-111-70360-0

定价：59.00 元

电话服务	网络服务
客服电话：010 – 88361066	机 工 官 网：www.cmpbook.com
010 – 88379833	机 工 官 博：weibo.com/cmp1952
010 – 68326294	金 书 网：www.golden – book.com
封底无防伪标均为盗版	机工教育服务网：www.cmpedu.com

前　言

　　目前，汽车正以迅猛的速度进入人们的生产和生活中。随着汽车数量的不断增大，社会对汽车保养和维修人员的需求也越来越大。汽车空调属于汽车必不可少的组成部分，因此其维护也需要大量的保养和维修人员。本书的宗旨就是帮助从事汽车空调保养和维修的人员实现快速入门和技能提高。

　　本书有以下特点：

　　1）在表现方式上，文字简洁，图示丰富、清晰，通俗易懂，理论密切联系实际。

　　2）在内容方面，结合汽车空调维修实际，内容具体、准确、实用，针对性强，突出技能。

　　3）本书目录较为详细，以便读者根据需要进行选择性阅读。

　　编者积累了大量的各品牌的燃油汽车、新能源汽车的维修资料、视频教程、维修手册（其中包含汽车空调），实用价值高，对读者学习本书后进一步提高维修实践水平和解决实际问题有很大帮助，读者可发邮件到 948832374@ qq. com 免费获取。本书参考了部分厂家资料，在此表示衷心感谢。

　　本书由长阳职教中心何应俊、胡照周担任主编，参编人员有长阳职教中心郭家琴、刘江龙、汪小林、董玉芳。

　　由于编者水平有限，书中若有错漏之处，请读者指正。

编　者

目　录

第1章

汽车空调制冷系统的结构和原理

本章导读

　　制冷系统是汽车空调的核心。制冷系统的检测和维修是汽车空调维修的重点。通过完成本章的学习，可以熟悉汽车空调制冷系统的构成，理解汽车空调制冷原理，掌握制冷循环过程的特点和规律，并能认识制冷系统各部件，掌握其特点、常见故障和检测方法。

学习目标

　　1. 理解制冷的基本原理。
　　2. 了解制冷相关的基本概念。
　　3. 了解汽车空调的常见类型。
　　4. 结合实物，熟悉汽车空调组成以及各部件的连接关系。
　　5. 掌握汽车空调制冷循环过程的特点和规律。
　　6. 熟悉压缩机、冷凝器、蒸发器、储液干燥器、膨胀阀、节流管的功能和特点。
　　7. 熟悉各制冷部件的拆装、维护和检测方法。

1.1　汽车空调制冷系统的组成

1.1.1　制冷系统的组成

　　1. 采用膨胀阀节流的制冷系统

　　采用膨胀阀节流的制冷系统由压缩机、冷凝器、储液干燥器、膨胀阀、蒸发器、鼓风机、风道等组成。各部件由下列三种管道连接制冷系统。

　　1）高压管道：用于连接压缩机和冷凝器。

　　2）液体管路：用于连接冷凝器和蒸发器。

　　3）回气管路：用于连接蒸发器和压缩机。

　　各部件由专用管道连接成一个密闭的整体，内部充有一定的制冷剂（一种比较容易发

1

生液态与气态转换的物质）。各部件的连接关系如图 1-1 所示（可将结构示意图和结构实物图结合起来阅读）。

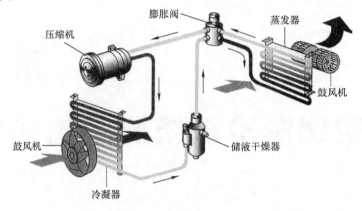

a) 结构示意图(细箭头方向为制冷工作时制冷剂
的流向，粗箭头方向为制冷工作时空气的流向)

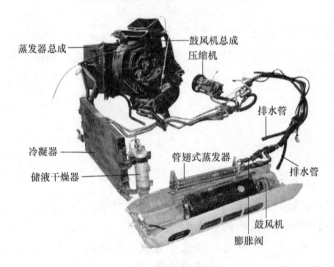

b) 结构实物图

图 1-1　采用膨胀阀节流的制冷系统

2. 采用节流管节流的制冷系统

采用节流膨胀管（简称节流管）节流的制冷系统没有膨胀阀，而用节流管代替，另外，用集液干燥器取代了储液干燥器。集液干燥器的结构和在空调系统中的安装位置与储液干燥器不同，如图 1-2 所示。

1.1.2　制冷原理

1. 物态变化

自然界中，物质的状态通常可分为固态、液态、气态。这三种状态在一定的条件下可相互转化并同时伴有热量转移（产生吸热和放热现象），如图 1-3 所示。

2. 汽车空调制冷原理

汽车空调的制冷系统内部充注了一种叫作制冷剂（俗称冷媒）的物质，空调制冷运行时，

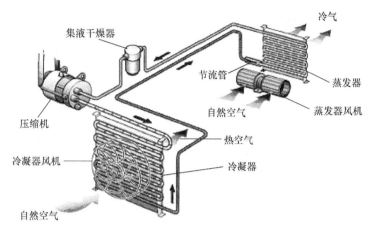

图1-2 采用节流管节流的制冷系统（细箭头方向为制冷工作时制冷剂的流向，粗箭头方向为制冷工作时空气的流向）

使低温低压的液态制冷剂在蒸发器中蒸发（汽化），吸收周围空间的热量，使周围空间温度下降，冷空气被鼓风机沿各风道送到车内，从而实现了制冷。

1.1.3 制冷循环过程

对于采用膨胀阀的制冷系统，汽车空调制冷运行时，制冷剂在制冷系统内依次流过各部件，并周期性地循环流动，实现了制冷。制冷系统各部件的连接关系以及制冷剂在循环流动过程中的状态变化和特点如图1-4所示（注意：H型膨胀阀有两个通道）。

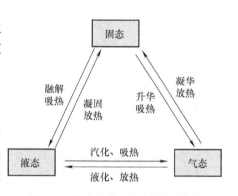

图1-3 物态变化及相关能量转移

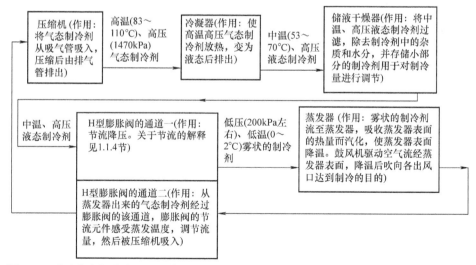

图1-4 采用膨胀阀节流的空调制冷运行时制冷剂循环流动与状态循环变化示意图（说明：图中的温度、压力数据来自帝豪GL2017车型。其他车型与此相似。各方框均表示一个制冷部件，箭头为制冷剂流动方向，建议此图与图1-1a结合起来识读，便于理解）

对于采用节流管节流的制冷系统，其制冷循环过程如图 1-5 所示。

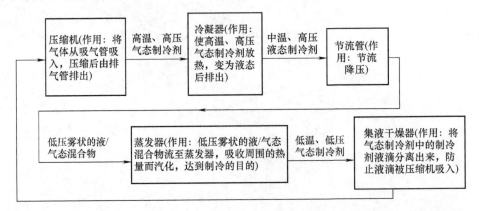

图 1-5　采用节流管节流的空调制冷运行时制冷剂的循环流动与状态循环变化示意图

1.1.4　制冷相关概念

1. 饱和温度和饱和压力

汽化有蒸发和沸腾两种形式。蒸发是在液体表面进行的汽化现象，可以在任何温度和压强下发生。沸腾是在液体内部和表面同时发生的剧烈汽化，沸腾时的温度叫饱和温度或沸点，此时液体表面的压强叫饱和压力。当压强固定时，一种液体只有一个固定的饱和温度（例如，水在 1atm$^{\ominus}$ 下，饱和温度是 100℃），压强增大，饱和温度升高，反之减小。同一压强下，不同成分的液体的饱和温度不同。

2. 蒸发温度和蒸发压力

在制冷领域，往往把沸腾称为蒸发，把发生蒸发现象的容器叫蒸发器，把饱和温度（即沸点）、饱和压力（即沸腾时的压力）称为蒸发温度和蒸发压力。制冷系统通过调节蒸发压力来调节蒸发温度。

3. 临界温度和临界压力

使气体液化有降低温度和增大压力两种方法。当气体的温度高于某一定值时，无论压力增大到什么程度，都不能使气体液化，这个定值称为临界温度。在临界温度下，使气体液化所需的最小压力称为临界压力。所以，要使气体液化，气体的温度必须低于临界温度。

4. 制冷常用的压力单位

制冷常用的压力单位有兆帕（MPa）、千克/厘米^2（kg/cm^2）、巴（bar）、磅/英寸^2（psi）、标准大气压（atm），维修空调的压力表刻度盘上也有多种单位的刻度线，所以，需要知道这些单位的换算关系。

1bar = 1atm = 1kg/cm^2 = 0.1MPa = 14.70psi；

1MPa = 1000 千帕（kPa）＝10kg/cm^2；

0.1MPa 或 1kg/cm^2 相当于 10mH$_2$O 的压力。

5. 冷凝和冷凝器

在制冷领域，把气体液化（冷凝放热）的过程叫冷凝，发生冷凝现象的容器叫冷凝器。

　　$\ominus$　1atm（标准大气压）＝101.325kPa，后同。

6. 节流

由于蒸发压力越小，蒸发温度也就越低，所以需要把从冷凝器出来的高温、高压液态制冷剂减压后送入蒸发器，获得所需的蒸发温度。该减压过程是通过节流来实现的。所谓节流就是一定压力的流体在管道内流动时，若管道的某处内径突然明显变小，流体通过后，压力减小、温度降低的现象。

7. 节流元件

实现节流作用的元件叫节流元件，其作用是节流降压、调节流量，防止液击和异常过热发生。汽车空调的节流元件一般有膨胀阀和节流管。

8. 显热和潜热

物体吸收或放出热量，温度也随之升高或降低，但状态不变，采用这种方式传递的热量叫显热。显热可以用温度计测量出来，例如，把 0℃ 的水加热到 100℃，水吸收的热就是显热。

物体温度不变但状态发生变化时，吸收或放出的热称为潜热。潜热用温度计测量不出来，例如，100℃ 的水变成 100℃ 的水蒸气，吸收的热就是潜热，它无法直接测量。

1.1.5 汽车空调的分类

汽车空调的常用分类见表 1-1。

表 1-1 汽车空调的常用分类

分类方法	分类结果	说明
按驱动方式分类	非独立式汽车空调系统	空调制冷压缩机由汽车发动机驱动，汽车空调系统的制冷性能受汽车发动机工况的影响较大，工作稳定性较差，尤其是低速时制冷量不足，而在高速时制冷量过剩，并且消耗功率较大，影响发动机动力性能。这种类型一般多用于制冷量相对较小的乘用车上
	独立式汽车空调系统	专用一台发动机（副发动机）驱动压缩机，制冷量大，工作稳定，但成本高，体积及重量大，多用于大、中型客车。空调系统可以独立运行，与汽车动力部分不会发生冲突
按结构形式分类	整体式空调	它将副发动机、压缩机、冷凝器、蒸发器通过传动带、管道连接成一个整体，安装在一个专门的机架上，构成一个独立的总成，由副发动机带动，通过送风管道将冷风送入车内
	分体式空调	它将压缩机、冷凝器、蒸发器等各部件分散安装在汽车各个部位，并用管道连接。轿车、中小型客车及货车都采用这种形式
按控制方式分类	手动式空调	通过控制板上的功能键对温度、风速、风向进行控制
	自动式空调	以微机为控制中心，根据驾驶人对控制面板上的按钮进行的设定，使空调系统自动运行，并根据各种传感器输入的信号，对送风温度和送风速度及时进行调整，使车内的空气环境保持最佳状态。电控单元还可以根据气候变化通过选择送风口，改变车内的温度分布
按空调性能分类	冷暖分开型	将制冷、供暖、通风系统各自安装，独立控制，互不干涉。这类空调占用空间较多，主要用于早期的汽车空调中
	冷暖一体型	将制冷、供暖、通风系统共用鼓风机和通道，在同一控制板上进行控制，在结构形式上是一体的，但制冷和采暖的功能仍然是分开的，不能同时工作
	全功能型	集制冷、除湿、采暖、通风、净化功能于一体，能调节空气的相对湿度

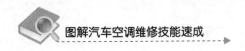

（续）

分类方法	分类结果	说明
按送风方式分类	直吹式	冷气或暖气直接从空调器送风面板吹出。其结构简单，阻力损失小，但送风均匀性差。常用于一般轿车、中小型客车及货车的空调
	风道式	用风机将空调器处理后的空气送到塑料风道，再由车内顶部和座位下的各出风口、风阀送到车内。该方式送风均匀，但结构较复杂，风道阻力增加，风机的功耗增大，主要用于大型客车空调

1.1.6 汽车空调的布置方式

1. 小型车辆空调的布置方式

轿车、小型客车由于空间的限制，常采用直联方式驱动压缩机（即压缩机由主发动机带动）。轿车空调的一般布置如图1-6所示。

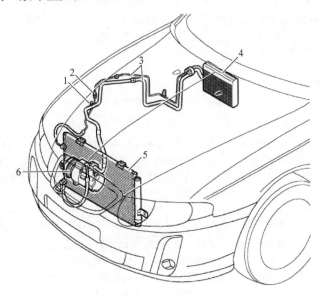

图1-6 轿车空调的一般布置示例（上汽荣威750）
1—低压维修连接器 2—高压维修连接器 3—制冷剂管路
4—蒸发器及带温度调节装置的膨胀阀 5—冷凝器 6—压缩机

由于压缩机由主发动机带动，为了发动机的怠速稳定性和汽车的加速性能，这类压缩机都采用电磁离合器，当发动机负荷很大时，离合器产生动作，压缩机的驱动轮和发动机的带轮分离，压缩机停转，以减轻发动机的负荷。当负荷变小时，压缩机的驱动轮和发动机的带轮接合，压缩机投入运行。

冷凝器安装在发动机之前，因而发动机散热器的散热效果会受到影响，散热器内的冷却液易沸腾，所以配置时应考虑两者之间的距离。现已采用了在冷凝器前增设风扇的方式（风扇由蓄电池供电）。这样可改善冷凝器和散热器的散热效果，使冷凝器的冷却不受汽车行驶速度的影响。

管道系统常采用高压气液通用软管和低压气液软管，既可防振，也便于安装。

2. 大中型车辆空调的布置方式

（1）大中型车辆空调的布置方式概述

大客车、中巴车等大中型客车的压缩机驱动方式主要采用独立式驱动（注：由专用的副发动机驱动压缩机），也有直联式驱动。大中型车辆的空调种类要比小型车辆多，布置方式较复杂，见表 1-2。

表 1-2 大中型车辆空调主要部件的布置方式

类别	主要部件	布置方式
分体式空调	蒸发器+冷凝器机组	前顶置、中央顶置、后顶置
	蒸发器	前顶置、中央顶置（又分中央集中顶置、中央分散顶置）、后顶置
	冷凝器	后置（车身后部底下）、裙置（车身中部底下）、前置（发动机室）
	压缩机	压缩机+冷凝器机组前置、裙置、后置
		压缩机单独安装
		压缩机+柴油机（驱动安装）
整体式空调	裙置（冷凝器+蒸发器+风机+独立发动机+散热器） 后置（同上） 前置（同上）	

（2）示例

蒸发器+冷凝器机组顶置式分体式空调是常用的布置方式之一，如图 1-7 所示，鼓风机和由蒸发器+冷凝器机组构成的热交换系统都是采用纵向排列，这样可使空气经处理后在车厢内分布均匀。顶置系统的外罩采用玻璃纤维增强塑料制成，有较强的耐腐蚀作用。这类布置方式既适用于独立式空调，也适用于非独立式空调。

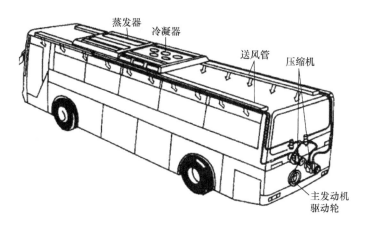

图 1-7 蒸发器+冷凝器机组顶置式分体式空调的布置示例

1.2 认识与检测汽车空调制冷系统各部件

通过学习 1.1 节，我们从宏观上对汽车空调的制冷系统组成及工作原理有了较为清晰的

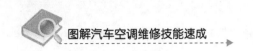

认识。制冷系统要正常工作，需要各个部件协同配合。任何一个部件异常，都会导致制冷效果差或者不制冷。下面介绍制冷系统各部件的特点、检测和故障排除的基本方法。

1.2.1 认识与检测压缩机

1. 压缩机的作用

压缩机的作用是将低压制冷剂气体吸入、压缩后排出，促使其在冷凝器中液化放热，并且作为动力源，促使制冷剂在系统内循环流动。它是空调系统的"心脏"。

压缩机有两个重要功能：一是使系统内产生低压条件，以便吸入制冷剂；二是把制冷剂蒸气从低压压缩至高压（1.4~1.5MPa），提高其温度（80~110℃）。这两种功能是同时完成的。

压缩机由发动机并通过传动带和电磁离合器驱动；它集吸入、压缩和压出制冷剂等功能于一体；其工作能力取决于所有气缸的有效工作容积和传动比。

2. 压缩机的种类及工作原理

（1）根据工作原理对压缩机的分类

根据工作原理的不同，压缩机可以分为定排量压缩机和变排量压缩机。其特点见表1-3。

表1-3 定排量和变排量压缩机的特点

名称	特点	工作方式
定排量压缩机	定排量压缩机运转一周排出的气体是定值，也就是说，排量是定值 一定时间内的排气量可随着发动机转速的提高而成比例的提高，对发动机油耗的影响比较大	它的控制一般通过采集蒸发器出风口的温度信号来实现，当温度达到设定的温度，压缩机电磁离合器松开，压缩机失去驱动力，停止工作。当温度升高后，电磁离合器接合，压缩机开始工作。定排量压缩机也受空调系统压力的控制，当管路内压力过高时，压缩机停止工作
变排量压缩机	变排量压缩机可以根据设定的温度和工况自动改变排量，从而自动调节输出功率	空调控制系统不采集蒸发器出风口的温度信号，而是根据空调管路内压力的变化信号控制压缩机的压缩比来自动调节制冷量。制冷强度的调节完全依赖装在压缩机内部的压力调节阀来控制。当空调管路内高压端的压力过高时，压力调节阀缩短压缩机内活塞行程以减小压缩比，这样就会降低制冷强度。当高压端压力下降到一定程度，低压端压力上升到一定程度时，压力调节阀则增大活塞行程以提高制冷强度

（2）根据内部工作方式对压缩机的分类

根据内部工作方式的不同，压缩机一般可以分为活塞式、回转式和涡旋式。其中活塞式包含曲轴连杆式、旋转斜盘式和摆动斜盘式，回转式包含旋转叶片式、螺杆式等。部分典型的压缩机特点见表1-4。

表 1-4　压缩机的分类和特点

名称	结构示意图	优缺点
曲轴连杆式压缩机	气缸套及进排气阀组合件　缓冲弹簧　水套　气缸盖 排气管　　　　　　　　　　进气管 活塞 油压推杆机构 进气腔 连杆 轴封 曲轴 曲轴箱 油泵 a) 结构 3　4　Ⅲ 2 Ⅱ Ⅰ 1　　1　　1　　1 b) 压缩　c) 排气　d) 膨胀　e) 吸气 1—活塞　2—气缸　3—进气阀　4—排气阀	工作过程可以分为 4 个阶段: 压缩 (见图 b, 活塞上平面由Ⅰ运动到Ⅱ)、排气 (见图 c, 活塞上平面由Ⅱ运动到Ⅲ)、膨胀 (见图 d, 活塞上平面由Ⅲ运动到Ⅱ)、吸气 (见图 e, 活塞上平面由Ⅱ运动到Ⅰ)。发动机通过带盘带动曲轴旋转, 曲轴通过连杆带动活塞往复运动, 由气缸内壁、气缸盖和活塞顶面构成的工作容积便会发生周期性变化, 从而在制冷系统中起到压缩和输送制冷剂的作用 为第 1 代压缩机, 应用比较广泛, 制造技术成熟, 结构简单, 对加工材料和加工工艺要求较低, 造价比较低, 能适应较广的压力范围和制冷量要求, 容易维修。但也有一些明显的缺点, 例如无法实现较高转速, 机体大而重, 排气不连续, 气流容易出现波动, 而且工作时有一定的振动 由于曲轴连杆式压缩机的上述特点, 小排量压缩机已不采用这种结构形式, 目前大多应用在客车和卡车的大排量空调系统中
斜盘式压缩机	4 2　3 1 5 6 1—活塞　2—压块　3—钢球 4—摇板　5—主轴　6—楔板 压缩机缸体 带轮和吸盘 轴承 斜盘 进排气阀片 电磁线圈 摇板 活塞 后端盖	斜盘随主轴一起旋转。主轴旋转一周, 斜盘上的各活塞、气缸分别完成一个工作循环。一般一个斜盘配有五个活塞, 这样相应的五个气缸在主轴转动一周时, 就有五次排气过程 采用调节阀的控制来改变斜盘的角度, 可以改变活塞的行程, 从而可以改变压缩机的排量, 现在多数可变排量压缩机均是基于斜盘式压缩机

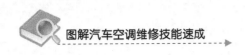

（续）

名称	结构示意图	优缺点
旋转叶片式压缩机	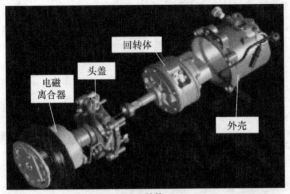 a) 结构 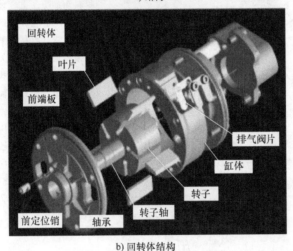 b) 回转体结构 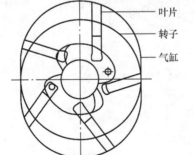 c) 叶片和气缸构成的月牙形容积	当转子在外力作用下旋转时，转子上的五个叶片由于受到离心力和油压差的共同作用，其边缘紧贴在气缸壁上，由于固定的气缸为椭圆形的，转子上的叶片在转子旋转时，依气缸的几何形状而伸出、缩进，使由气缸、叶片等零件组成的月牙形容积不断发生变化，从而实现吸气、压缩、排气 作为第 3 代压缩机，由于旋转叶片式压缩机的体积和重量可以做到很小，易于在狭小的发动机舱内进行布置，加之噪声和振动小以及容积效率高等优点，在汽车空调系统中也得到了一定的应用。但是旋转叶片式压缩机对加工精度要求较高，制造成本要高一些

（续）

名称	结构示意图	优缺点
涡旋式压缩机	 a) 实物外形 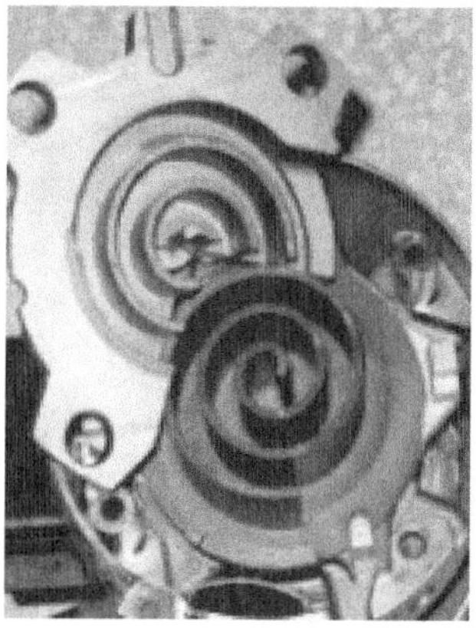 b) 动、静涡旋盘 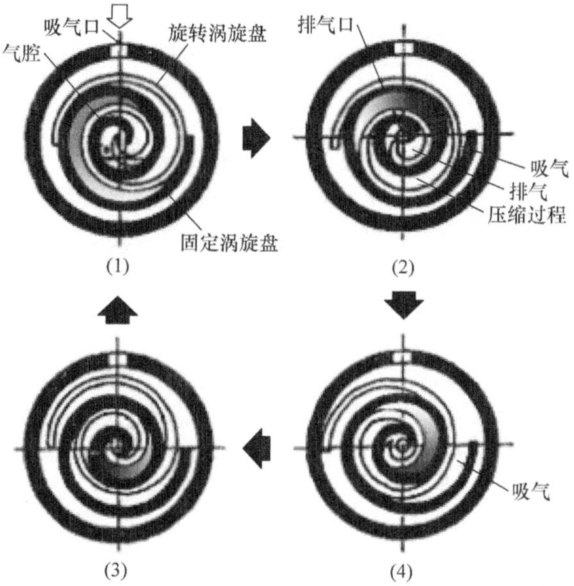 c) 工作过程示意图	结构主要分为动静式和双公转式两种。目前动静式应用最为普遍，它的工作部件主要由动涡轮与静涡轮组成，动、静涡轮的结构十分相似，都是由端板和由端板上伸出的渐开线型涡旋齿组成，两者偏心配置且相差 180°，静涡轮静止不动，而动涡轮在专门的防转机构的约束下，由曲柄轴带动做偏心回转平动，即无自转，只有公转。随着涡旋转子绕涡旋定子的中心做半径很小的平面转动，低压气体从涡旋定子上开设的吸气口进入工作腔，随着涡旋转子绕涡旋定子中心做半径很小的平面转动，工作腔容积及腔内气体的体积相应地发生变化，使吸入的气体被压缩。经压缩的空气最后由涡旋定子中心处的排气口排出。周期性地重复该过程，从而完成吸气、压缩、排气、膨胀的过程 　为第 4 代压缩机，优点是体积小、重量轻，驱动动涡轮运动的偏心轴可以高速旋转。因为没有了吸气阀和排气阀，所以涡旋式压缩机运转可靠，而且容易实现变转速运动和变排量技术。多个压缩腔同时工作，相邻压缩腔之间的气体压差小，气体泄漏量少，容积效率高。涡旋式压缩机以其结构紧凑、高效节能、微振低噪以及工作可靠性等优点，在小型制冷领域获得广泛的应用，也因此成为压缩机技术发展的主要方向之一

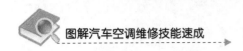

3. 汽车空调压缩机的外形及关键部位

根据排量能否变化，压缩机可分为定排量和变排量。

（1）定排量压缩机

汽车空调压缩机的外形及关键部位（示例）如图1-8所示。

吸气管(粗)
排气管(细)

离合器线圈的正极。负极为机体外壳。如果是双线，则黑线为负极

带轮、离合器总成

图1-8　汽车空调压缩机的外形及关键部位

其中电磁离合器是实现压缩机起动和停止的关键部件，其结构如图1-9所示。

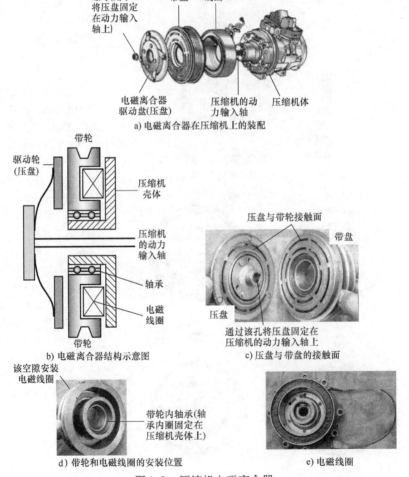

螺母(用于将压盘固定在动力输入轴上)　　带盘　　线圈

电磁离合器驱动盘(压盘)　　压缩机的动力输入轴　　压缩机体

a) 电磁离合器在压缩机上的装配

带轮

驱动轮(压盘)

压缩机壳体

压缩机的动力输入轴

轴承

电磁线圈

带轮

b) 电磁离合器结构示意图

压盘与带轮接触面　　带盘

压盘

通过该孔将压盘固定在压缩机的动力输入轴上

c) 压盘与带盘的接触面

该空隙安装电磁线圈

带轮内轴承(轴承内圈固定在压缩机壳体上)

d) 带轮和电磁线圈的安装位置

e) 电磁线圈

图1-9　压缩机电磁离合器

压缩机的起动与停止过程：不开启制冷模式时，压缩机的带轮在发动机带盘通过传动带的驱动下在转动（空转）。当需要制冷时，控制机构发出控制信号，使相应部件动作，导致电磁离合器线圈得到额定电压，产生电磁吸引力，使电驱动盘（压盘）被吸合（压盘与带轮紧密接合），压缩机的动力传递路线为发动机曲轴传动轮（带轮）→楔形传动带→空调压缩机传动轮（压缩机带轮）→压缩机驱动轮（压盘）→压缩机主轴→内部的部件运动，完成吸气、压缩、排气等过程，实现制冷。当不需要制冷时，控制机构发出控制信号，导致离合器线圈失去电压，电磁吸引力消失，使驱动轮与带轮分离，带轮在发动机的带动下空转，压缩机停止运转。

　　（2）变排量压缩机

　　变排量压缩机（一般为斜盘式）根据发动机的负荷和制冷系统的工况，压缩机机体内的调节阀发生动作，改变斜盘的斜程度，从而改变活塞的行程，也就改变了排量，以适应发动机负荷和制冷工况的变化，节能降噪。

　　变排量压缩机的后部设有调节阀，其外形、关键部件如图 1-10 所示。

调节阀引
出线

电磁离合
器线圈引
出线

吸气管(粗)

排气管(细)

安装孔

图 1-10　可变排量压缩机实物（示例）

　　变排量压缩机目前分为气控（内部控制）和电控（外部控制）两种，气控主要是通过接受空调系统的压力，通过压缩机内部的机械式调节阀的动作来改变斜盘的倾斜程度，实现压缩机排量变化（如别克 V5 变排量压缩机）。而电控是在原机械调节阀的基础上增加了一个电磁调节阀。空调控制单元检测蒸发压力、蒸发温度、太阳辐射、空调模式等，由微电脑确定控制信号，作用于电磁调节阀，更复杂，空调系统检测到的相关压力、温度等转换成电流信号，调节阀根据电流的大小来改变斜盘的倾斜度，从而改变压缩机的排量。

　　变排量压缩机的工作过程。变排量压缩机的显著特征是压缩机的后部设有调节器，气控和一部分电控变排量压缩机有电磁离合器，离合器的唯一作用就是当不需要制冷时，脱离压缩机，当需要制冷时连上压缩机。由于排量可以降低到近 0，多数电控压缩机省去了电磁离合器，使质量减轻 20%（约 500 ~ 800g），压缩机一直运转，无接合冲击，提高了舒适性。

　　4. 压缩机一般故障及检测、判定方法

　　空调压缩机作为高速旋转的工作部件，出现故障的概率相对来说比较高。常见的故障有异响、泄漏以及不工作等，其一般检测方法见表 1-5。

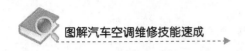

表1-5　压缩机一般故障及检测判定方法

故障名称	可能的原因	检测和判定方法	故障排除方法
制冷剂泄漏	制冷剂泄漏是空调系统最常见的问题。压缩机泄漏的部位通常在压缩机与高、低压管的连接处，当制冷剂泄漏时，就会出现不制冷或制冷效果差 由于制冷系统内部压力较高，当制冷剂泄漏时，压缩机润滑油会随之泄漏，这会导致压缩机的润滑不良，压缩机内部就会产生严重异响，甚至造成压缩机严重磨损而报废	由于安装位置的原因，检查起来比较麻烦，可用检漏仪或肥皂水检漏等方法进行检查	① 按说明书规定的力矩旋紧压缩机与连接管的各螺母 ② 如果连接管与压缩机的连接处损坏，则可放掉制冷剂后，更换连接管 注意：对于制冷剂不足或全部泄漏的情况，都需要重新充注制冷剂，并补充冷冻润滑油
压缩机本体故障	压缩机轴密封的泄漏	用压缩空气在压缩机离合器/带轮的后面和前面吹十余秒钟，等待 1～2min 用电子检漏仪在带轮前方探测，如果检漏仪发出报警，说明已发生泄漏	拆开压缩机、更换轴密封套
	内部机件磨损，密封性变差，串气	首先不起动发动机，测制冷系统静态压力。如果静态压力正常，再起动发动机，开启制冷模式，在离合器压盘吸合后，分别测量高、低压部分的压力。如果高压不高、低压不低，高、低压部分的压力较接近，则说明压缩机内部损坏	需更换压缩机
压缩机异响	离合器由分离状态变为接合状态时打滑	检查离合器压盘和压缩机带盘的接合面有无打滑现象、有无杂物	拆卸后对接合面进行清洁，如果有明显磨损，则应更换压盘或带轮
	传动带过松、过紧或磨损都会引起异响。过松，电磁离合器就容易出现打滑；过紧，电磁离合器上的负荷就会增加	检查传动带的松紧度，以及压缩机带轮和发电机带轮是否在同一个平面内	调整传动带的松紧度。如果磨损严重，则更换传动带
	带轮轴承润滑不良，也会引起异响	检查带轮是否明显偏摆、卡阻	更换电磁离合器的轴承
离合器故障	控制线路插头松动，接触不良，使供给电磁线圈的电压下降、电流不稳，导致压缩机的电磁离合器有时接合有时分离，若长期工作，会烧坏离合器和电磁线圈	检测给离合器电磁线圈供电的插接件是否接触不良	重新将插接件连接好
	空调压缩机电磁离合器的间隙一般设计为0.50～0.80mm，如果离合器间隙小于规定值，同时受到发动机温度的影响，安装在发动机旁的空调压缩机离合器钢片会产生热膨胀，导致离合器间隙过小，使关闭空调后离合器分离不开或者打滑，这样也易烧坏电磁线圈、轴承、离合器和制冷系统中的零部件	拆下压缩机后，检查离合器的间隙	调整离合器的间隙，然后给离合器线圈加上额定电压，如果离合器驱动盘能吸合，再用手转动带盘，压缩机内部能运转，则说明离合器基本正常，否则为异常

关于变排量压缩机的故障诊断与检修，宜采用压力表测停机平衡时的压力和工作时高、低压侧的压力，并结合故障检测仪以及车载自诊断系统读取数据流，结合故障表现进行综合分析，见第 7 章。

1.2.2　认识与检测热交换器

1. 认识冷凝器

（1）冷凝器的作用

轿车的冷凝器一般安装在发动机散热器（冷却水箱）的前端。压缩机排出的高温、高压的过热制冷剂气体进入冷凝器，通过散热片和流动空气（包括行驶中吹来的新鲜空气以及由风扇驱动而流动的空气）散热，压力和温度都降低，冷凝成液态，并放出热量。从冷凝器出来后，制冷剂呈中温、高压的液态。

（2）冷凝器的组成

主要由排管（铝质或铜质）、散热片和风机组成。风扇用于驱动空气流动，增强散热效果，如图 1-11 所示。

a) 散热片和排管

b) 体积较大(风机和储液干燥器保持平衡)

储液干燥器

c) 体积较小(自身是平衡的)

图 1-11　冷凝器的组成

注意：冷凝器入口都必须设在顶部，制冷剂应上进（气态）下出（液态）。

（3）冷凝器的常见形式

冷凝器一般有管翅式、管带式和平行管式，见表 1-6。

（4）汽车空调冷凝器的性能要求

汽车空调冷凝器的性能要求：①要有较高的散热效率；②结构、重量、尺寸、空间合理；③抗振性能好；④冷凝空气阻力小；⑤耐腐蚀性能好。

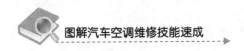

（5）安装冷凝器的注意事项

在安装冷凝器时，需注意如下两点：

表1-6　冷凝器的常见形式

名称	图示	说明
管翅式（管片式）	 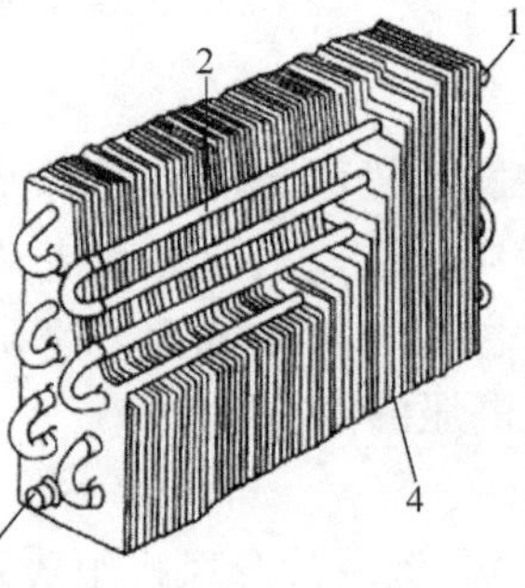 1—进口　2—圆管　3—出口　4—翅片	它是汽车空调中早期采用的一种冷凝器，制造工艺简单，即用胀管法将铝翅片（散热片）胀紧在紫铜管上，管的端部用U形弯头焊接起来。这种冷凝器清理焊接氧化皮较麻烦，而且其散热效率较低，重量和体积较大，一般在大型客车的空调中使用，很少用于轿车空调中
管带式	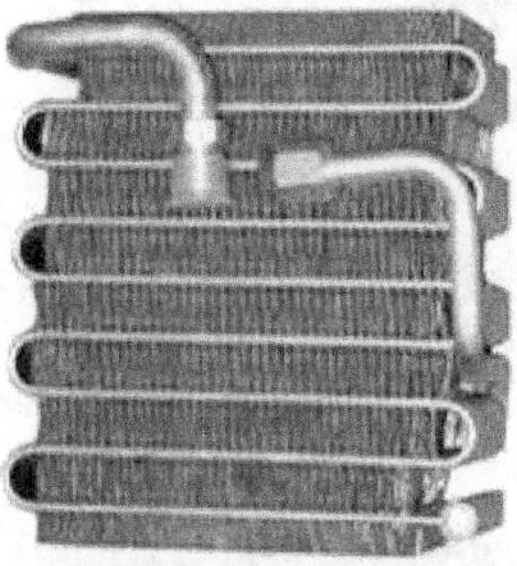 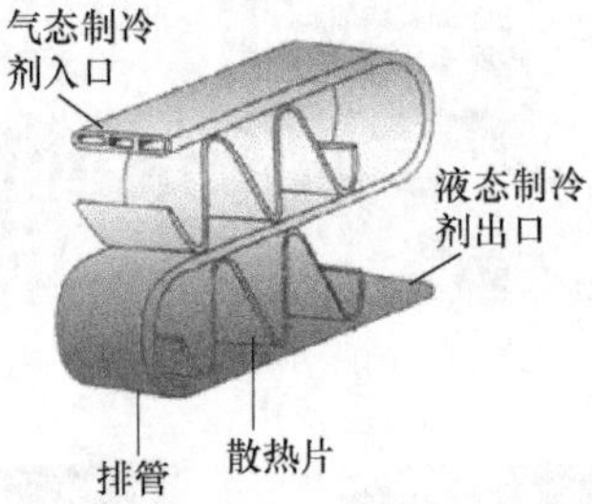 气态制冷剂入口　液态制冷剂出口　排管　散热片	它是由多孔扁管弯成蛇管形，并在其中安置散热带后焊接而成。管带式冷凝器的散热效果比管片式冷凝器好一些（一般高15%左右），但工艺复杂，焊接难度大，且材料要求高。一般用在小型汽车的空调中
平行管式	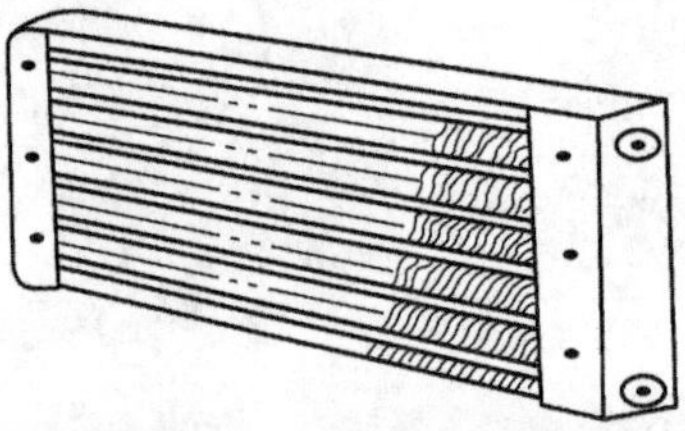 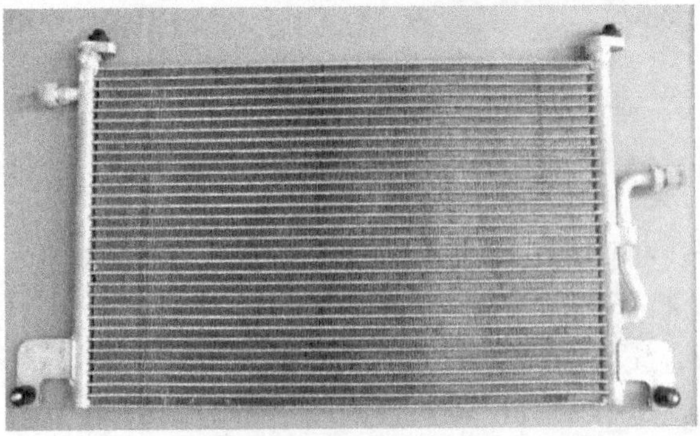	它是在扁平的多通管道表面直接制成鳍片状散热片，然后装配而成。由于散热鳍片与管子为一个整体，因而不存在接触热阻，故散热性能好；另外，管、片之间无需复杂的焊接工艺，加工性好，节省材料，而且抗振性也特别好。所以，它是目前较先进的汽车空调冷凝器 如今很多汽车的冷凝器和储液干燥器为整体部件，不可分拆

1）连接冷凝器的管接头时，要注意哪里是进口、哪里是出口，顺序绝对不能接反。否则会引起制冷系统压力升高、冷凝器胀裂的严重事故。

2）装连接管接头之前，不要长时间打开管口的保护盖，以免潮气进入。

2. 认识蒸发器

1）蒸发器的作用。将经过节流降压的液态制冷剂在蒸发器内沸腾汽化，吸收蒸发器周围空气的热量而降温，风机将蒸发器周围的冷风吹入车内，达到降温的目的。

2）制造要求和种类。制冷效率高、尺寸小、重量轻，比冷凝器窄、小、厚。

3）蒸发器的种类主要有管片式、管带式、层叠式等，主要由排管、散热片和风机构成，如图 1-12 所示。

3. 冷凝器和蒸发器的一般故障及检测、排除方法

冷凝器和蒸发器出现故障后，会使制冷效果明显下降。其常见故障现象及检测、排除方法见表 1-7。

a) 实物

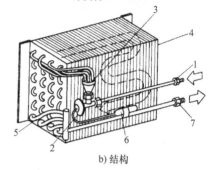

b) 结构

图 1-12　蒸发器的排管和散热片
1—与储液干燥器的出口相连接　2—膨胀阀
3—分配器　4—散热片　5—管子　6—感温包
7—蒸发器的出口，与压缩机的吸气口相连接

表 1-7　冷凝器和蒸发器的一般故障及检测、排除方法

类别	检测方法	排除方法
表面脏污、灰尘较多	目测	清扫、清洗
散热片变形	目测	恢复或更换
泄漏	可用电子检漏仪检漏。重点检查活接头、焊接处等部位，以及漏油、裂纹、氧化、变形等情况 注意：最难发现的泄漏是蒸发器芯体泄漏。可按以下方法进行检测： ① 把鼓风机风扇开到最高档并保持 15s 以上 ② 关闭鼓风机风扇 ③ 等待 10min ④ 拆除鼓风机风扇 ⑤ 将电子检漏仪的探头插入鼓风机位置处。如果检漏仪发出报警，说明存在泄漏现象 ⑥ 用手电筒检查蒸发器芯体的表面，看其是否有冷冻润滑油（适用于 R12 的系统）。在 R134a 系统中，润滑油是水溶性的，因此即使存在泄漏，也不易看到	若有裂纹和其他泄漏点，可焊补、检漏后使用。若活接头处泄漏，可以规定的力矩重新拧紧螺母，或者更换
风机损坏	检测轴承等机械部分是否能灵活运转，有无松动和空旷。用万用表检测电动机绕组的电阻及供电电压	更换风机，修复供电

1.2.3　认识与检测节流膨胀装置

节流膨胀装置的作用是控制制冷剂进入蒸发器的流量，确保蒸发器内的液态制冷剂得到

完全蒸发，以得到最佳制冷效果。节流膨胀装置是汽车空调制冷系统高压和低压的分界点。汽车空调采用的节流膨胀装置主要包括膨胀阀、节流管。

1. 膨胀阀

（1）膨胀阀的主要作用

1）节流降压。使从冷凝器来的中温、高压液态制冷剂通过膨胀阀的小孔节流降压成为容易蒸发的低温、低压雾状物（0.13~0.30MPa，1~4℃）进入蒸发器，即分隔了制冷剂的高压侧与低压侧，但工质（制冷剂）的液体状态没有变。

2）调节流量。由于制冷负荷的改变以及压缩机转速的改变，要求流量做相应调整，以保持车内温度稳定，制冷剂能正常工作。膨胀阀起到把进入蒸发器的流量自动调节到制冷循环所要求的合适程度的作用。

3）防止"液击"和异常过热。膨胀阀以感温包作为感温元件控制流量大小，保证蒸发器尾部有一定量的过热度，保证蒸发器总容积的有效利用，并防止异常过热现象的发生。

（2）膨胀阀的结构及工作原理

膨胀阀根据平衡方式分为内平衡与外平衡两种，根据静止过热度调整（调整弹簧预紧力）方式分为内调式与外调式两种，连接口又分为O形圈式与喇叭口式两种，见表1-8。

表1-8 膨胀阀的种类及工作原理

名称	图示	说明
内平衡式 F型	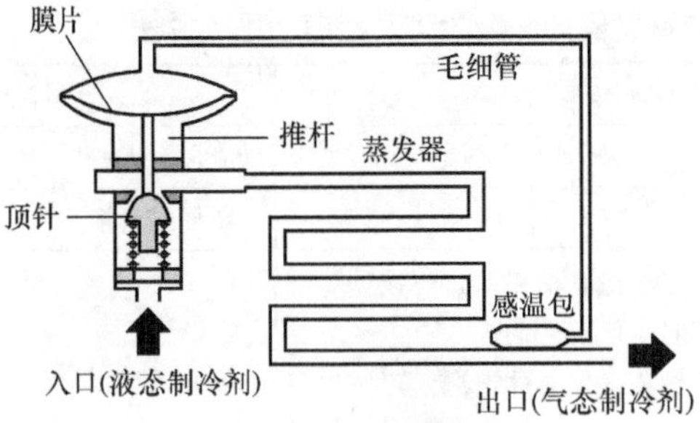 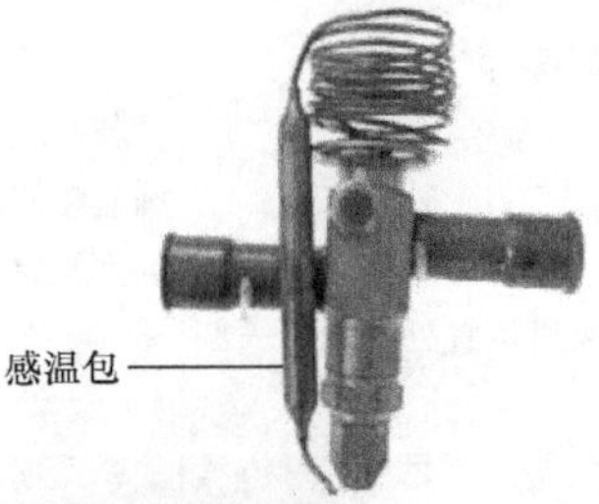 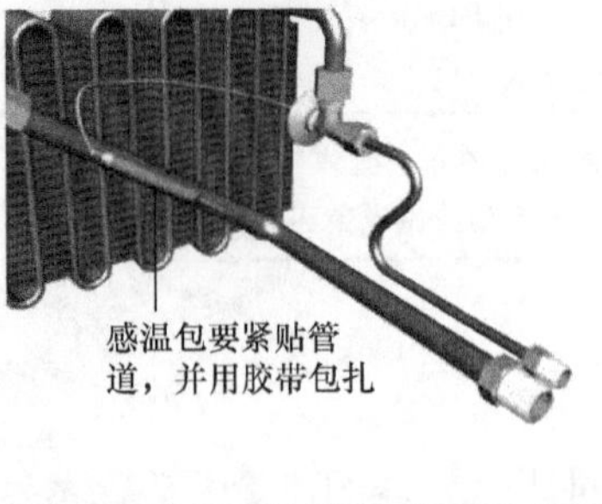	感温包内充注制冷剂气体，紧贴在蒸发器出口管道上，感温包和膜片上部通过毛细管相连，感受蒸发器出口制冷剂温度，膜片下面感受到的是蒸发器入口压力。如果空调负荷增加，制冷剂在蒸发器提前蒸发完毕，则蒸发器出口温度将升高，膜片上压力增大，推动阀杆使顶针下移，膨胀孔开度增大，进入到蒸发器中的制冷剂流量增加，制冷量增大；如果空调负荷减小，则蒸发器出口制冷剂温度减小，以同样的作用原理使顶针上移，膨胀孔开度减小，从而使制冷剂的流量减小 由于阀膜片下的平衡压力是从蒸发器入口导入，从蒸发器入口到出口会有压力损失。这会影响调节精度，但它结构简单，适宜于压力损失小的蒸发器采用

（续）

名称	图示	说明
外平衡式 F 型	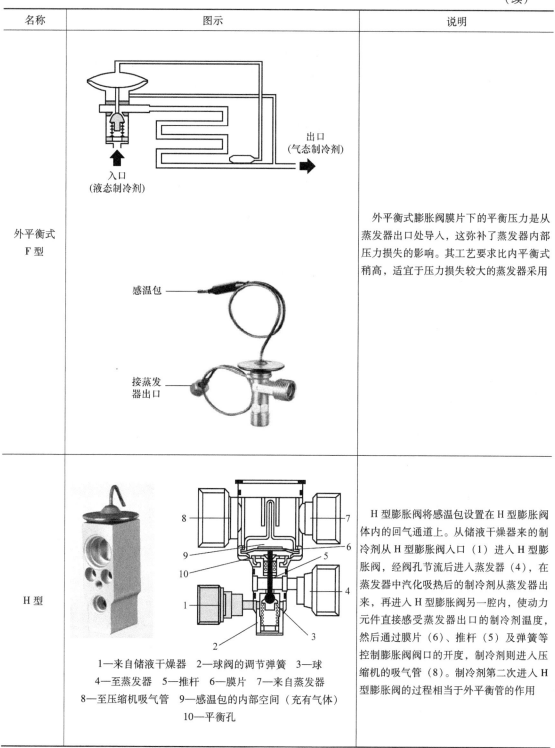	外平衡式膨胀阀膜片下的平衡压力是从蒸发器出口处导入，这弥补了蒸发器内部压力损失的影响。其工艺要求比内平衡式稍高，适宜于压力损失较大的蒸发器采用
H 型	1—来自储液干燥器　2—球阀的调节弹簧　3—球 4—至蒸发器　5—推杆　6—膜片　7—来自蒸发器 8—至压缩机吸气管　9—感温包的内部空间（充有气体） 10—平衡孔	H 型膨胀阀将感温包设置在 H 型膨胀阀体内的回气通道上。从储液干燥器来的制冷剂从 H 型膨胀阀入口（1）进入 H 型膨胀阀，经阀孔节流后进入蒸发器（4），在蒸发器中汽化吸热后的制冷剂从蒸发器出来，再进入 H 型膨胀阀另一腔内，使动力元件直接感受蒸发器出口的制冷剂温度，然后通过膜片（6）、推杆（5）及弹簧等控制膨胀阀阀口的开度，制冷剂则进入压缩机的吸气管（8）。制冷剂第二次进入 H 型膨胀阀的过程相当于外平衡管的作用

（3）汽车空调膨胀阀的常见故障及检测判断方法

汽车空调膨胀阀的常见故障及检测判断方法见表 1-9。

表1-9 汽车空调膨胀阀的常见故障及检测判断方法

名称	原因	检测与判断	排除方法
脏堵	脏堵的主要原因是系统中存在杂质，例如焊渣、铜屑、铁屑、纤维等	一般情况脏堵发生在干燥过滤器上，系统中的杂质被过滤器拦截住，造成脏堵现象。发生时，系统首先表现为回气温度升高，低压端的压力下降或近似真空，故障严重时可使系统停止运转	如果不是很严重，换一个干燥过滤器就可以了。如果非常严重，就要重新清理系统管路中的杂质，抽真空，重新充注制冷剂
冰堵	系统中含有过多的水分。其可能的原因有：①在安装时系统抽真空时间不够，没能把管路内的水分抽干；②在向系统充注制冷剂时，没把连接软管内的空气吹出；③为系统补充润滑油时，有空气和水分进入	冰堵一般发生在膨胀阀的节流孔处，因为这里是整个系统中温度最低、孔径最小的地方。由于系统不制冷，系统整体温度回升，随着温度的提高，冰堵处会逐渐融化，而后系统又恢复制冷能力，随着系统整体温度的再次降低，又会出现冰堵现象，故冰堵是一个反复过程	对于轻微冰堵，可用热毛巾敷在冰堵处；如果冰堵程度比较严重，已影响了系统的正常运行，则要更换过滤干燥器，重新除掉系统管路中的水分，抽真空，重新充注制冷剂
感温包故障	感温包毛细管断裂，使感温包内的气体泄漏，导致不能把正确的信号传给热力膨胀阀的执行机构 感温包包扎位置不正确	目测	若感温包毛细管断裂，则应更换 感温包尽量装在蒸发器出口水平段的回气管上，应远离压缩机吸气口而靠近蒸发器 不宜垂直安装
调整不当	调节失误所造成。新产品一般不需调整	采用排除法。如果制冷效果不好，而经检测其他部件正常，制冷剂量正常，则考虑膨胀阀的调整是否不当	重新调整（方法见第4章4.5.1节）

2. 节流管

节流管是一根细铜管，装在一根塑料套管内，塑料套管外环形槽内装有O形密封圈，是一种固定孔口的节流装置，其两端都装有过滤网，以防堵塞，如图1-13所示。

节流管直接安装在冷凝器出口和蒸发器进口之间，由于其不能调节流量，液体制冷剂很可能流出蒸发器而进入压缩机，造成压缩机液击，为此装有节流管的系统，必须同时在蒸发器出口和压缩机进口之间安装一个气液分离器，实现液、气分离，避免压缩机发生液击。

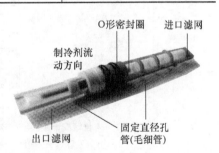

图1-13 节流管

由于节流管没有运动部件，结构简单，成本低，可靠性高，同时节省能耗，有较广泛的应用。其缺点是制冷剂流量不能根据工况变化进行调节。

注意：安装使用后，管道系统内的污染物集聚在密封圈后面，时间长了可能堵塞滤网和膨胀孔。节流管不能维修，坏了只能更换。

1.2.4 储液干燥器和集液干燥器

制冷系统若采用膨胀阀节流，则与之对应地须采用储液干燥器；若采用节流管节流，则须采用集液干燥器。

1. 储液干燥器

（1）认识储液干燥器的外形及关键部位

储液干燥器由罐体、滤网、干燥剂、易熔塞等组成，其外形及关键部位如图1-14所示。储液干燥器串联在冷凝器与膨胀阀之间的管路上。现在很多汽车的冷凝器和储液干燥器制成一体，不可拆分。

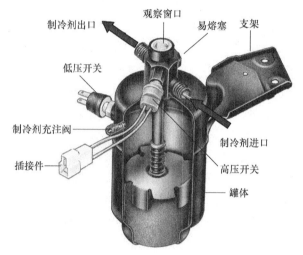

a) 结构示意图

b) 过滤和干燥的原理示意图

图1-14 储液干燥器

（2）储液干燥器的作用

1）储液。存储和供应制冷系统的液体制冷剂，以便工况变化后，能补偿和调节液态制冷剂的盈亏。一般空调系统刚开始工作时负荷量大，需要制冷剂的循环量也大，当工作一段时间后，负荷量减少，需要的制冷剂循环量也相应减少，因此在负荷量较大时，储液干燥器内的液态制冷剂补充进来参与循环，而负荷较小时，储液干燥器又可以将多余的制冷剂存储起来。同时，由于各部件之间采用软管连接，总会有一定量的制冷剂泄漏，储液干燥器内存储的液态制冷剂还可弥补系统中制冷剂的微量泄漏。

2）过滤。在空调的制造过程中，可能将尘土、碎屑等杂质带入制冷管道内。充入的制冷剂不纯净，也可能将脏物带入管道内。这些杂质随制冷剂流动，会堵塞制冷部件的小孔。储液干燥器内的过滤网可滤掉杂质，保证制冷系统不出现堵塞，从而使制冷剂能顺利地循环流通。

3）干燥。制冷系统内的水分来源于制冷剂干燥不严格，或者有空气进入，或者冷冻油内含有水分。水分侵入后，容易使制冷系统的节流部分出现冰堵，使制冷剂的循环流动被中断，出现不制冷或制冷效果差。并且，水分与制冷剂及冷冻油混合后会产生有腐蚀性的物质。储液干燥器内的干燥剂可吸收系统中的水分。一般常用的干燥剂有硅胶和分子筛，硅胶在干燥时为蓝绿色，吸水后呈粉红色；分子筛是一种白色球状或条状的吸附剂，它对含水分低、流速大的制冷剂液体或气体均具有较高的干燥能力，使用寿命长，而且可放在烘箱中做脱水处理后重新使用。

4）观察制冷剂的状况（通过观察窗）。①在正常怠速状态下，从观察窗处应能看清液态制冷剂在流动（有极少量气泡夹杂在其中），当发动机由怠速逐渐加速到1500r/min时，气泡消失，几乎看不见，说明制冷剂量合适。②如果交替开、关空调，看不到任何现象，且进、出风口没有温差，说明制冷剂漏光。③若制冷剂流动时，一点气泡都看不见，出风口不够冷，关闭空调时也看不到一点气泡，说明制冷剂加注过量。④有气泡且气泡不断流过，说明制冷剂不足；若气泡很多，则说明混入了空气。⑤若有长串油纹，观察窗有条纹状的油渍，则说明冷冻油过多。

（3）相关附件说明

1）易熔塞。易熔塞一般安装在储液干燥器的头部，用螺塞拧入。螺塞中间是一种铜铝合金，当冷凝器因通风不良或冷气负荷过大而冷却不够时，冷凝器和储液干燥器内的制冷剂温度和压力将会异常升高，当压力升高到约3MPa或温度升高到90～100℃时，易熔合金熔化，制冷剂溢出，可以避免制冷系统其他部件的损坏。现在一般用泄压阀代替易熔塞。

2）高压开关、低压开关。详见第2章2.3.1节。

（4）储液干燥器的安装

安装立式储液干燥器，与竖直面的倾斜角度不得大于15°，进口应和冷凝器出口相连通。储液干燥器进口处，通常有标记（IN、OUT或者箭头），安装时一定要记住，制冷剂是从储液干燥器下部流入膨胀阀进口的，若储液干燥器接反，会导致制冷量不足。

注意：在空调系统的安装与维修中，储液干燥器必须最后一个被接到系统中，防止空气进入储液干燥器，因为空气中的水分及其他不可冷凝的杂质等可能会腐蚀金属，致使小的金属粒子剥落下来，造成系统堵塞。

（5）储液干燥器的常见故障及检测、排除方法

储液干燥器的常见故障及检测、排除方法见表1-10。

表1-10 储液干燥器的常见故障及检测、排除方法

故障现象	检测	排除	备注
玻璃观察孔损坏	目测	应更换储液干燥器	任何时候，当更换制冷系统中的主要部件时，也应同时更换储液干燥器
进、出口接头破损	目测是否有油迹、裂纹	应更换储液干燥器	
堵塞	检测其进、出口是否有明显温差，是否有结露现象并且制冷效果是否变差。若有，则有堵塞	应更换储液干燥器	

2. 集液干燥器

集液干燥器（简称集液器）用在采用节流管的制冷系统中。主要功能是防止液态制冷剂液击压缩机。用节流管的空调系统一般用压力开关来控制压缩机离合器的分离和吸合，从而控制蒸发器的温度和压缩（使蒸发器出口压力保持0.201MPa左右）。压力开关一般安装在集液干燥器上，如图1-15所示。

集液干燥器安装在蒸发器出口与压缩机吸气口之间，如图1-15所示。

集液干燥器的工作原理是，制冷剂（气态制冷剂里混有少量的液态制冷剂）从顶部进入容器，其中液态制冷剂沉入容器底部，而在顶部的气态制冷剂则被吸出管引向压缩机。在容器底部的吸出管上有一个小孔，允许少量冷冻机油流回压缩机，以保持压缩机工作时的润滑需要，此小孔也允许少量液态制冷剂流入，随同冷冻机油和气态制冷剂流向通往压缩机的管路。在到达压缩机之前，这些少量的液态制冷剂必将在管路中被汽化，所以不会引起"液击"现象的发生。

a) 实物

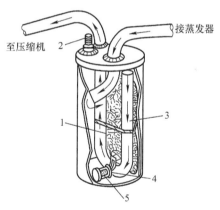

b) 结构示意图

图1-15 集液干燥器
1—干燥剂 2—压力开关 3—进气管 4—泻油口 5—滤网

1.2.5 汽车空调的管路与接头

1. 汽车空调管路的种类

汽车空调管路的作用是将各制冷部件连接成一个完整的系统，保证内部的制冷剂完成正

常的制冷循环。汽车空调管路一般由铝管（也有铜管）、空调专用胶管及其他管路附件组成（其额定工作压力为2560kPa以上），如图1-16所示。

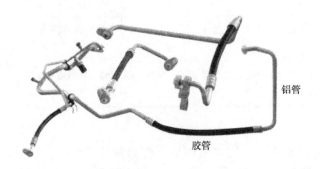

铝管
胶管

图1-16　汽车空调管路

汽车空调管路的分类见表1-11。

表1-11　汽车空调管路的分类

分类方式	分类结果	说明	图示
按照压力分类	低压管	从膨胀阀出口到压缩机吸气口之间的管路	
	高压管	从压缩机排气口到膨胀阀进口之间的管路	
按制冷剂状态分类	气态管	管路中制冷剂状态为气态	
	液态管	管路中制冷剂状态为液态	

2. 汽车空调制冷系统工作时各管路的特征

1）压缩机吸气管。它是将蒸发器出口和压缩机进口连接起来的管路，其直径一般在空调制冷系统中是最大的。触摸吸气管有凉爽感。

2）压缩机排气管。这根管子连接压缩机的出口和冷凝器的进口，温度较高，对非正常运转的系统，它很烫，在大多数场合不要去碰它，以免烫伤。

3）制冷剂液体管路（也称为高压液体管路）。它连接冷凝器的出口和储液干燥器的进口，并且也连接储液干燥器的出口和蒸发器节流装置的进口。该管路一般是温暖的，在某些异常条件下会发烫。

3. 汽车空调管路接头

汽车空调中常用一些接头来将软管、硬管与各种部件连接起来。常用的接头见表1-12。

表 1-12　汽车空调管路接头

名称	图示	说明
喇叭口	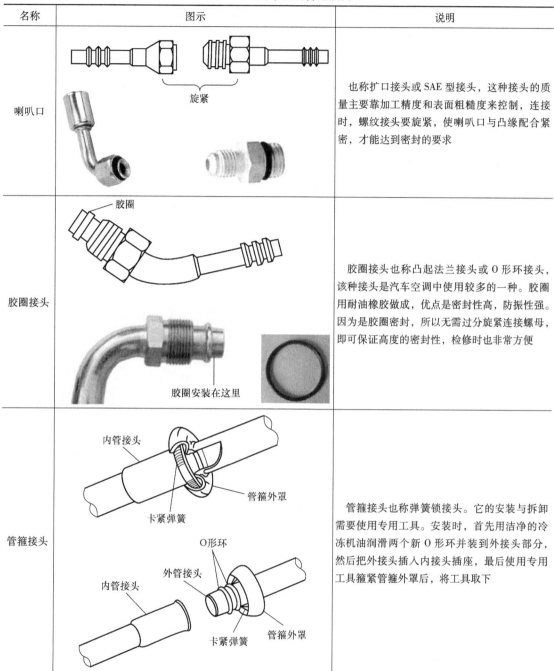	也称扩口接头或 SAE 型接头，这种接头的质量主要靠加工精度和表面粗糙度来控制，连接时，螺纹接头要旋紧，使喇叭口与凸缘配合紧密，才能达到密封的要求
胶圈接头		胶圈接头也称凸起法兰接头或 O 形环接头，该种接头是汽车空调中使用较多的一种。胶圈用耐油橡胶做成，优点是密封性高，防振性强。因为是胶圈密封，所以无需过分旋紧连接螺母，即可保证高度的密封性，检修时也非常方便
管箍接头		管箍接头也称弹簧锁接头。它的安装与拆卸需要使用专用工具。安装时，首先用洁净的冷冻机油润滑两个新 O 形环并装到外接头部分，然后把外接头插入内接头插座，最后使用专用工具箍紧管箍外罩后，将工具取下

4. 汽车空调管路的更换

当确定管道损坏后，可按下面的步骤更换：

1）从制冷系统中回收制冷剂。

2）更换不良的管子和软管。拆下制冷系统管路后，应立即将系统管路孔用孔塞封住，如图 1-17 所示。以免潮气或灰尘进入。清洁管路时应用高压氮气冲洗。

3）管道的连接。务必更换用过的 O 形密封圈。连接管路时，如图 1-18a 所示。在 O 形密封圈圆周上涂抹润滑剂。请勿将润滑剂涂抹到螺纹部分。更换 O 形密封圈一定要小心，不要损坏 O 形密封圈和管子，O 形密封圈应紧靠管子的凹槽部分安装，如图 1-18b 所示。

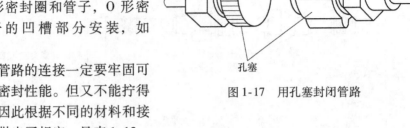

图 1-17 用孔塞封闭管路

　　汽车空调制冷管路的连接一定要牢固可靠，应具有良好的密封性能。但又不能拧得过紧而损伤螺纹，因此根据不同的材料和接口，对于旋紧力矩做出了规定，见表 1-13。

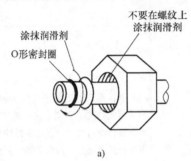

a)

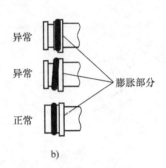

b)

图 1-18 更换 O 形密封圈

表 1-13 汽车空调管路接头拧紧力矩

名称	力矩/(N·m)	名称	力矩/(N·m)
压缩机和流出软管	10	压缩机和液体管	5.4
压缩机和吸入软管	10	空调设备液体管和吸入软管	5.4

　　连接时，应先用手将接头的螺母拧紧，然后用力矩扳手拧紧，直至听见咔哒声，如图 1-19 所示。然后用手拧紧螺母或螺栓。检查并确认 O 形密封圈正确地安装到管子上。

　　对于软管要注意正确的布置，软管的两端要保持自然，如图 1-20 所示。

　　4）排出系统中的空气并充注适量制冷剂。

　　5）检查制冷管路有无泄漏。

　　6）检查空调系统工作是否正常。

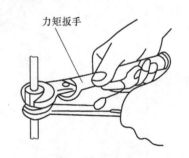

图 1-19 用力矩扳手拧紧接头螺母

1.2.6 典型制冷部件的拆装

1. 压缩机的拆装

宜采用专用于拆装练习的车辆（空调管道内没有制冷剂）。若有制冷剂，则要先回收制冷剂（方法见第 3 章 3.1.13 节）。不同的车辆，拆装流程和方法大同小异。下面以上汽通用雪佛兰新赛欧空调（变排量压缩机）为例进行介绍，其他车型与此相似，详见其维修手册。该压缩机总成在车上的安装如图 1-21 所示。

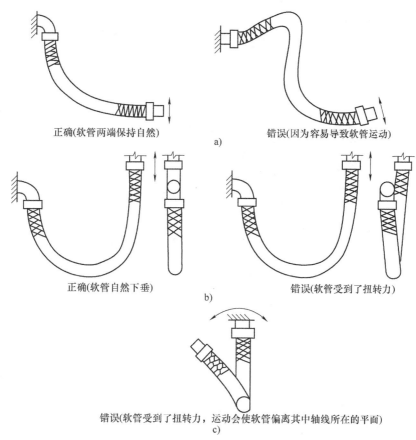

正确(软管两端保持自然)　　　错误(因为容易导致软管运动)

a)

正确(软管自然下垂)　　　错误(软管受到了扭转力)

b)

错误(软管受到了扭转力,运动会使软管偏离其中轴线所在的平面)

c)

图1-20　软管的布置

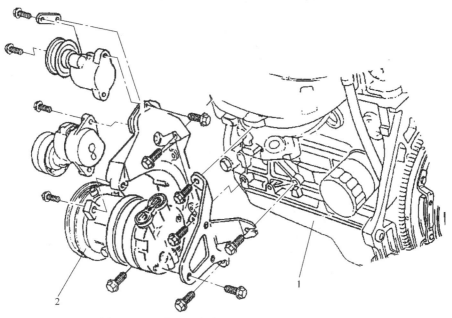

图1-21　压缩机的安装示意图(雪佛兰新赛欧)

1—发动机　2—压缩机

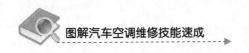

该压缩机的拆装基本方法见表1-14。

表1-14　压缩机的拆装及简单故障的检测与排除

步骤	图示	说明
① 拆卸制冷剂软管总成	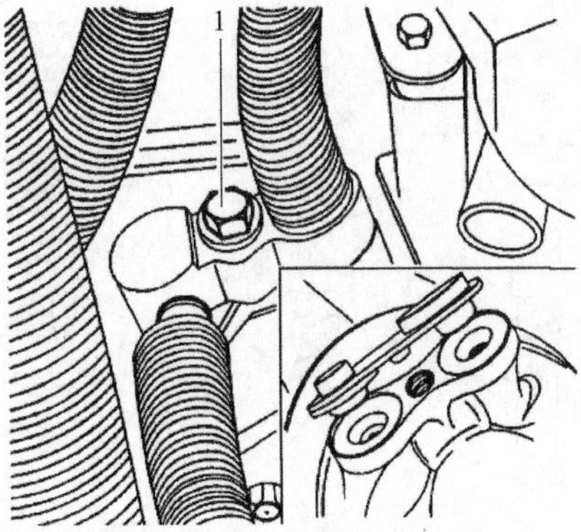 1—制冷剂软管总成固定螺栓	断开电池负极，以防电气短路。回收制冷剂。从压缩机上拆下制冷剂软管总成。立即在压缩机和软管的管口安装防尘盖
② 分离电磁离合器导线插头	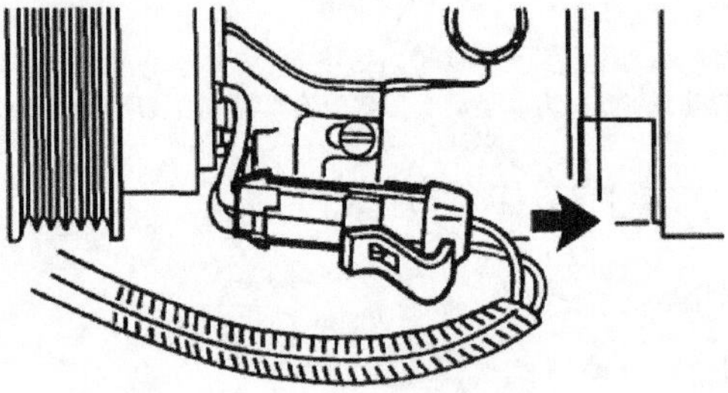	松开传动带、拆下传动带。从压缩机离合器上拆下导线插头
③ 拆下压缩机前支架	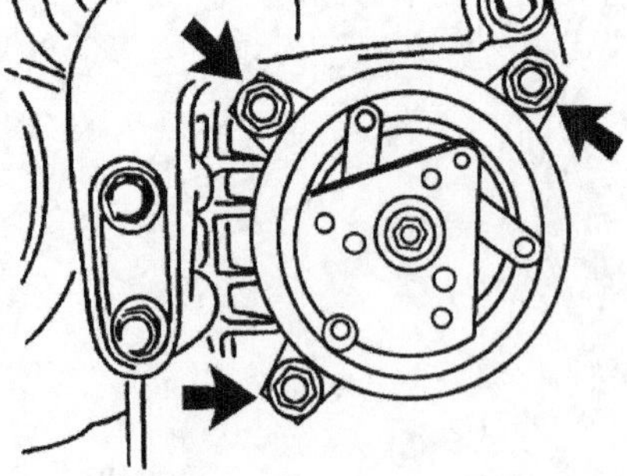	拆下压缩机前支架螺栓（3 条）

（续）

步骤	图示	说明
④ 拆下压缩机后支架	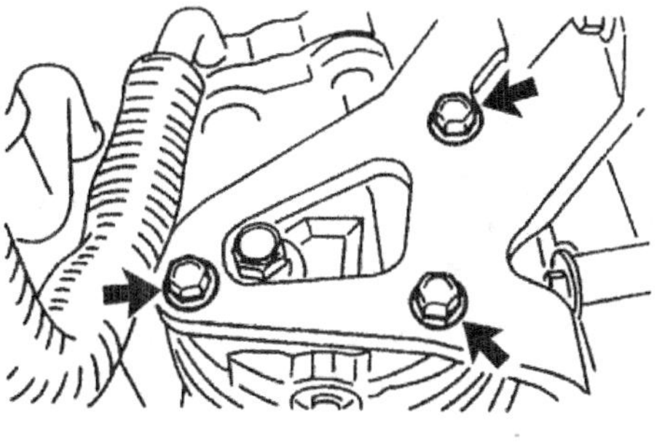	拆下压缩机后支架螺栓（3 条）
⑤ 记录压缩机油量	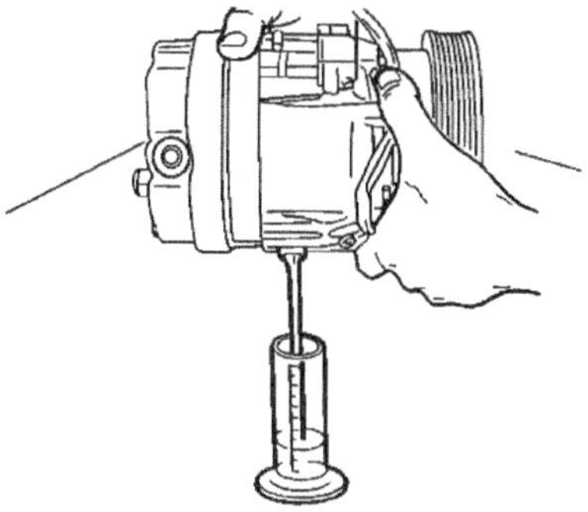	当需要更换压缩机时，应从拆下的压缩机中尽可能地将冷冻油放出。方法是拆下放油螺栓，将冷冻油放入一个洁净的容器内，测量并记录冷冻油的体积，该数据在安装新压缩机时使用 注意：有些压缩机上标明了需加注的冷冻油量，不需要测量冷冻油量
⑥ 给新压缩机注油	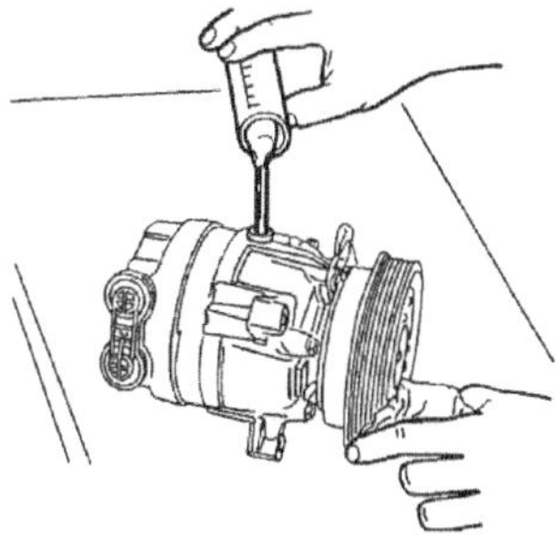	给压缩机加注新的冷冻油。油量应与放出的相等（或者与压缩机上的标注量相等）。拧上放油螺栓（紧固至 15~20N·m）
⑦ 安装压缩机（原则上按拆卸的相反顺序进行）	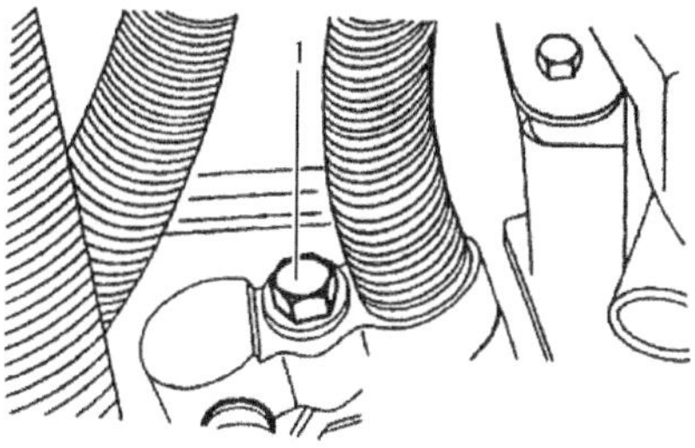 1—制冷剂软管总成固定螺栓	用螺栓将压缩机安装在前支架上（紧固至 30~40N·m） 用螺栓将压缩机安装至后支架上（紧固至 30~40N·m） 在新的密封件上涂抹润滑油（可增强密封效果） 将制冷剂软管总成装在压缩机上，螺栓紧固至33N·m（如左图）

（续）

步骤	图示	说明
⑧ 安装传动带	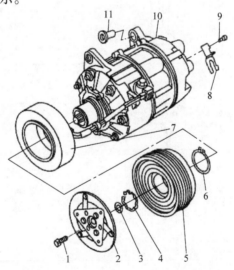	安装传动带，拧紧传动带张紧轮螺栓（紧固至 22～30N·m）

　　每次拆解管道接头时，都必须更换新的汽车空调专用 O 形密封圈，除非新部件带有密封圈。

　　对于 O 形密封圈的安装，在安装之前需确认密封圈和接头未划伤或变形，若有划伤或变形，必须更换划伤和变形的零件，否则会导致制冷剂泄漏。

　　2. 压缩机电磁离合器的拆装

　　压缩机电磁离合器是易损件，所以我们需要掌握它的拆卸与安装方法。空调压缩机电磁离合器的装配如图 1-22 所示。

图 1-22　空调压缩机电磁离合器的装配图

1—六角螺栓　2—离合器压盘（驱动盘）　3—垫片　4、6—卡簧　5—多楔带轮
7—电磁线圈　8—线束卡　9—螺栓　10—压缩机　11—螺栓衬套

　　具体拆装方法和过程如图 1-23 所示。

　　3. 冷凝器的拆装

　　（1）冷凝器的拆卸

　　第 1 步：拆卸与冷凝器相连接的制冷部件，①拆卸之前应排空并回收制冷剂；②根据车型，拆卸有妨碍的部件；③从冷凝器上拆卸排出软管管板（注：管板用于固定排出软管）

的固定螺母；④从冷凝器上拆卸排出软管；⑤从储液干燥器上拆卸液管管板的固定螺母，从储气干燥器上拆卸液管，如图 1-24 所示。

① 用压缩机专用夹具（可自制）将压缩机夹持、固定在台虎钳上。用专用夹具将驱动盘夹住，防止驱动盘转动。用套筒拆卸螺栓（注：该螺栓用于将驱动盘固定于压缩机的动力输入轴上）	② 用两把一字螺丝刀将驱动盘起出
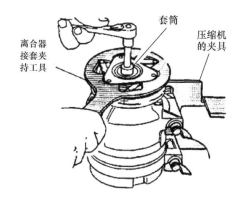	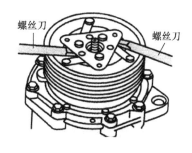
③ 用外弹簧卡钳将卡环取出（注：该卡环用于固定带轮的轴承）	④ 用拉具拆下带轮（注：有的压缩机需用专用的拉具）
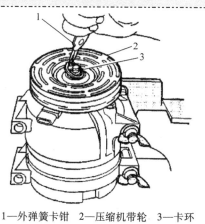 1—外弹簧卡钳　2—压缩机带轮　3—卡环	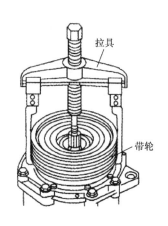

⑤ 用卡簧钳拆下固定线圈的卡环，就可拆下电磁线圈，并检测线圈环阻值

检测步骤：测量线圈环接头与空调压缩机壳体之间阻值是否正常。正常阻值为 3.05～3.35Ω（不同品牌车型的数据有所差异）。若不符合标准，则更换线圈

图 1-23　压缩机电磁离合器的拆装方法和过程

⑥ 将电磁线圈安装到压缩机上，用卡环（3）将电磁线圈（1）固定	⑦ 使用塞尺测量压板与带轮之间隙是否标准
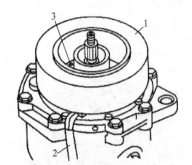 1—电磁线圈 2—电磁线圈的引出导线 3—卡环	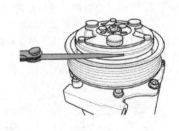 标准间隙为 0.6mm。若不符合标准，则更换垫片进行调整。垫片厚度尺寸选择：0.1mm、0.3mm、0.5mm

图 1-23　压缩机电磁离合器的拆装方法和过程（续）

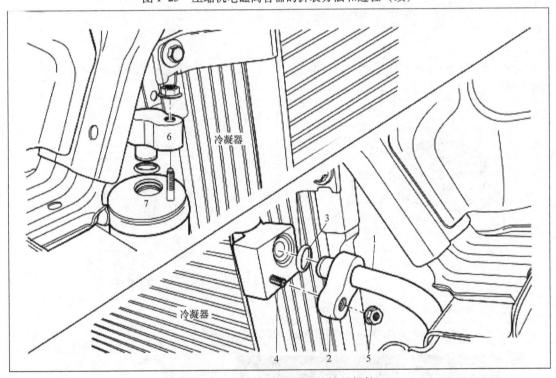

图 1-24　拆卸与冷凝器相连接的部件

1—从压缩机来的排出软管　2—排出软管的管板　3—O 形密封圈　4—螺杆　5—螺母　6—液管管板　7—储液干燥器

　　第 2 步：拆卸冷凝器。拆卸冷凝器安装螺栓；取下冷凝器；盖住开口管路和接头，以免污染，如图 1-25 所示。

　　（2）冷凝器的安装

　　冷凝器的安装按与拆卸相反的顺序进行。具体步骤如下：

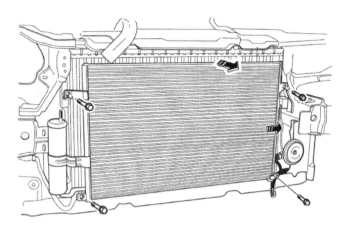

图 1-25 拆卸冷凝器

1）将冷凝器放在车上。安装冷凝器安装螺栓；紧固冷凝器安装螺栓至 4N·m。

2）将新 O 形密封圈安装到储气干燥器高压管安装管板接口上。

3）将液管安装到储气干燥器上。

4）安装液管管板至储气干燥器固定螺母。紧固液管管板至储气干燥器固定螺母至14N·m。

5）将新 O 形密封圈安装到排出软管管板接口上。

6）将排出软管接口安装到冷凝器上。将排出软管管板至冷凝器固定螺母安装到冷凝器管板上；紧固制冷剂排出软管管板至冷凝器固定螺母至 16N·m。

4. 储液干燥器的拆装

（1）拆卸

储液干燥器的拆卸如图 1-26 所示，具体步骤如下：

1）排空并回收制冷剂。

2）拆卸冷凝器。

3）在储液干燥器上拆卸液管（来自冷凝器的液管）管板的固定螺栓。

4）松开储气干燥器箍带螺栓。注意：在从储气干燥器上拆卸时，须支撑住储气干燥器到冷凝器的管道，以免损坏管路。

5）向上滑出箍带，拆卸储气干燥器。

6）堵塞所有开口，以免污染。

7）将储气干燥器中的机油放入一个带刻度的容器；记录放出的机油量；报废旧机油，如图 1-26所示。

（2）冷凝器的安装

储液干燥器必须在临安装时才能打开新储气干燥器盖，其安装方法如下：

1）将新机油添加到新储气干燥器中。加注量必须与从原储气干燥器中放出的机油量完全相同。

2）将新 O 形密封圈安装到与储气干燥器连接的两条管路上。

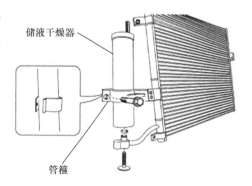

储液干燥器

管箍

图 1-26 拆卸储液干燥器

3）将储气干燥器装入箍带。在向下推动储气干燥器时，支撑储气干燥器到冷凝器管，直到安装完毕。

4）紧固箍带螺栓。紧固箍带螺栓至5N·m。

5）安装储气干燥器至冷凝器管板螺栓。紧固储液干燥器至冷凝器管板螺栓至 5N·m。

6）安装冷凝器。

5. 膨胀阀的拆装

1）回收制冷剂。

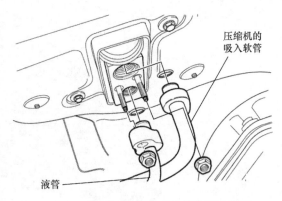

图 1-27　拆卸吸入软管/液管管板固定螺母

2）从前围板上拆卸压缩机的吸入软管/液管（来自储液干燥器）管板固定螺母，如图 1-27 所示。

3）拆卸膨胀阀管板双头螺栓，拆卸膨胀阀，报废 O 形密封圈，如图 1-28 所示。

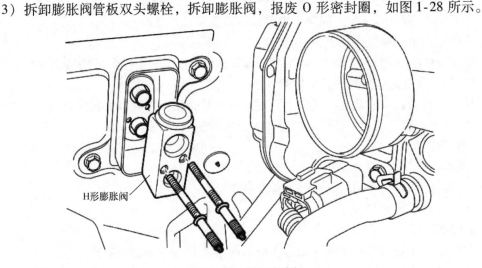

图 1-28　拆卸膨胀阀

知识链接——变排量压缩机

变排量压缩机，可在所有条件下与汽车空调配套。下面以别克压缩机 V5 为例进行介绍。

压缩机 V5 的基本机构是一个可变角度斜板和 5 个轴向压缩缸，属内部调节的变排量压缩机。压缩机排量的控制中心，是一个由波纹管操纵的控制阀，位于压缩机后盖内；控制阀感应压缩机吸入压力。斜板角度和压缩机排量由曲轴箱吸入压差控制。当空调制冷量需求较高时，吸入压力就会高于控制点，阀门将保持从曲轴箱向外吸。当曲轴箱没有吸入压差时，压缩机的排量最大。当空调容量需要较低且吸入压力达到控制点时，阀门向曲轴箱排放气体，同时关闭曲轴箱至吸入腔的通道。斜板角度由 5 个活塞上的力平衡控制。曲轴箱吸入压差的微小增量将在活塞上产生压力，会使斜板绕枢轴转动，减少斜板角度。

压缩机具有一个独特的润滑系统。曲轴箱通过旋转斜板吸入，润滑斜板轴承。转动作用又相当于一个润滑油分离器，将部分润滑油从曲轴箱吸入的气体中清除，清除的润滑油返回曲轴箱，润滑压缩机机构。其分解图如图1-29所示。

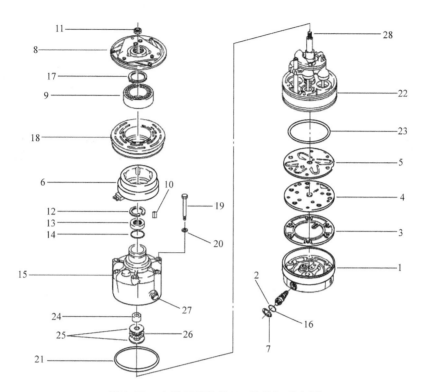

图1-29 变排量压缩机V5的分解示意图

1—压缩机后盖 2—控制阀O形密封圈 3—后盖衬垫 4—阀板 5—吸入阀簧片 6—离合器线圈

7—固定环 8—主动盘式离合器 9—带轮轴承 10—离合器毂键 11—轴螺母 12—密封固定环 13—轴唇形密封

14—轴O形密封圈 15—压缩机壳体 16—排量调节阀 17—带轮轴承至盖固定环 18—转子带轮

19—贯穿螺栓 20—贯穿衬垫 21—压缩机壳体至压缩缸O形密封圈 22—轴和导向销总成缸

23—后盖O形密封圈 24—止推垫圈 25—轴承圈 26—轴承 27—放油塞 28—压缩机轴

　　虽然装备V5压缩机的不同车辆可能在装配和安装上各不相同，但大修程序相近。注意事项：在从车上拆下压缩机进行维修前，拧开放油塞，放出制冷剂油。此外，还要放出吸入和排出端口的制冷剂油，将所有制冷剂油放干净。测量放出的润滑油量并记录。报废旧制冷剂油并向压缩机添加等量新聚醚类（PAG）制冷剂油。清洁的工具和清洁的工作区，是正确维修的关键。防止油污和异物进入压缩机零件。用三氯乙烷、粗汽油、标准溶剂、煤油或相当的溶剂，清洗需要重新装配的零件。用清洁干燥的空气干燥零件。

汽车空调制冷控制系统故障的检修

本章导读

　　汽车空调制冷系统在运行时，蒸发器的温度会下降，蒸发器翅片上的相对湿度会变高。当蒸发器表面的温度降至0℃以下时，翅片表面的水会结冰。冰层变厚后，会堵塞蒸发器的空气通路，同时会使蒸发器内的制冷剂不能有效地吸收周围的热，液态制冷剂不能充分蒸发。这种液态制冷剂被压缩机吸入后，会产生"液击"而损坏压缩机。所以必须对制冷系统进行控制，防止蒸发器的表面结冰。

　　一般控制蒸发器的温度有两类方法：一类是控制蒸发器表面温度，另一类是控制制冷剂的蒸发压力。它们都是通过恒温器或者蒸发压力控制阀以及膨胀阀来实现的。根据蒸发器控制温度的方法和配置的不同，汽车空调制冷系统的控制方式可分为离合器循环控制系统、蒸发压力控制系统，以及介于两者之间的一些控制系统。制冷系统的控制器件发生故障，会导致制冷效果差或者压缩机不能起动。

学习目标

　　1. 理解恒温器的结构和工作原理。

　　2. 会对恒温器控制的离合器制冷循环系统进行检修。

　　3. 会对恒温器孔管（CCOT）控制的离合器循环系统进行检修。

　　4. 了解吸气节流阀（STV）控制的外平衡膨胀阀制冷系统的组成和工作原理。

　　5. 了解先导阀操纵的绝对压力（POA）阀和外平衡膨胀阀控制的制冷系统的组成和工作原理，熟悉制冷剂流动路径。

　　6. 了解罐中阀（VIR）制冷系统的组成和工作原理，熟悉制冷剂流动路径。

　　7. 熟悉汽车空调保护系统的结构和原理。

2.1 恒温器控制的离合器制冷循环系统的检修

2.1.1 恒温器和膨胀阀控制的离合器制冷循环系统

1. 控制过程

恒温器也就是温度控制器（也可以叫作恒温开关）。恒温器控制的离合器制冷循环系统，就是通过恒温器将车内温度设定在预定的温度范围内，当温度达到设定温度时，恒温器切断压缩机离合器线圈的供电，停止制冷。当温度高于设定值时，恒温器又接通压缩机离合器线圈的供电，又开始制冷。压缩机处于通 – 断循环状态。该系统一般用于经济型轿车和货车上。按照采用的节流装置的不同，又可分为恒温器 – 离合器膨胀阀制冷循环系统和恒温器 – 电磁离合器孔管制冷循环系统。通过本节的学习，可以掌握这些控制系统的原理，以及常见故障的检测方法。

2. 恒温器的原理

恒温器有机械式和热敏电阻式两种，现在机械式已逐渐被淘汰，汽车空调基本上都采用热敏电阻式恒温器。该恒温器的感温元件是一个小圆片形或棒形的热敏电阻，如图 2-1 所示。热敏电阻安装在蒸发器出口处的翅片上，如图 2-2 所示。控制电路安装在蒸发器总成附近的空调控制盒内。

图 2-1 汽车空调恒温器的探头（热敏电阻）

热敏电阻式恒温器的电路原理如图 2-3 所示。

图 2-2 热敏电阻安装在蒸发器出口的位置

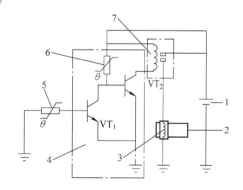

图 2-3 热敏电阻式恒温器的电路原理图
1—蓄电池 2—压缩机 3—压缩机离合器电磁线圈
4—放大电路 5—调温电阻 6—热敏电阻 7—继电器

37

热敏电阻将感受到的温度转化为电信号，经过放大后控制压缩机电磁离合器线圈的供电回路的接通和断开，从而控制压缩机的运行和停止，达到控制蒸发器表面不结冰的目的。

3. 恒温器内平衡膨胀阀控制的离合器制冷循环系统

恒温器内平衡膨胀阀控制的离合器制冷循环系统的结构如图2-4所示。

当系统工作时，若蒸发器温度较高，内平衡膨胀阀的节流孔相应开度较大，输送较多的制冷剂到蒸发器，这样制冷量就增大，使蒸发器迅速降温。当蒸发器温度较低时，膨胀阀节流孔开度变小，输送到蒸发器的制冷剂量减小，制冷量也就减小。在蒸发器温度下降到0℃以下，吹出的冷风也在0~4℃，恒温器的触点系统便会发生动作，切断压缩机离合器线圈的供电，压缩机停止运行（停止制冷），这样可防止蒸发器发生结冰。当温度上升到恒温器设定的温度时，恒温器的触点会自动闭合，离合器的线圈又会得到额定电压，又开始制冷运行。恒温器和内平衡膨胀阀就是这样控制蒸发器温度的。

4. 恒温器H形膨胀阀控制的离合器制冷循环系统

恒温器H形膨胀阀控制的离合器制冷循环系统的结构如图2-5所示。

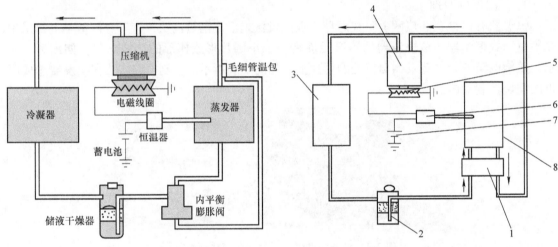

图2-4　恒温器内平衡膨胀阀控制的
离合器制冷循环系统的结构示意图

图2-5　恒温器H形膨胀阀控制的离合器
制冷循环系统的结构示意图
1—H形膨胀阀　2—储液干燥器　3—冷凝器
4—压缩机　5—压缩机离合器电磁线圈　6—恒温器
7—蓄电池　8—蒸发器

制冷运行时，压缩机将制冷剂送到冷凝器液化，经过储液干燥器后进入H形膨胀阀进行节流减压，再进入蒸发器进行蒸发吸热。制冷剂蒸发成气态后再进入H形膨胀阀的另一通道，然后回到压缩机。当蒸发器温度过低时，恒温器的感温元件探测到后，恒温器切断压缩机离合器电磁线圈的供电，停止制冷。当温度升高后，恒温器又接通压缩机离合器电磁线圈的供电，又做制冷运行。这样周期性地循环。H形膨胀阀和内平衡式膨胀阀一样，能根据蒸发器的温度自动调节供给蒸发器的制冷剂量。

由于H形膨胀阀具有可靠性高（因为H形膨胀阀直接安装在蒸发器上，接头少，不怕汽车的振动，运行故障少）、结构简单（不需要毛细管感温包系统）的优点，因而目前已广泛应用在汽车空调中。

2.1.2　恒温器孔管控制的离合器制冷循环系统

恒温器孔管（CCOT）控制的离合器制冷循环系统的结构如图 2-6 所示。

该系统最大的特点是用节流孔管代替了复杂的膨胀阀，用集液干燥器（含气液分离的作用）代替了储液干燥器，所以结构简单。

来自冷凝器的液态制冷剂经过孔管的节流降压作用，在蒸发器内蒸发吸热，变成气态。由于孔管不具备自动调节制冷剂流量的功能，所以当压缩机高速运转时，制冷剂在蒸发器里会发生蒸发不彻底的现象，这样蒸发后的制冷剂气体里会夹杂着一定量的制冷剂液滴，这些液滴被压缩机吸入

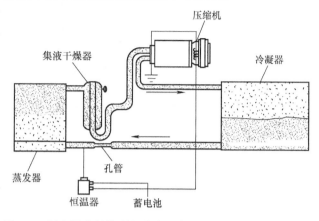

图 2-6　恒温器孔管控制的离合器制冷循环系统的结构示意图

后会产生液击现象而损坏压缩机。所以须在蒸发器出口安装一个集液干燥器，使制冷剂液滴在此蒸发为气体，再被压缩机吸入。在气液分离干燥器的出口处设置了一个溢油孔，目的是将从制冷剂里分离出来的冷冻油从溢油孔送回到压缩机。

注意：现在新式 CCOT 系统已不再使用恒温器控制了，而是在起气液分离作用的集液干燥器上装一个压力开关，如图 2-7 所示，以感测制冷运行过程中从蒸发器出来的制冷剂压力。压力开关和孔管控制的离合器制冷循环系统的结构如图 2-8 所示。

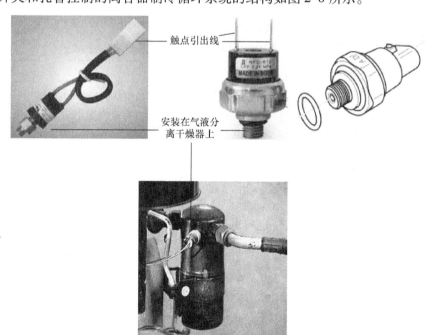

图 2-7　压力开关

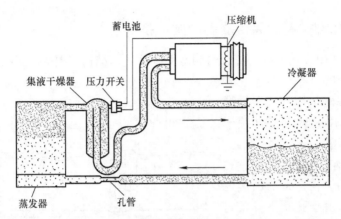

图2-8 压力开关和孔管控制的离合器制冷循环系统的结构示意图

当蒸发压力低于某个值（如低于0.273MPa）时，低压开关便切断了压缩机离合器线圈的供电，使压缩机停止运行。当蒸发压力高于某个值（如高于0.310MPa）时，低压开关的两触点闭合，使压缩机离合器线圈得到额定电压，压缩机的压盘被吸合，压缩机运行，进行制冷。

CCOT系统的优点是结构简单，没有运动部件，不易损坏。但滤网有可能发生堵塞，这种情况只需要拆下、更换一个新的节流管即可。

CCOT系统最大的特点是节能和可靠，被广泛应用于经济型轿车和中级轿车上，如福特、丰田、大众等。近年来，由于重视节能，许多高级轿车也采用了CCOT系统。

2.1.3 离合器制冷循环系统常见故障及排除方法

离合器制冷循环系统常见故障及排除方法见表2-1。

表2-1 离合器制冷循环系统常见故障及排除方法

故障现象	故障原因		排除方法
压缩机不吸合，空调不制冷	恒温器损坏	机械式恒温器调整不当或机械机构卡死，使触点不能闭合；电子式恒温器温度传感器断路或短路，导致恒温器执行回路不能导通	检测恒温器，确认损坏后，再更换
	对于压力开关/节流管式空调，最大可能是压力开关故障	压力开关的触点不能闭合	更换
空调系统制冷能力下降，压缩机频繁接通、断开	恒温器不良或安装不当	恒温器感温元件失效，测温不准确；恒温器感温元件离蒸发器翅片太远	更换或重新安装
空调系统制冷能力下降，出风口风量逐渐变小乃至不出风	恒温器触点不能断开，导致蒸发器表面产生严重结霜现象	机械式恒温器机械机构卡死，触点不能断开；电子式恒温器传感器信号失真或控制回路短路，使继电器触点长时间接通	更换

2.1.4　热敏电阻的检测

汽车空调热敏电阻的检测见表2-2。

表2-2　汽车空调热敏电阻的检测

步骤	说　明
① 了解汽车空调热敏电阻特性曲线（电阻值与温度变化的关系）	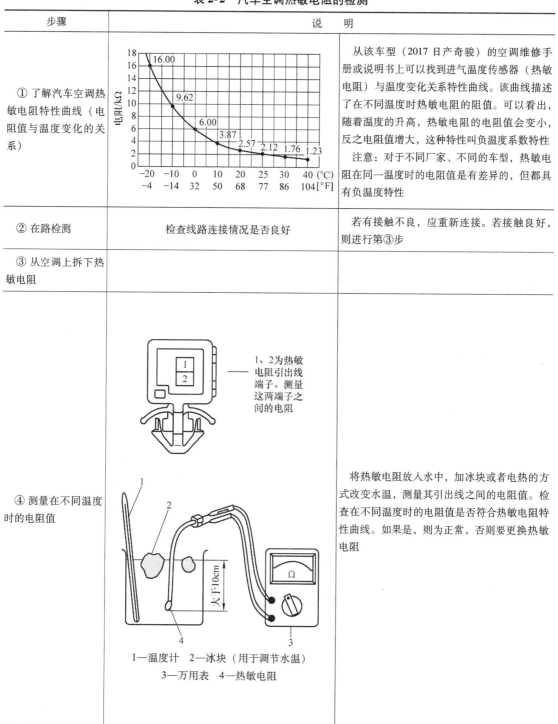 从该车型（2017日产奇骏）的空调维修手册或说明书上可以找到进气温度传感器（热敏电阻）与温度变化关系特性曲线。该曲线描述了在不同温度时热敏电阻的阻值。可以看出，随着温度的升高，热敏电阻的电阻值会变小，反之电阻值增大，这种特性叫负温度系数特性 注意：对于不同厂家、不同的车型，热敏电阻在同一温度时的电阻值是有差异的，但都具有负温度特性
② 在路检测	检查线路连接情况是否良好　　若有接触不良，应重新连接。若接触良好，则进行第③步
③ 从空调上拆下热敏电阻	
④ 测量在不同温度时的电阻值	1、2为热敏电阻引出线端子。测量这两端子之间的电阻 将热敏电阻放入水中，加冰块或者电热的方式改变水温，测量其引出线之间的电阻值。检查在不同温度时的电阻值是否符合热敏电阻特性曲线。如果是，则为正常，否则要更换热敏电阻 1—温度计　2—冰块（用于调节水温） 3—万用表　4—热敏电阻

2.2 吸气节流阀控制蒸发压力的制冷系统的检修

前面介绍的恒温器控制的离合器制冷循环系统是通过压缩机间断工作来控制蒸发器的温度，达到防止蒸发器结冰的目的。其缺点是空调温度的波动较大，影响了舒适性。另外，压缩机频繁起动，会影响发动机工况的稳定，还会造成离合器的磨损。采用吸气节流阀（STV）来控制蒸发压力的制冷系统便能克服上述缺点。

由于饱和温度和压力存在着一一对应的关系，如果控制0℃时对应的制冷剂饱和蒸发压力不再降低，就可以防止蒸发器表面不结冰。而此时压缩机仍然处于运行状态，蒸发器内仍有少量制冷剂在蒸发。不过，制冷量很小，蒸发器表面维持在刚好不结冰的状态，车内温度和湿度保持在一个相对平衡的状态，舒适性得到了提高。

蒸发器压力控制的制冷系统气温波动小，舒适性好，但要浪费一部分能源，通常在中高级轿车空调中使用。通过本节的学习，可以理解控制蒸发压力的制冷系统的原理、结构，初步掌握检修方法。

2.2.1 吸气节流阀控制的外平衡膨胀阀制冷系统

1. STV 控制的蒸发压力制冷系统

STV 控制的蒸发压力制冷系统的结构如图 2-9 所示。

液态制冷剂经过外平衡膨胀阀节流降压后，再进入蒸发器蒸发吸热，从蒸发器出来的制冷剂气体经过 STV 后，回到压缩机，如此循环。

蒸发器内制冷剂流量由膨胀阀控制，蒸发器内制冷剂压力由 STV 控制。当蒸发器温度降到 0℃ 时，STV 会自动关闭蒸发器出口，而只有少量蒸气被压缩机吸入，保持温度。

2. STV 的构造和原理

（1）STV 的作用

STV 的作用是控制蒸发器的蒸发压力不得超过 0.298 ~ 0.308MPa 的范围，以防止蒸发器表面结冰。

（2）STV 的结构

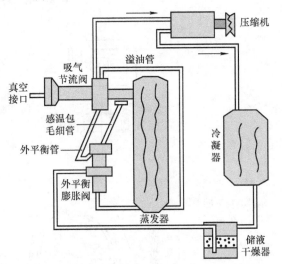

图 2-9　STV 控制的蒸发压力制冷系统的结构示意图

STV 的结构如图 2-10 所示。STV 由三部分组成：控制阀、调节机构、真空膜盒。控制阀上共有 5 个接口，分别为蒸发器接口、压缩机接口、外平衡管接口、溢油管接口和压力表接口。阀体内有一个配合精密、可以左右移动的活塞，用于控制蒸发器的蒸发压力。活塞上设置了一对小孔，其作用是当活塞全部封死蒸发器到压缩机的通道时，仍保留有少量的制冷剂输送到压缩机中，防止压缩机做抽真空式的运动。

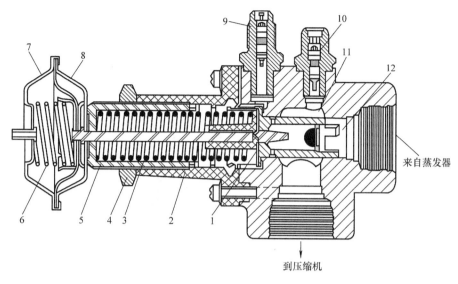

图 2-10 STV 结构示意图

1—主膜片 2—固定套 3—主弹簧 4—紧固弹簧 5—调节螺钉 6—外弹簧 7—真空膜盒
8—大气孔 9—压力表接口 10—溢油管接口 11—外平衡管接口 12—活塞

（3）STV 的工作原理

图 2-10 中的主膜片是推动活塞动作的元件。它共受 4 个力的作用。其中，蒸发压力和膜盒的真空吸力推动活塞向左移动，迫使主膜片左移；主弹簧弹力和大气压力迫使膜片向右移动。

当蒸发压力为 0.298MPa 时，活塞刚好关闭蒸发器通往压缩机的通道，这时主膜片受到的 4 个力刚好处于平衡状态，由于这时蒸发器内的饱和温度为 −1℃，传到蒸发器表面则为 0℃，不会结冰。如果汽车高速运动，压缩机的吸力会保持在这种平衡状态。当蒸发器温度高于 0℃ 时，蒸发压力也会上升，推动活塞左移，逐渐在新的位置上达到平衡。温度越高，蒸发压力越大，则活塞左移的距离越远，开度就越大，配合外平衡膨胀阀动作（节流孔的开度变大），制冷剂流量也就越大。同理，若温度降低，则活塞向右移动，会使制冷剂流量减小。

通过以上分析可知，可以通过调节主弹簧的压力来改变 STV 控制的最小蒸发压力，所以 STV 设有调节螺钉。

很显然，STV 具有一些不足：一是控制压力受海拔的影响；二是控制精度不高；三是主膜片容易泄漏制冷剂。所以，目前 STV 已逐渐被绝对压力（POA）阀代替。

2.2.2 先导阀操纵的绝对压力阀和外平衡膨胀阀控制的制冷系统

1. POA 阀控制的制冷系统的结构和原理

先导阀操纵的绝对压力（POA）阀制冷系统的工作原理与 STV 制冷系统基本一样，不同点是用 POA 取代了 STV，如图 2-11 所示。

从蒸发器出来的制冷剂蒸气，经过 POA 阀的压力控制后，再回到压缩机，进行下一个循环。

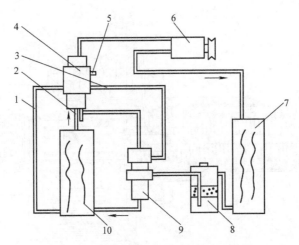

图 2-11 POA 阀制冷系统的结构示意图

1—溢油管 2—感温毛细管 3—外平衡管 4—POA 阀 5—压力检测器
6—压缩机 7—冷凝器 8—储液干燥器 9—外平衡阀 10—蒸发器

输送到蒸发器的制冷剂流量由外平衡膨胀阀控制，蒸发器内的制冷剂压力和蒸发温度由 POA 阀控制。POA 阀控制的蒸发压力不得小于 0.298MPa，这时对应的蒸发温度为 −1℃，此时蒸发器表面温度为 0℃，蒸发器表面不会结冰。

和 STV 一样，POA 阀也开有一个小孔，其作用是当蒸发压力降到设计值时，关闭制冷剂气流的主通道，由该小孔送少量制冷剂气体到压缩机，使压缩机在空负荷时不做真空泵运动，减小能耗和保护压缩机。

在蒸发器底部设置了一条溢油管到 POA 阀，该管道可使积存在蒸发器底部的冷冻油回到压缩机。

2. POA 阀的构造和工作原理简介

POA 阀是由一个真空度很高的波纹管上的阀来伺服操纵 STV（也有人称之为绝对真空伺服阀），其结构如图 2-12 所示。

POA 阀的构造主要由活塞式 STV 和波纹管控制的先导阀两部分组成。阀上有 5 个接口：蒸发器接口、压缩机接口、外平衡管接口、压力表接口、溢油管接口。STV 左右运动，可以精确控制蒸发器到压缩机的制冷剂蒸气主通路，能够控制蒸发压力保持在 0.298 ~ 0.308MPa 范围内，从而保证蒸发器表面不会结冰。

POA 阀能最大限度地发挥蒸发器的制冷能力，并保证蒸发器连续制冷而表面不结冰，使车内温度始终保持在一个稳定的范围内。

POA 阀是由通用汽车公司发明的，现已推广到大多数中、高级轿车的制冷系统上，如图 2-13 所示。

2.2.3 组合式先导阀调节的吸气节流阀——罐中阀制冷系统

1. VIR 制冷系统的结构和工作原理

前面学习的 STV 制冷系统和 POA 阀制冷系统都具有储液干燥器、外平衡膨胀阀、STV 或 POA 阀，由于管道接口较多，导致制冷剂泄漏的可能性较大，安装与维护的工作量也较

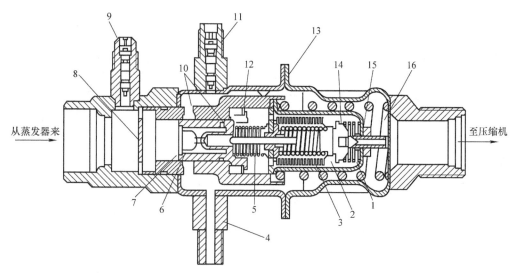

图 2-12 POA 阀的结构示意图

1—针阀弹簧 2—波纹管气室 3—波纹管 4—溢油管接口 5—活塞弹簧

6—过滤网 7—活塞 8—减振板 9—压力表接口 10—小孔 11—外平衡管接口

12—活塞环 13—支承板 14—针阀芯 15—阀座 16—主弹簧

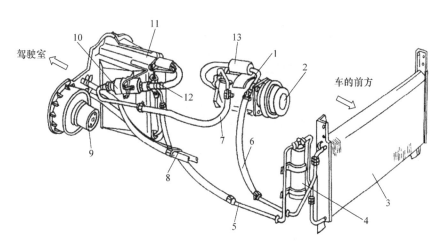

图 2-13 美国通用汽车公司的 POA 阀制冷系统

1—压缩机 2—电磁离合器 3—冷凝器 4—储液干燥器 5—高压液体管路

6—高压气体管路 7—低压气体管路 8—加热软管 9—鼓风机电机 10—POA 阀

11—蒸发器 12—膨胀阀 13—消音器

大。为了克服这些缺点，通用汽车公司发明了一种罐中阀（组合阀），即将储液干燥器、外平衡膨胀阀、POA 阀集中在一个罐中，只有两个接头（一个进口和一个出口），应用在制冷系统中，形成了罐中阀（VIR）制冷系统，如图 2-14 所示。该系统广泛应用在中、高级汽车空调中。

VIR 能起到同时调节输送给蒸发器的制冷剂量和蒸发压力的作用，使制冷系统在各种工况下均能保持最大制冷量的同时，避免蒸发器结冰。蒸发器底部的冷冻油也能经过 VIR 流回压缩机。

2. VIR 的构造和工作原理

VIR 的构造如图 2-15 所示。

阀体上有 4 个接口：第 1 个接口接冷凝器出口，高压液态制冷剂从该接口进入；第 2 个接口接蒸发器，降压节流后的制冷剂由该接口进入蒸发器；第 3 个接口接压缩机的吸气口；第 4 个接口为溢油管接口。POA 阀的进气和外平衡膨胀阀的感温元件都是裸露在上盖腔内，并用密封圈密封，上盖上有两个接头，一个是蒸发器出口接头，另一个是维修、检测用的阀口（拉瓦尔阀口）。上盖和储液罐都用薄铁皮冲压而成，两者都用螺钉和 O 形圈紧固在阀体上，储液罐内装有干燥袋、过滤器、吸入管。如果干燥器失效、过滤器脏堵，都可以修理。

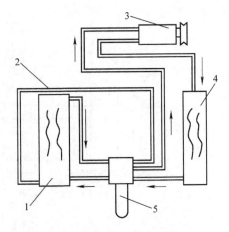

图 2-14 VIR 制冷系统

1—蒸发器 2—溢油管 3—压缩机
4—冷凝器 5—VIR

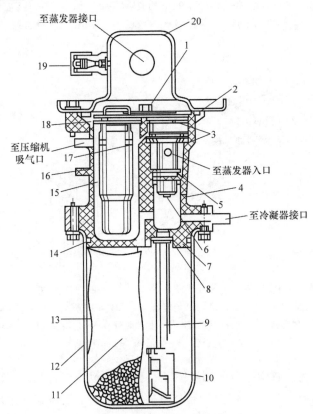

图 2-15 VIR 的结构示意图

1—固定螺钉 2、3、5、8、14—密封圈 4—观察孔 6—外平衡膨胀阀 7—阀体 9—吸入管
10—过滤器 11—储液干燥器 12—储液罐 13—干燥剂 15—POA 阀 16—溢油管接口
17—平衡孔 18—压力表接口 19—维修工艺口（拉瓦尔阀口） 20—上盖

VIR 将储液、干燥、过滤、节流降压的功能集于一体，能同时控制制冷剂的流量和蒸发压力，防止蒸发器结冰。

2.2.4　常见故障及检修

STV、POA 阀外接管道较多，可能在接头处出现泄漏故障，VIR 控制系统泄漏的可能性较小。对于泄漏现象，需要检漏，消除泄漏后，再抽真空、充注制冷剂。

对于阀体本身的故障，可以根据制冷系统表现出的现象来判断。当出现空调开始制冷正常，过一会儿蒸发器出风量减小，制冷效果变差，蒸发器表面有结冰现象时，可停机，当高、低压压力平衡时测制冷剂压力，如果压力正常，则可以判定阀体有故障，可更换，重新充注制冷剂。注意，维修后要进行一系列测试（见本章知识拓展三）后，方能交付使用。

2.3　非独立式空调制冷系统的运行保护装置

为了使汽车空调系统在一些特殊情况下不受损坏，维持正常的运行，系统内还需设置保护器件和保护电路。

2.3.1　压力开关和压力传感器

压力开关和压力传感器的作用都是通过检测制冷系统的压力来保护制冷部件。但两者的原理是不同的，下面分别介绍。

1. 压力开关的作用

1）控制电磁离合器。防止压缩机在系统压力过高或者过低的情况下工作而损坏。

2）控制冷却风扇。在系统压力上升到中等程度时，冷却风扇开始工作。

2. 压力开关的分类

压力开关的型式有多种，见表 2-3。

表 2-3　压力开关的分类

名称	触点特性	作用
①常闭型低压开关	自然状态触点之间处于闭合状态	用于高压管路。高压回路压力低于规定值时变为断开，使压缩机停转
②常开型低压开关	自然状态触点处于分离、断开状态	低压回路压力低于规定值时变为闭合，接通除霜电磁阀
③常闭型高压开关	自然状态触点之间处于闭合状态	用于高压管路。高压回路压力高于规定值时变为断开，使压缩机停转
④常开型高压开关	自然状态触点处于分离、断开状态	用于高压管路。高压回路压力高于规定值时变为闭合，使冷凝器风扇高速运转

3. 低压压力开关

（1）低压压力开关工作原理

以常开型低压开关为例，其结构和原理如图 2-16 所示。压力开关主要由膜片、弹簧、触点系统组成。活动触点与膜片固定在一起。图中膜片受到管道内气体向下的压力和弹簧向上的弹力，处于平衡状态，活动触点与固定触点处于分离状态。当管道内气体压力降低到某一定值时，弹力大气体压力，使膜片带动活动触点向上运动，导致活动触点与固定触点接通。当管内气压上升到某一定值（气体压力大于弹力）时，膜片带动活动触点向下运动，达到新的平衡时停止下来，活动触点与固定触点又分离。其他类型的压力开关的工作原理与此相似，只是导致触点通、断的条件有所不同。

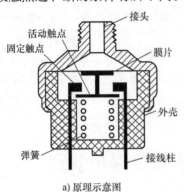
a) 原理示意图

b) 实物图

图 2-16　常开型低压开关

（2）低压压力开关的应用

常开型和常闭型低压压力开关的应用场合和作用不一样，见表 2-4。

表 2-4　低压压力开关的应用场合的作用

名称	应用	功能	控制过程
常闭型	设置在高压回路中（一般安装在冷凝器与膨胀阀之间或储液干燥瓶上），与压缩机离合器电磁线圈串联 低压开关安装在高压管路上	使压缩机在制冷剂泄漏、压力过低情况下不空转，避免压缩机因缺乏润滑油而损坏	当压缩机排出的制冷剂压力过低（一般低于 0.423MPa）时，低压压力开关的触点系统发生动作，使两接线柱之间处于断开状态，切断了离合器电磁线圈的供电，压缩机停止运行。制冷剂压力过低的原因一般是制冷剂泄漏，而冷冻油也会伴随着制冷剂一起泄漏，这样，压缩机的冷冻油就会不足，如果压缩机继续运行就会损坏。低压开关切断了离合器的供电，压缩机停转，保护了压缩机
		环境温度较低时，使压缩机自动停止运行，达到节能的目的	当环境温度过低时，冷凝温度也比较低，压缩机排出的制冷剂的温度和压力也较低，例如，当环境温度小于 10℃ 时，其压力刚好是 0.423MPa，此压力也正是低压开关切断压缩机离合器供电的数值。所以，温度低于 10℃ 时，低压开关可使压缩机停止工作
	设置在离合器循环系统的低压回路中，与压缩机离合器电磁线圈串联	用于控制蒸发器的蒸发压力不至于过低而结冰	在 CCOT 系统，当蒸发压力过低时，低压开关切断压缩机的离合器线圈的供电
常开型	设置在非离合器循环系统的蒸发器的出口，感测其压力	用于控制蒸发器的蒸发压力不至于过低而结冰	当蒸发器压力在 0.253 ~ 0.289MPa 时，低压开关的触点系统发生动作而闭合，将电磁旁通阀的电路接通，电磁旁通阀开始工作，使一部分高压制冷剂蒸气通过旁通阀流到压缩机吸气口，使蒸发压力回升，从而防止蒸发器结冰。当蒸发压力回升到一定值时，低压开关的触点系统又动作，两触点之间分开，电磁旁通阀失去供电，制冷系统恢复正常的工作

4. 高压压力开关

高压压力开关是为了防止制冷剂充注过多、冷凝器散热不好，造成压力过高，产生管路爆裂，或损坏其他制冷部件。按其功能可分为高压保护和高压调节两类，见表 2-5。

表 2-5　高压压力开关的分类

名称	触点类型	安装位置	控制过程
高压保护开关	常闭型（指在自然状态触点为闭合状态）	安装在压缩机与冷凝器之间的高压管路上 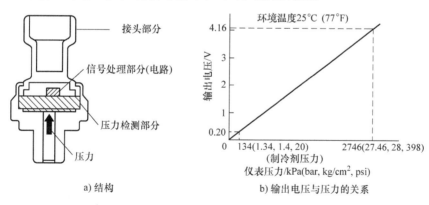	当系统压力过高时会自动切断压缩机电磁离合器。工作压力：高压开关的切断压力和触点恢复闭合压力一般因车型而异，切断压力一般在 2.7 ~ 3.0MPa 范围内，触点恢复闭合压力为 1.6 ~ 1.9MPa
高压调节开关	常开型（指在自然状态触点为断开状态）	安装在冷凝器出口或储液干燥瓶上	当压力超过 1373 ~ 1500kPa 时接通冷凝器风扇的高速档

注意：不同车型的空调，压力开关动作的压力值是有差异的。

5. 压力传感器

制冷剂压力传感器是电容式传感器，如图 2-17 所示。它由压力检测区和信号处理区构成。压力检测区是一个可变电容器，根据压力的改变而改内部静态电容。信号处理区检测到压力检测区的静态电容，将静态电容转换为电压值，并将电压值传输到 ECM（空调控制模块）。ECM 根据输入的电压值控制制冷循环和冷却风扇的转速。

a) 结构　　　　b) 输出电压与压力的关系

图 2-17　压力传感器

例如，东风日产奇骏（2017）位于冷凝器上的制冷剂压力传感器对制冷系统起到保护作用，防止压力过高或过低对其造成损坏。制冷剂压力传感器检测制冷剂管路内的压力，如果系统内的压力超过或低于规定值，则向 ECM 发送电压信号。

具体来说，当制冷剂压力传感器检测到的高压侧在下列情况时，ECM 关闭空调继电器并停止压缩机的工作。

1）约3120MPa（31.2bar，31.8kg/cm²，452psi）或以上（发动机转速为1500r/min或以上）。

2）约2740MPa（27.4bar，27.9kg/cm²，397psi）或以上（发动机转速小于1500r/min）。

3）约140kPa（1.4bar，1.2kg/cm²，20psi）或以下。

2.3.2　高压泄压阀

高压泄压阀安装在压缩机高压侧或储液干燥器上，其结构如图2-18所示。在正常情况下，由于弹簧的压力，将密封塞压向阀体，与A面凸缘紧贴，压缩机内制冷剂不能流出。当压缩机内压力异常升高时（例如以R134a为制冷剂，压力升至3.8MPa），弹簧被压缩，阀被打开，制冷剂释放出来，压缩机压力立即下降。当压力降至压差为0.21MPa左右时，弹簧又立即将密封塞推向阀体A面，将阀关闭。高压泄压阀在压缩机上的安装位置（示例）如图2-19所示。

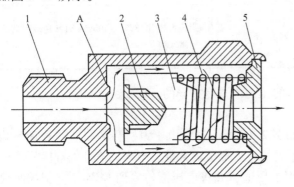

图2-18　高压泄压阀的结构示意图
（箭头为泄压时制冷剂的流出方向和路径）
1—阀体　2—密封塞
3—下弹簧座　4—弹簧　5—上弹簧

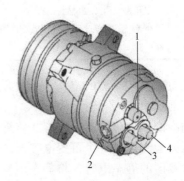

图2-19　V5型变排量压缩机上的控制阀
1—泄压阀　2—压缩机控制阀
3—高压开关　4—低压开关

2.3.3　过热限制器

过热限制器的作用是当压缩机排气温度过高时，切断压缩机离合器线圈的供电，使压缩机停转，从面保护压缩机。

过热限制器由过热开关和热熔断器两部分构成，如图2-20所示。

过热开关安装在压缩机的尾部，感测压缩机的排气温度。结构如图2-21所示。壳体与压缩机壳体紧密接触并搭铁（与电池负极接通），也就是说，接线柱与壳体相当于过热开关的两个接线端子，这两个端子与绕线式电阻加热器串联。当压缩机内制冷剂温度不过热时，过热开关是断开的，加热器不会加热。当制冷剂温度过高时，过热开关就会闭合，加热器进行加热，热熔断器就会熔断，压缩机离合器线圈失去供电，压缩机停转。直到故障排除、更换过热限制器，空调才能工作。

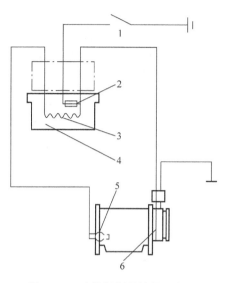

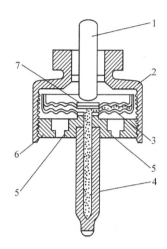

图 2-20 过热限制器结构示意图
1—环境温度开关 2—温度感应熔丝
3—绕线式电阻加热器 4—热熔断器
5—过热开关 6—离合器线圈

图 2-21 过热开关的结构示意图
1—接线柱 2—壳体 3—膜片总成
4—感温管 5—底座孔 6—膜片底座
7—动触点

2.3.4 非独立式空调制冷系统的运行保护装置的常见故障

保护装置的常见故障是，保护装置失效，起不到保护作用，或者使空调系统不能正常工作。这需要对保护装置进行检测，确认后再进行更换。

2.3.5 部分部件（以空调压力开关为例）的检测

1. 空调压力开关的检测
空调压力开关的检测见表 2-6。

表 2-6 空调压力开关的检测

步骤		方法
安装仪表		将歧管压力表组件和软管接到高、低压检修阀上
常闭型低压开关的检测	在路检测	参照表 2-4，检测在系统的压力下降后低压开关能否断开。若能，则为正常
	触点的检测	用万用表测量其两个接线端的电阻。如果阻值是∞，说明已损坏；如果阻值为零，则触点为闭合状态，为正常
常开型低压开关的检测	在路检测	参照表 2-4，检测在系统的压力达 0.253 ~ 0.289MPa 时，触点能否闭合。若能，则为正常
	触点的检测	用万用表测量其两个接线端的电阻。如果阻值是∞，为正常；如果阻值为零，则触点已粘连，需更换

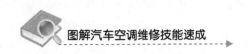

（续）

步骤		方法
常闭型高压开关的触点的检测	在路检测	参照表2-5，检测当系统压力升高后触点能否断开 在制冷系统工作时，用纸板或其他板挡住冷凝器的散热，以恶化其冷却效果，这时冷凝器的温度会逐渐升高，当高压侧压力达到2.1 ~ 3.0MPa时，电磁离合器应立即断电；然后拿开纸板，待高压侧压力降低到1.6 ~ 1.9MPa时，电磁离合器应立即通电，使压缩机工作，否则为性能不良
	触点的检测	用万用表测量其两个接线端的电阻。如果阻值是∞，说明已损坏；如果阻值为零，则触点为闭合状态，为正常
常开型高压开关的检测	在路检测	参照表2-5，检测当压力升高、超过1373 ~ 1500kPa时触点能否闭合，若能，则为正常
	触点的检测	用万用表测量其两个接线端的电阻。如果阻值是∞，为正常；如果阻值为零，则触点已粘连，需更换高压开关

2. 空调压力开关的拆卸

如奥迪 A4 的高压开关的拆卸方法是，松开电线卡扣，排出电线插头（B），旋下压力开关（C），更换 O 形密封圈（A），安装时以 5N·m 的力矩旋紧，如图 2-22 所示。

知识拓展

一、蒸发器压力调节器控制的制冷系统

蒸发器压力调节器控制的制冷系统以蒸发器压力调节器（Evaporator Pressure Regulator，EPR）为控制元件，实现对制冷系统的控制。EPR 制冷系统主要用在克莱斯勒汽车公司和丰田公司的中、高级汽车上。

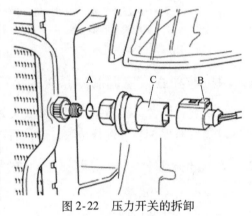

图 2-22 压力开关的拆卸

蒸发器压力调节器装在压缩机的入口处，而不是在蒸发器的出口处。由于安装位置的差异，蒸气的过热度有所不同。所以 EPR 系统的平衡设计值（蒸发压力）相对于其他制冷系统略有提高。

制冷系统的工作原理和其他系统类似，都是将蒸发压力控制在高于 0.308MPa，以防止蒸发器表面结冰。

蒸发器压力调节器的结构如图 2-23 所示。

二、汽车空调运行工况的控制

汽车空调（尤其是非独立式空调系统）运行后，会增加发动机的负荷和电力负荷。为了使在各种工况下汽车的运行不至于受到空调的明显影响，必须设置汽车工况的控制装置。

1. 发动机怠速稳定器

当发动机处于输出小功率状态（如慢速运行或怠速）时，如果开启空调，就会出现发

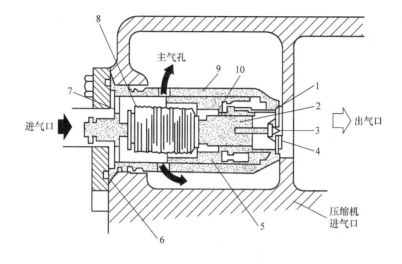

图 2-23　EPR－Ⅱ型蒸发器压力调节器

1—活塞支撑弹簧　2—先导阀座　3—先导阀　4—先导阀弹簧　5—活塞
6—O 形圈　7—波纹管固定板　8—波纹管　9—阀体　10—小孔

动机输出功率不足的现象，导致发动机转速不稳，甚至熄火，影响汽车的低速性能和怠速性能。所以，为了保证汽车的低速性能和怠速性能，必须设置怠速稳定控制器。

怠速稳定控制器有以下两种类型。

（1）怠速继电器

怠速继电器是当发动机处于怠速状态时，自动切断压缩机的离合器电路，使压缩机停转来稳定发动机怠速工况的装置。怠速继电器接在点火线圈的初级（低压）的负极上，如图 2-24 所示。

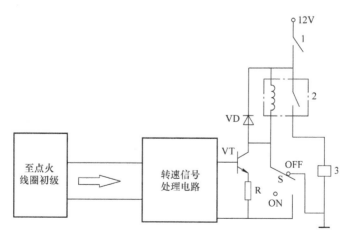

图 2-24　怠速继电器工作原理简图

1—起动和停止空调的等效开关，受空调控制器的控制　2—怠速继电器　3—压缩机电磁离合器的电线

选择开关可选择手动和自动的工作方式。

手动模式：接到 OFF 时，继电器线圈直接接通电源，其常开触点处于闭合状态，压缩机离合器线圈的供电不受怠速继电器的控制，此时压缩机的开启和关闭需手动操作。

自动模式：当选择开关接到 ON 时，压缩机离合器利用点火线圈的脉冲数作为转速控制信号，将怠速控制信号输送到怠速继电器内部电路中，经过内部电路处理后驱动晶体管 VT 的开关状态。当发动机转速高于怠速时，会导致 VT 饱和导通，继电器线圈得到额定电压，常开触点变为闭合，压缩机离合器线圈得到电压，使压缩机运转。当发动机转速为怠速时，会导致 VT 截止，继电器线圈失去电压，常开触点变为断开，压缩机离合器线圈失去电压，压缩机停止运转。

怠速继电器上有一个怠速设定旋钮，可人工设定一个值（一般设定 700 ~ 750r/min），当发动机转速为该值时，压缩机就停止运行。

（2）怠速转速提高器

怠速转速提高器是当发动机在怠速状态还需要使用空调时，使发动机自动增加节气门的开度，增加发动机的输出功率，达到带负荷时发动机仍能在怠速稳定运行，以满足汽车空调的舒适性的要求。

常用的怠速转速提高器是真空转换阀（VSV），其原理如图 2-25 所示。

当发动机怠速时，如果空调的开关接通，VSV 的线路有电流通过，阀芯受到磁场力的作用而上升，关闭真空罐和真空驱动器的真空管路，真空驱动器于是接通大气压通路，在大气压力作用下，真空驱动器的弹簧使杠杆上升，杠杆又将节气门移到比怠速位置稍大的位置上，导致发动机转速拉高，增大了发动机的输出功率。怠速时如果空调开关处于断开状态，VSV 的电源被切断，电磁线圈的磁场消失，弹簧将 VSV 阀芯顶下，关闭真空驱动器通往大气的通路，此时真空罐中的负压作用在真空驱动器上，通过杠杆使节气门不受障碍而回到怠速位置。

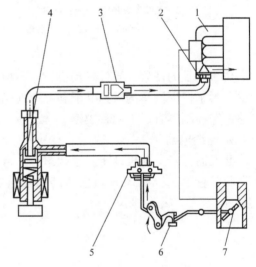

图 2-25　VSV 工作原理

1—发动机进气歧管　2—真空源螺塞
3—单向阀　4—VSV　5—怠速提升阀（真空驱动器）
6—怠速调节螺钉　7—化油器节气门

VSV 的真空源也可以直接从节气门下方引出。

2. 微机控制怠速系统

在电控燃油喷射系统中，发动机怠速由发动机电子控制单元控制。当空调系统启动时，发动机电子控制单元控制怠速控制阀增大开度，增大旁通进气量，提高发动机怠速，如图 2-26 所示。

3. 汽车加速断开器

汽车加速时，需要尽量大的发动机功率来满足加速所需，此时应该切断压缩机离合器线圈的供电电路，使压缩机停止运行。这就是汽车加速断开器的功能。

（1）机械式加速断开器

由加速踏板通过连杆或纲索来操纵，当加速踏板踩到其行程的 90% 时，加速踏板碰到切断器的控制弹簧片，切断器将电磁离合器电源切断，压缩机停止运行，使发动机的功率全部用于加速所需，如图 2-27 所示。

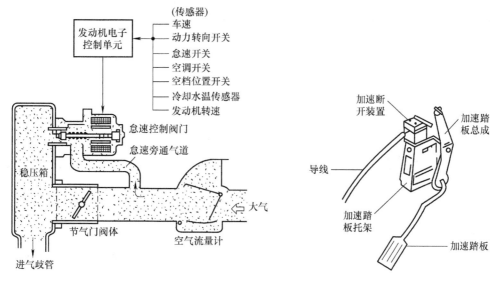

图 2-26　微机控制的怠速系统　　　　图 2-27　机械式加速断开器

（2）真空式加速断开器

真空式加速断开器由发动机进气歧管真空度进行控制，应用较广泛，能较好地改善发动机的加速性能和燃油经济性。当发动机的进气管的真空度在较低的某一范围内时，说明汽车处于匀速或轻微加速运动的状态，则此时加速断开器的开关是闭合的，压缩机正常运行。

当汽车迅速加速时，断开器内的膜片会移动，驱动触点断开，切断压缩机离合器线圈的供电，压缩机停止运行。当加速变缓时，真空度变低，弹簧推动膜片移动，驱动触点，使触点闭合，压缩机又开始运行。

（3）微机控制式加速断开装置

高级轿车上，采用汽车微机控制压缩机离合器电路。微机根据节气门位置传感器和曲轴位置传感器信号感知急加速状态时，微机输出控制信号使压缩机离合器电路断开几秒钟，以实现加速的功率需要。原理和结构如图 2-28 所示。

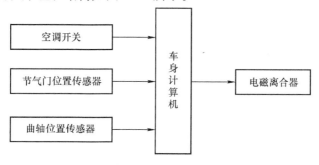

图 2-28　微机控制式加速断开装置

三、汽车空调维修后的性能检测

1. 外观检查

汽车空调维修后的外观检查内容见表2-7。

表2-7　汽车空调维修后的外观检查

名称	内容	备注
外观检查	空调系统各部件、仪表是否干净，安装是否牢固，电气线路是否整齐、连接是否牢固	同时也检查一下汽车漆面是否有损伤，门窗是否密封等
各控制键的检查	各控制键和旋钮是否灵活、有效。对于自动空调，则观察是否在设定的温度范围内运行	
管路和各零部件的检查	用电子检漏仪对空调的管路和器件进行全面的泄漏检查	若发现连接处或O形密封圈配合处有轻微泄漏，只需将螺母拧紧一点就可以了

2. 汽车空调维修的性能测试

在经过外观检查之后，可以启动空调系统，再进行一些简单、易操作的性能测试，就可以交付使用。说明：维修后的汽车空调，保温性能、车内气流的分布、车内温度的差异等不需检测。需测试的内容为空调系统运行时高、低压侧的压力是否正常，以及空调冷风的温度是否正常。方法如下：

1）将歧管压力表与高、低压侧工艺口相连接，排出管内空气（如第4章图4-2所示）。

2）起动发动机，转速保持2000r/min，开启空调，温度开关置于最冷位置，风扇置于高风，并打开车门，用大风量风扇对着冷凝器吹风。将玻璃温度计放在车内中间风门的出风口，将干湿球温度计放在车内空气循环进气口（湿球温度计的球要覆盖饱蘸水的棉花）。

空调工作15min后，记录数据，然后根据各数据判断汽车空调的工作性能是否正常。各类型的汽车空调的测试数据的正常值是不一样的，下面分类介绍。

1）对于循环离合器系统的空调，数据应达到以下要求（见表2-8），才能交付使用。

表2-8　循环离合器系统的汽车空调维修后的性能测试达标数据

名称	测试数据及说明	
CCOT（孔管式）系统（环境温度21~32℃）	高压表示数	1.0~11.55MPa
	低压表示数	压缩机起动后，低压表示数下降，当降到约0.118MPa时恒温器会自动切断压缩机离合器供电，压缩机停止运行。当低压表示数逐渐上升到0.207~0.217MPa时，恒温器又接通压缩机离合器电路，压缩机开始运行。这样周期性地进行循环
	空调风温度	1~10℃
其他循环离合器系统	空调风温度	与CCOT系统相同
	高压表示数	
	低压表示数	压缩机起动后，低压表示数下降，当降到约0.103MPa时恒温器会自动切断压缩机离合器供电，压缩机停止运行。当低压表示数逐渐上升到0.207~0.217MPa时，恒温器又接通压缩机离合器电路，压缩机开始运行。这样周期性地进行循环

2）对于 POA 阀、VIR 系统数据应达到以下要求，才能交付使用。

POA 阀、VIR 上均有一个检修阀门，所以歧管压力表的低压管应接到 POA 阀和 VIR 的检修阀门，而不是接至压缩机的吸气检修阀。

在环境温度为 21～32℃时，高压表示数为 1.0～1.55MPa，低压表示数为 0.19～0.214MPa，空调冷风温度为 1～5℃。

注意：由于 POA 阀、VIR 系统在运行时，压缩机是不停机的，所以低压表示数的变化很小。不同厂家的汽车，压力值会有所不同，但差异不大，一般差异小于3.4kPa。

3）对于 EPR 系统，数据应达到以下要求，才能交付使用。

EPR 系统是指应用 EPR 来控制蒸发器的温度而使其不结冰的系统（多用于一些中、高级轿车的自动空调上）。测试时高压表接口连接到压缩机排气阀，低压表接口连接到蒸发器出口管上的制冷剂注入接口（工艺口），再在 EPR 上装一个低压表，如图 2-29 所示。

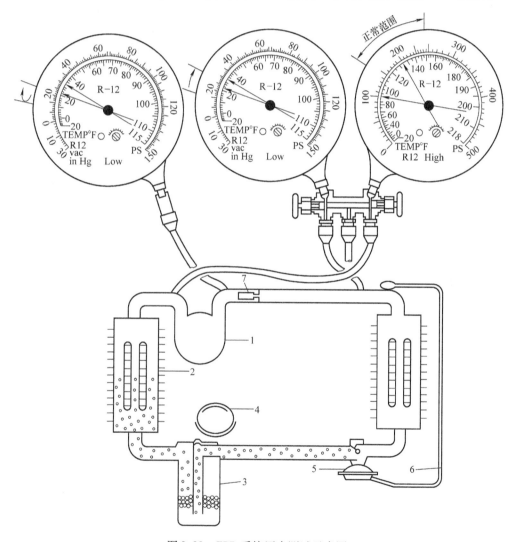

图 2-29　EPR 系统压力测试示意图

1—压缩机　2—冷凝器　3—储液干燥器　4—视液镜

5—内平衡膨胀阀　6—感温毛细管　7—EPR

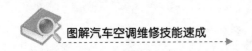

从 EPR 系统的工作原理可知，当蒸发压力低到一定的程度，EPR 主通道会关闭，制冷剂不进入压缩机，而压缩机仍在运转。所以其测试的正常数据见表2-9。

表2-9　EPR 系统的工作性能测试数据（环境温度：21～32℃）

名称	正常的示数	备注
歧管高压表	当 EPR 为通路时，压力应在 1.0～1.55MPa；当 RPR 通道关闭时，压力应在 1.0～1.21MPa；在 EPR 关闭、开启之间，高压表值应由低到高变化	
歧管低压表	0.14～0.20MPa	在 0.14MPa 时 EPR 打开
单独的低压表	0.11～0.14MPa	在 0.14MPa 时 EPR 关闭，其压力下降到 0.11MPa，这是因为有小管路的制冷剂和冷冻油流到压缩机，使其压力在 EPR 关闭期间维持在 0.11MPa。这样不断地循环，以保证蒸发温度

第3章

汽车空调维修的专用工具和材料

本章导读

本章主要介绍维修汽车空调的专用工具、器材的实物、特点和使用方法。学习本章后，在学习后续章节时，看到这些工具、器材就不会感到突然，就不会出现难懂的现象。

学习目标

1. 熟悉歧管压力表、连接管、真空泵、开启阀、检漏仪、制冷剂称重仪、制冷剂鉴别仪、回收加注机等制冷维修专用工具的实物外形、关键部位、基本结构、特点、作用和使用方法。

2. 熟悉汽车空调维修的基本材料。

3.1 汽车空调维修所需的专用工具

3.1.1 温度计

（1）实物：如图 3-1 所示。

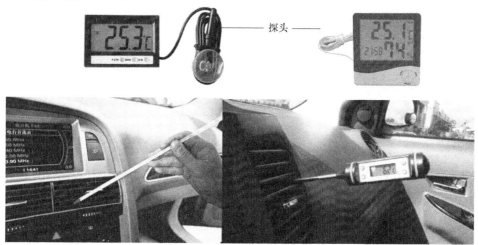

图 3-1 用温度计测量汽车出风口温度（各种温度计都可以使用）

（2）功能：用于检测空调热交换器进、出风温差和车厢内的温度等。

（3）使用方法：将探头置于待测温处（如出风口），就会在显示屏上以数字形式显示被测温度。

职业院校技能大赛中使用的 TIF3310 温度计配有双重 K 型热电偶探头，可同时测量并显示环境和空调系统出风口温度，即时显示温度差，如图 3-2 所示。

3.1.2　风速计

TIF3220 风速计（见图 3-3 所示）是职业院校技能大赛中使用的工具，用于测量空调出风口的风速，从而为选手诊断通风管路是否堵塞、鼓风机工作是否正常等提供参考依据。

图 3-2　TIF3310 温度计　　　　　　　　　图 3-3　TIF3220 风速计

3.1.3　压力表

1. 三通压力表

三通压力表分低压表和高压表两类，如图 3-4 所示。

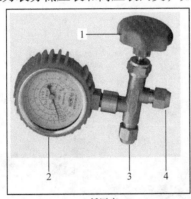

a) 低压表

b) 高压表

图 3-4　三通压力表

1—手柄　2—压力表（低压表带真空度检测，高压表则不带）

3—该接口在使用中连接制冷系统　4—该接口在使用中应连接充注设备或抽真空设备

三通压力表的手柄顺时针旋紧（关闭）时，接口3与压力表能通气，接口4与压力表不能通气。手柄逆时针打开时，接口3、接口4和压力表三者间能通气（所以该阀叫三通阀）。

2. 歧管压力表（复合压力表）

（1）歧管压力表的认识

使用歧管压力表，要熟悉其关键部位的特点和功能，如图3-5所示。

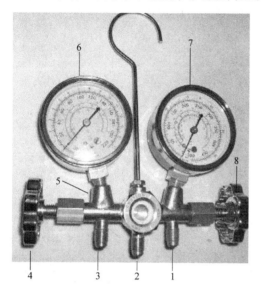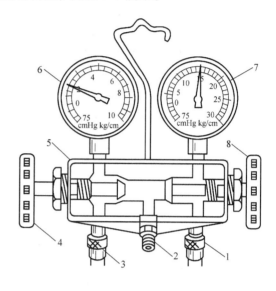

图3-5　歧管压力表

1—高压阀接口，接空调高压部分　2—测系统压力、抽真空、充注制冷剂接口
3—低压阀接口，接空调低压部分　4—低压阀手柄　5—阀体　6—低压表（LO）
7—高压表（HI）　8—高压阀手柄

（2）歧管压力管的特点

1）低压表量程为 −0.1~0.9MPa；高压表量程为 0~3.4MPa。

2）低压手柄顺时针（从图中向右看）旋到底即关闭时，低压表与接口3之间能通气，低压表与接口2之间不通气。低压手柄逆时针转动即开启时，低压表、接口3与接口2三者间能通气。

高压手柄顺时针（从图中向左看）转到底即关闭时，高压表与接口1之间能通气，高压表与接口2之间不能通气。逆时针转动即开启时，高压表、接口1与接口2三者间能通气。

（3）歧管压力表的使用

高压阀（HI）和低压阀（LO）同时关闭，可对高、低压侧压力进行检测。

高压阀和低压手动阀同时打开，全部管道连通。此时接上真空泵，则可对系统进行抽真空。

高压阀关闭，而低压手动阀打开，则可由低压侧充注气态制冷剂。

高压阀打开，而低压手动阀关闭，则可由高压侧充注液态制冷剂，也可排出制冷剂，使系统放空。

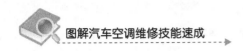

（4）使用歧管压力表的注意事项

1）对压力表，在阀门关闭、开启这两个状态各接口的连通关系要搞清楚。这是正确使用该表的关键。

2）表中气体的绝对压力＝表压力（即表指示的压力）＋大气压。本书后续章节所述的压力是指表压力。

3）使用新型环保制冷剂的空调的维修专用工具与使用 R22 的空调的维修专用工具相比，在结构、外形、工作原理和使用方法上是基本一样的。但大小尺寸、接口直径有所不同，制造材料也有所不同，在后续章节中将结合具体的应用进行介绍。

4）压力表有多条刻度线，每条刻度线对应着不同的压力单位，也对应着该压力表能够使用的各种制冷剂的类型。所以应根据使用的制冷剂类型选定相应的压力单位和刻度线。R22 一般选 MPa 或 kg/cm^2 为单位，R410a 一般选 psi 为单位，其换算关系为 $1bar = 1atm = 1kg/cm^2 = 0.1MPa = 14.7psi$。现以图 3-6 所示的低压表为例简介刻度盘的结构。

图 3-6 中，标示①的两条刻度线为压力刻度线，单位为 kg/cm^2 和 psi，标示②的三条刻线从内到外依次为 R22、R12、R502 这三种制冷剂在不同压力时对应的温度刻度线。维修中通过该表可看出 R22、R12、R502 中的任一种制冷剂的压力和该压力下的温度。

图 3-6 空调维修用压力表刻度盘（示例）

5）压力表软管与接头连接时只准用手拧紧，不准用工具拧紧。

6）检修完毕后，软管应与接头连起来收好。

7）使用时要排净管内空气。

8）R12 和 R134a 不可以使用同一个歧管压力计（两种制冷剂接头尺寸也不相同）。

注意：现阶段的汽车空调基本上都使用 R134a 制冷剂，在检测这种空调系统时，需要确定歧管压力表上显示 HFC－134a 或 R134a；确定歧管压力表与维修软管之间为 1/2″－16ACME 螺纹接头，如图 3-7 所示；确定歧管压力表只与 HFC－134a（R134a）制冷剂和指定润滑剂配合使用过。

3.1.4 连接管

连接管的实物、特点和作用见表 3-1。

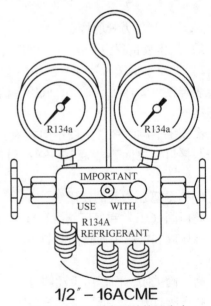

图 3-7 R134a 专用歧管压力表

表 3-1　连接管的实物、特点和作用

名称	两端均不带顶针的连接管	一端带顶针、另一端不带顶针的连接管
图示	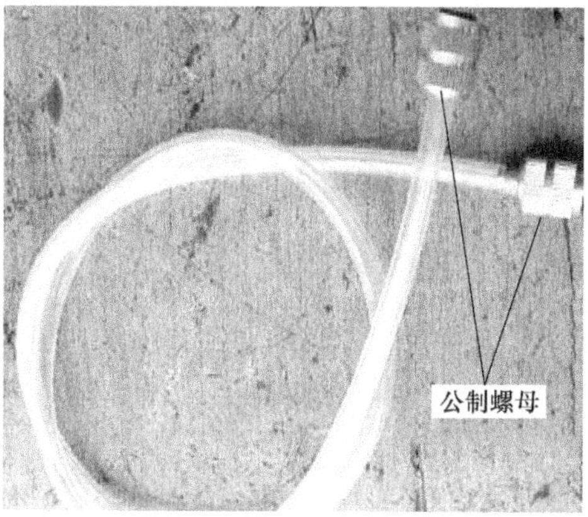 公制螺母	
作用	用于连接三通真空压力表、制冷剂钢瓶或真空泵的公制接头	带顶针端与空调器的维修工艺口（英制螺纹）相连接，顶针可顶开工艺口内的气门销，使制冷系统管道与外界连接管之间能通气，不带顶针端可连接三通压力表、制冷剂钢瓶、真空泵等

3.1.5　快速接头

1. 快速接头的实物

快速接头的实物如图 3-8 所示。

较粗的为低压部分转接头
较细的为高压部分转接头

a) 带截止阀的快速接头

这一端与汽车空调制冷管路上设置的工艺口(充注口)相连接

这一端与汽车空调制冷管路上设置的工艺口(充注口)相连接

b) 不带截止阀的快速接头

图 3-8　充注制冷剂的接头

2. 快速接头的使用方法

一端接在连接管上，另一端接在空调器的维修工艺口上。例如，快速接头的使用方法如图 3-9 所示。

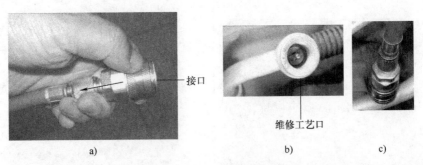

接口

维修工艺口

a)　　　　　　　　　　b)　　　　c)

用拇指和食指捏住铜环，使铜环沿箭头方向滑动到止点位置（见图 a）。然后将接口套入空调的维修工艺口（见图 b），松手即可（见图 c）。快速接头接口内的顶针会把维修工艺口内的阀芯顶开

图 3-9　快速接头的使用方法

3.1.6　开启阀

该阀是开启小容量听装制冷剂罐（400g 左右）的专用工具，它利用蝶形手柄前部的针阀刺破制冷剂罐，通过螺纹接头把制冷剂引入歧管压力表，其结构示意图如图 3-10 所示。

万能开启阀可用于开启各种类型的听装制冷剂，如图 3-11 所示。

常用的 R22、R134a 开启阀的实物、用法和作用见表 3-2。

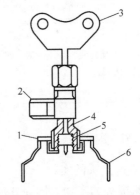

图 3-10　开启阀结构示意图
1—板状螺母　2—软管接头　3—手柄
4—阀针　5—衬垫　6—制冷剂罐

该接口用于接连接管

a) 实物　　　　　b) 安装在制冷剂瓶上

图 3-11　万能开启阀

表 3-2　开启阀的实物、用法和作用

名称	听装 R22 制冷剂的开启阀	听装 R134a 制冷剂的开启阀
图示	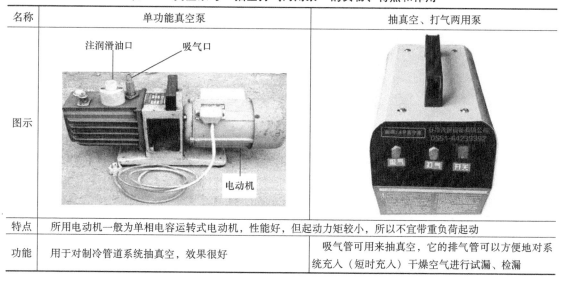 尖刺　　听装制冷剂　　用尖刺刺破瓶体后可从这里放出制冷剂	输出制冷剂的出口　　开关手柄　　尖刺
用法	① 逆时针（从上向下看）转动手柄，使转动杆的尖刺端退回皮垫内 ② 开启阀套在制冷剂瓶体上并适当旋紧（只要在使用中无漏气的声音即可。旋得太紧，容易损坏开启阀内的密封皮垫） ③ 顺时针（从上向下看）转动手柄，转动杆的尖刺端就会刺破瓶体；逆时针（从上向下看）转动手柄，可放出瓶中的制冷剂	与听装 R12 制冷剂的开启方法相同
作用	开启听装 R12、听装 R22 制冷剂	开启听装 R134a 制冷剂

3.1.7　真空泵

真空泵用于给制冷系统抽真空。真空泵与"抽空打气两用泵"的实物、特点和作用见表 3-3。

表 3-3　真空泵与"抽空打气两用泵"的实物、特点和作用

名称	单功能真空泵	抽真空、打气两用泵
图示	注润滑油口　　吸气口　　电动机	
特点	所用电动机一般为单相电容运转式电动机，性能好，但起动力矩较小，所以不宜带重负荷起动	
功能	用于对制冷管道系统抽真空，效果很好	吸气管可用来抽真空，它的排气管可以方便地对系统充入（短时充入）干燥空气进行试漏、检漏

注意：真空泵内的润滑剂与 HFC - 134a（R134a）空调系统指定的润滑剂不兼容。真空

泵的通风侧是暴露在空气中的。因此，真空泵的润滑剂可能从真空泵流出而进入维修软管中。为了防止这种流动发生，对于带隔离阀的真空泵（见图3-12），在抽真空结束、断开真空泵电源时，关闭隔离阀。对于不带隔离阀的真空泵，可以在软管与泵连接处附近安装一个手动阀，如图3-13所示，在停止抽真空的同时关闭隔离阀即可。

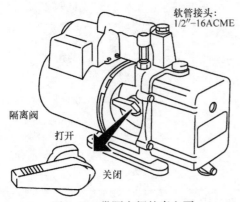
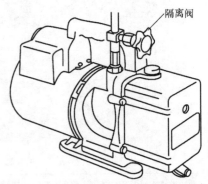

图 3-12　带隔离阀的真空泵　　　　　图 3-13　对不带隔离阀的真空泵安装隔离阀

如果软管有自动截止阀，停止抽真空后只要这个软管与泵连接，自动阀就会打开，润滑剂就可能流入软管。只要从泵上断开软管，就可以防止该现象的发生。某些单向阀可以在抽真空时打开，停止抽真空时关闭。但这些阀会限制泵抽高度真空的能力，因此不推荐使用。

3.1.8　电子检漏仪

电子检漏仪的优点是轻便、不产生毒性物质、预热时间短、检测范围广、使用方便、灵敏度高（例如职业院校技能大赛中使用的 TIFXP – 1A 电子检漏仪可测量泄漏的精度达到3g/年）、可精确测量泄漏的位置，并可测量蒸发器等难以用肉眼观察的位置。

1. 电子检漏仪的实物

电子检漏仪实物（示例）如图3-14所示。

a) TIFXP-1A电子检漏仪

b) 通用电子检漏仪(适用于普通冷媒，如R22，以及
环保新冷媒，如R134a、R407c、R404a、R410等)

图 3-14　电子检漏仪实物

2. 电子检漏仪的功能

检测制冷剂是否泄漏。现阶段新型无氟制冷剂已大量使用。传统氟利昂制冷剂和新型无氟制冷剂各有相应的电子检漏仪，它们的结构、外形基本相同，但传感器不同，所以不能交换使用。

3. 电子检漏仪的使用方法

以 TIFXP – 1A 电子检漏仪为例，其面板如图3-15所示。

使用方法如下：

1）按电源键，开机。

2）调节灵敏度，使第一个 LED 灯点亮，仪器发出低频嘀嘀声。

3）探头指向被检区域，不要接触被检测的部位。

4）若点亮的 LED 灯增多，声音频率增高，则说明有泄漏。

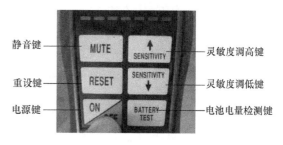

图 3-15 TIFXP－1A 电子检漏仪面板按键的功能

5）当仪器报警时，按重设键，此后只有检测到更高浓度的制冷剂含量时，才会报警。可重复此步骤，直到找到泄漏源。

4. 电子检漏仪的注意事项

使用前要检查探头，要确无灰尘或油脂。如果探头脏污，可浸入酒精等温和清洗剂内几秒钟，然后用压缩空气或毛巾擦干净。如果在洁净空气中出现报警或不稳定，则需要更换探头（先关闭电源）。

5. 电子检漏仪的种类

电子检漏仪分为 R12 电子检漏仪、R134a 电子检漏仪和多功能电子检漏仪等。检测 R12 泄漏的电子检漏仪对检测 R134a 是无效的，检测 R134a 泄漏情况要使用一种专门适用它的检漏仪，或使用可检测 R12 及 R134a 的多功能电子检漏仪。

3.1.9 荧光检漏仪

1. 荧光检漏仪的认识

将一种荧光剂加入制冷系统中，若系统某处有泄漏，制冷剂泄漏时，会将荧光剂携带出来。当用紫外线照射时，则会发出黄色或黄绿色光。

注意：对于不同的制冷剂，需采用不同的荧光剂。职业院校技能大赛所采用的荧光检漏仪如图 3-16 所示。

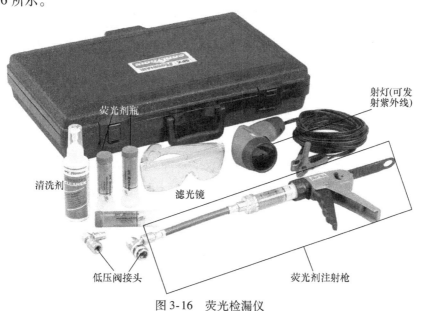

图 3-16 荧光检漏仪

2. 荧光检漏仪的使用方法

1）安装翼子板盖。

2）佩戴装有制冷剂染料检漏组件的防紫外线护目镜，以保护使用者的眼睛，并增加荧光染料的可见度。

3）连接射灯。将紫外线灯电源电缆的正极（红色线夹）、负极（黑色线夹）分别与汽车电瓶的正、负极相连，如图 3-17 所示。

4）按下紫外线灯开关，用射灯发出的紫外线光照射空调系统待检漏的部位。有制冷剂泄漏的部位及附近显现出绿色。

荧光检漏仪的使用方法如图 3-18 所示。

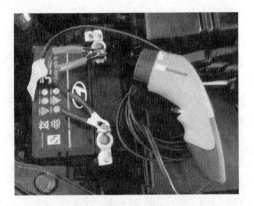

图 3-17　将射灯与电瓶相连

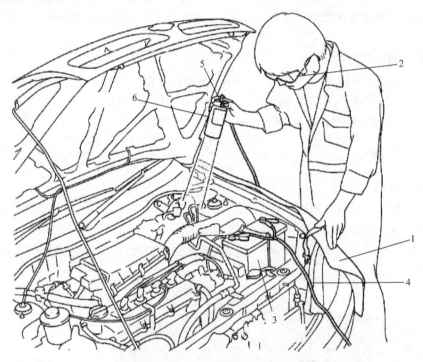

图 3-18　荧光检漏仪的使用方法

1—翼子板盖　2—装有制冷剂染料检漏组件的防紫外线护目镜　3—蓄电池
4—紫外线灯电源电缆　5—紫外线灯电源开关　6—紫外线灯

注意：

荧光检漏仪不能替代电子检漏仪。荧光检漏仪应该和电子检漏仪一同使用，以精确确定制冷剂的泄漏位置。

对于压缩机的轴密封，仅通过染料渗出确定泄漏，不应该维修压缩机轴密封。只有在使用电子检漏仪确认泄漏之后才能维修压缩机轴密封。

维修完成后，将泄漏区残留的染料清除，以免将来维修时误诊。

切勿使染料接触车身漆面或内部部件。如果染料溅出，立即使用规定的染料清洁剂清除。如果荧光染料在某表面上停留时间过长，则无法被清除。

切勿将荧光染料清洁剂溅到温度较高的表面（如发动机排气歧管等）上。

每个空调系统的制冷剂染料用量切勿超过一瓶 ［1/4oz[⊖]（7.4mL）］。

HFC‐134a（R134a）和 CFC‐12（R12）空调系统使用的检漏染料不同。切勿在 CFC‐12（R12）空调系统中使用 HFC‐134a（R134a）检漏染料，或在 HFC‐134a（R134a）空调系统中使用 CFC‐12（R12）检漏染料，否则会损坏空调系统。

染料的荧光特性可以保持三年或以上，除非压缩机出现故障。

3.1.10　力矩扳手

1. 力矩扳手的功能

可以保证用恰当的力矩紧固喇叭口活接头，使螺母既能旋紧，又不至于用力过大造成接头损坏（出现裂纹），导致制冷剂泄漏。

2. 力矩扳手的使用方法

根据铜管的尺寸、喇叭口螺母的大小，来进行选择；在扳紧过程中，当听到"咔嗒"声后，螺母的紧度就合适了。

3.1.11　制冷剂鉴别仪

1. 制冷剂鉴别仪的认识

制冷剂鉴别仪用于检验制冷剂的类型、纯度、非凝性气体以及其他杂质。职业院校技能大赛采用 Robinair16910 型制冷剂鉴别仪（见图 3-19）。它可以鉴别 5 种成分：R134a、R12、R22、HC、AIR（空气），纯度以百分比显示，精度为 0.1%。

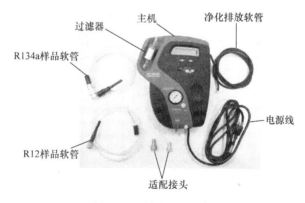

图 3-19　制冷剂鉴别仪

2. 制冷剂鉴别仪的使用方法

（1）仪器准备工作

1）检查仪器的采样口、空气进气口、净化排放口是否脏污、堵塞等。根据需要选择一根 R12 或 R134a 采样管。检查采样管是否有裂纹、磨损痕迹、脏堵或污染。不能使用任何

⊖　1oz = 28.3495g。

有磨损的管子。把采样管安装到仪器的样品入口处。检查管口如图 3-20 所示。

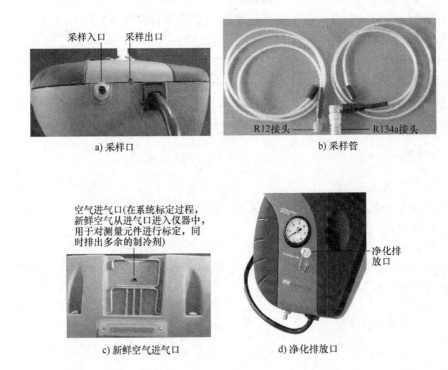

图 3-20　检查管口

2）检查过滤器。过滤器不能有红点，若有红点，说明已被污染，必须进行更换，以避免仪器失效。检查过滤器如图 3-21所示。

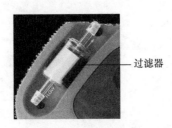

图 3-21　检查过滤器

3）检查空调系统或制冷剂罐上的样品出口处，确保出口处样品为气态，出口不允许有液态样品或冷冻油流出来。

（2）制冷剂鉴别仪的使用方法

将仪器的电源接头连接到车载电源或市电电源上。通过夹子用车载电源供电（10～14V）或墙上的市电电源（22V）插座供电。

制冷剂鉴别仪的使用方法见表3-4。

表3-4 制冷剂鉴别仪的使用方法

步骤	图示	说明
① 给仪器通电，开机。预热约2min。在预热过程设定海拔	  注意：错误的海拔输入将导致仪器的检测错误	按住A、B键直到显示屏出现"USAGE ELEVATION, 400 FEET"（出厂设置，海拔400ft，相当于120m） 使用A、B键，调节海拔，每按一次A键，升高100ft，每按一次B键，降低100ft 设定后，当海拔变化在152m（500ft）的范围内仪器可自动调节，所以初次使用时必须输入当地的海拔。正常的气压变化不会影响仪器的运行。一般情况下只需输入一次海拔，只有当仪器在另一个海拔的地方使用时才需要重新输入海拔 不要再按A、B键，保持仪器处于待机状态约20s，设置会自动保存到仪器的内存中
② 系统标定	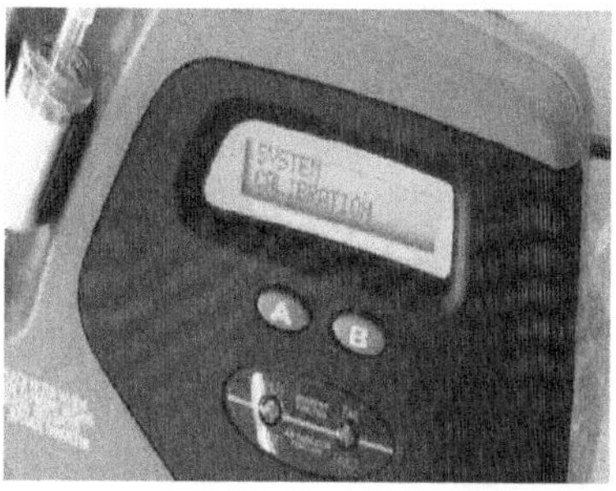	仪器将会通过进空气口吸入环境空气约1min，用于校正测试元件并排除残余的制冷剂气体
③ 连接管路	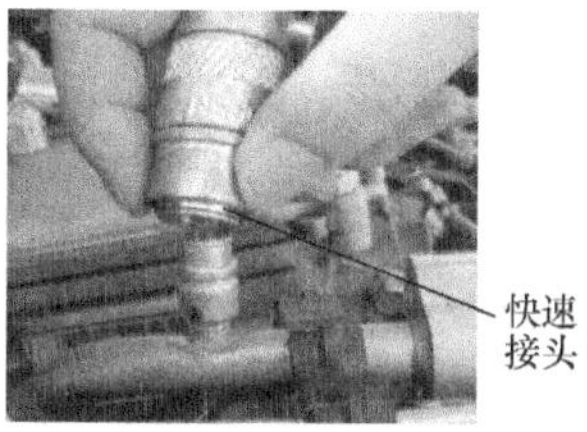  快速接头	将制冷剂采样管的快速接头接在压缩机低压阀上或待检验的制冷剂瓶口上，另一端接至制冷剂鉴别仪的采样口 注意调节压力，使制冷剂鉴别仪上的压力表示数在5~25psi范围内
④ 检验样品		按A键，制冷剂样品立即流向制冷剂鉴别仪，进行检验 仪器对样品的分析过程需要大约1min 当分析完成后，拆下采样管

（续）

步骤	图示	说明
⑤ 得出结果	 	显示结果分析： PASS：制冷剂纯度达到98%或更高。通过检验，可以回收 FAIL：样品被测定为R12或R134a的混合物，无论是R12还是R134a的纯度都没有达到98%，或者混合物太多。同时还将显示R12、R134a和空气的百分比含量 FAIL CONTAMINATED：说明测定的样品有未知制冷剂，如R22或碳氢类在混合物中的含量占4%或更多。在这种模式下，不能显示制冷剂或空气混合物的含量 NO REFRIGERANT – CHK HOSE CONN：空气含量达到90%以上，或无制冷剂

分析结果将保留在仪器的显示屏上，直到使用者按下 A 键。按下 A 键后要根据显示屏的提示进行操作。如果接着需要对另一个样品进行检测，直接从步骤③开始操作。

3.1.12 专用成套维修工具

专用成套维修工具是把汽车制冷系统维修时需要的专用工具组装在一个工具箱内。专用成套维修工具中包括歧管压力表组、漏气检测仪、制冷剂罐注入阀、制冷剂管割刀、管夹、扩口工具等。这些专用工具组装在工具箱内，便于携带和保管，特别适用于制冷系统的快修工作，如图 3-22 所示。

3.1.13 制冷剂回收加注机

1. 制冷剂回收加注机的认识

在汽车空调系统的维修中常常要对系统抽真空或加注、回收制冷剂。为了提高维修质量，规范、简化操作程序，防止制冷剂的排空，在规范的维修站中都配有制冷剂回收加注机。有 R12 制冷剂专用和 R12 与 R134a 共用两类。职业院校技能大赛采用 Robinair（AC350ZZ）型回收加注机，如图 3-23 所示。

2. 制冷剂回收加注机的使用方法

（1）制冷剂的回收

1）开机。打开电源开关。显示工作罐制冷剂净重。将回收前的制冷剂净重数值（见图 3-24）记录在作业数据表中。注意：罐中制冷剂的总质量一般不超过罐体上的标称储存量的80%。

2）自检漏。按"菜单"键→按数字键输入密码"1234"→按"确认"键进入菜单内容→选择"自检漏"菜单→按"确认"键→根据屏幕提示"不连接红蓝歧管，然后打开高低压阀"→按"确认"键，系统进入自检漏，显示的状态如图 3-25 所示。此时注意观察低

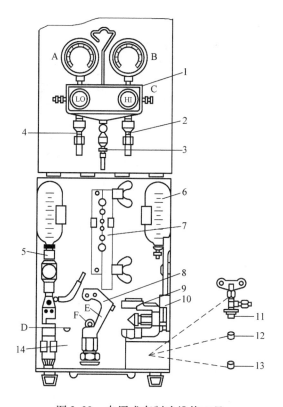

图 3-22 专用成套制冷维修工具

1—歧管压力表组（包括 A～C） 2—注入软管（红色） 3—注入软管（绿色） 4—注入软管（蓝色）
5—漏气检测仪 6—储气瓶 7—管夹 8—制冷剂管割刀 9—扩口工具 10—检修阀扳手 11—制冷剂罐注入阀
12—注入软管衬垫 13—检修阀衬垫 14—工具箱
A—低压表 B—高压表 C—压力表座 D—反应板 E—铰刀 F—刀片

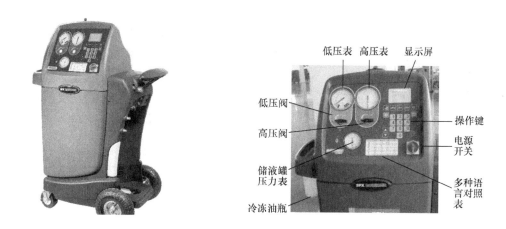

图 3-23 Robinair（AC350ZZ）型回收加注机

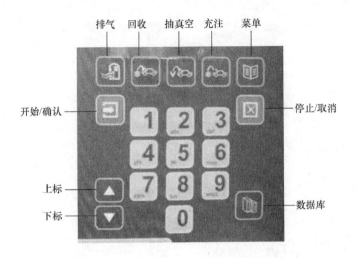

图 3-23　Robinair（AC350ZZ）型回收加注机（续）

压表，其指针应指在负压（-90kPa）下。如果始终不在负压下，说明回收加注机或管路有较大的泄漏。需排除故障后再使用。抽真空完成后，设备自动进入 3min 的保压状态。保压过程中，注意观察高低压压力表的读数。如果指针不回升，说明系统没有泄漏，可以进行回收操作。保压过程显示屏的显示如图 3-26 所示。

图 3-24　开机后显示储液罐内制冷剂净重和剩余存储能力

图 3-25　自检漏

图 3-26　保压过程显示屏的显示

3）启动汽车空调（设置风速最大、外循环）运行 3～5min 后，按下回收加注机的回收键，进入回收程序，如图 3-27 所示。

4）设置回收量。按"数据库"键，根据车型、生产年代，在数据库查出该车辆充注的制冷剂种类和质量，以及冷冻油的质量。通过数字键来设置回收量，如图 3-28所示。

5）连接管路。将高、低压快速接头连接至制冷系统的维修阀口。注意，顺时针拧开高低压开关时，速度应慢一些，防止冷冻机油被制冷剂带出。

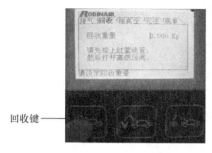

图 3-27   按回收键，进入回收程序

图 3-28   设置回收量

6）打开仪器上的高、低压阀。按"确定"键，设备启动清理管路功能，如图 3-29 所示。

图 3-29   启动清理管路功能

1min 后，设备自动启动回收功能，在回收过程中，已回收量会在屏上显示出来，如图 3-30 所示。应不断的观察压力表指针，当压力到达负压时（见图 3-31），回收加注机内的压缩机已在抽真空，应马上按"取消"键，停止回收，防止损坏回收加注机内的压缩机。

图 3-30   显示回收过程的回收量

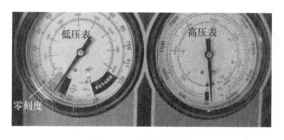

图 3-31   观察压力表

7）回收结束后，警示灯闪三次，蜂鸣器同时发三声"滴"，显示回收的制冷剂量，仪器准备排出空调内的废油，如图 3-32 所示。排油瓶表面有刻度，查看排油瓶内的废油液面并记录，如图 3-33 所示。

排油过程显示的内容如图 3-34 所示。等待一段时间，废油内无气泡后，查看排油瓶液面。记录、计算排油量（冷冻油的回收量 = 回收后的液面对应的体积 − 回收前的液面对应的体积）。

回收前的
废油液面

图 3-32　准备排出设备里的废油　　　图 3-33　查看收油前的废油液面

8）查看回收结束后工作罐重量并记录。回收结束，会显示制冷剂净重，如图 3-35 所示。制冷剂回收量 = 回收后的净重 – 回收前的净重。

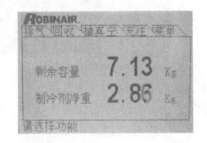

图 3-34　排油过程　　　　图 3-35　回收结束，显示制冷剂净重

（2）制冷剂的净化

当单一制冷剂纯度低于 96% 时，需要进行净化作业。其操作方法如下：

1）按"菜单"键→按数字键输入密码"1234"→按"确认"键进入菜单。

2）选择制冷剂自循环，按"确认"键。

3）通过数字键，设定净化时间（一般可设 10min 左右）。注意，时间的多少与制冷剂的纯度有关，纯度越低，时间应越长。

4）按"确认"键，设备将罐内制冷剂自动进行净化处理。

5）净化完成后，设备自动停止。

（3）抽真空

第一次抽真空，可在排油后进行。按"确认"键，设定抽真空时间，打开高、低压阀进行双管抽空。第二次抽真空，是在注油后进行，需要关闭高压阀，打开低压阀，进行单管抽真空。抽真空的具体操作方法如下：

1）抽真空前，检查压力表示值，制冷装置中的压力应低于 70kPa。如超过该压力，应重新进行回收操作，直到压力达到要求。按下"抽真空"键，按数字键选择抽真空时间，一般不少于 15min，以充分排出制冷装置中的空气和水分。

2）打开高、低压阀，开始抽真空，应抽真空至系统真空度低于 − 90kPa。抽真空的同时，仪器也可以同时进行工作罐中制冷剂的净化。

3）抽真空时间到后，设备自动停止真空泵工作。

4）警示灯闪三次，蜂鸣器同时发三声"滴"。

5）按"确认"键对空调系统进行 3min 的保压检漏，保压过程的显示界面如图 3-36 所示。保压结束后，要注意观察高、低压表的指针有无回升，若没有回升，则说明制冷系统的密闭性合格。

a) 保压检漏过程

指制冷系统是否泄漏

b) 保压检漏结束

图 3-36　保压减漏的显示界面

（4）加注冷冻油

保压结束后，按下"确认"键，进行冷冻机油的加注。

1）计算注油量：排出量 + 20mL。采用单管加注，关闭低压快速接头（防止冷冻机油进入压缩机），打开高压阀。

2）加注时要关注注油瓶，防止注油过多。按"确认"键暂停，按"取消"键可结束注油，显示界面如图 3-37 所示。注油结束，按"取消"键，退回初始界面，可进行第二次抽真空（注意，加完油后观察压力表，如果有少量空气进入系统，则压力会有所回升，需要再次抽真空）。按"确认"键，进入充注制冷剂的环节，如图 3-38 所示。

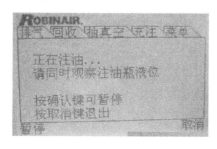

图 3-37　加注冷冻油的过程 1

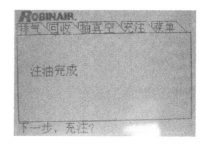

图 3-38　加注冷冻油的过程 2

（5）充注制冷剂

1）在图 3-38 的界面按"确认"键，则进入制冷剂充注界面，接着设置充注量，如图 3-39 所示（注意，按图 3-23 中的数据库键，在数据库中根据车辆的铭牌、款式、生产年代等，查出制冷剂类型和加注量，也可查阅车辆使用手册或车辆标签，确认制冷剂的类型和加注量）。

检查工作罐中的制冷剂净重，当净重不足 3kg 时，应补充制冷剂（注意，净重不足 3kg

但净重达到加注量的 3 倍以上时，也可满足加注要求，但速度较慢）。

2）关闭低压阀进行单管加注，这样可防止液态制冷剂进入压缩机。打开高压阀。

3）按"确认"键进行制冷剂充注。

4）充注完成时，警示灯闪三次，蜂鸣器同时发三声"滴"，根据界面显示（见图 3-40），高压快速接头逆时针旋转，关闭（见图 3-41），将加注管与制冷系统断开。按"确认"键对管路清理。

图 3-39　充注制冷剂界面

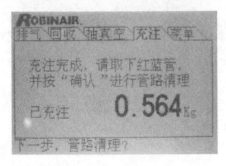

图 3-40　充注完成的显示

图 3-41　关闭高压快速接头

5）完成管路清理后，警示灯闪三次，蜂鸣器同时发三声"滴"，按"确认"键退出。关闭控制面板上的高、低压阀门。从车上取下高低压软管。

3.1.14　简易充注制冷剂工具

简易充注制冷剂的工具包含开启阀、压力表、快速接头及连接管道，如图 3-42 所示。可用于给汽车空调从低压端定量加注或补充制冷剂，也可以用于测量制冷系统的压力，使用方便、快捷。

3.1.15　汽车空调诊断仪

该设备的功能和使用方法将在后续章节中介绍。

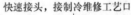

快速接头，接制冷维修工艺口

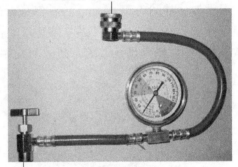

开启阀，接听装制冷剂瓶口

图 3-42　汽车空调简易充注制冷剂工具

3.2　维修汽车空调的基本耗材

维修汽车空调，必然涉及一些常用的基本耗材，如制冷剂、冷冻油等。下面详细介绍。

3.2.1　气焊用的耗材

空调维修中，气焊设备主要用来焊接铜管、铜散热片等。耗材有氧气、乙炔气或液化石油气、铜焊条、银焊条等。常用气焊设备详见表3-5。

表 3-5 常用气焊设备

名称	较大型气焊设备	制冷维修专用小型气焊设备
图示	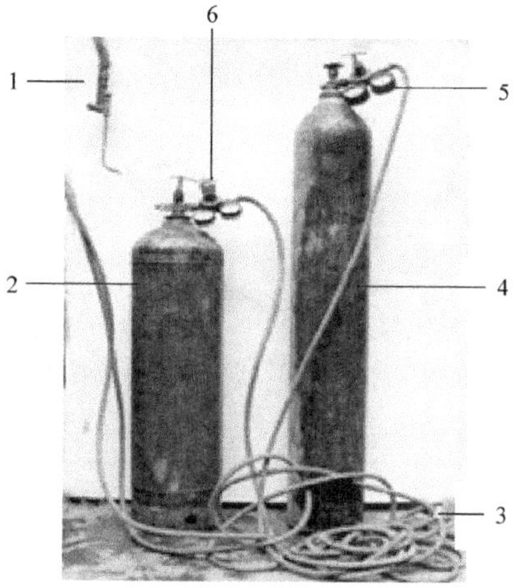	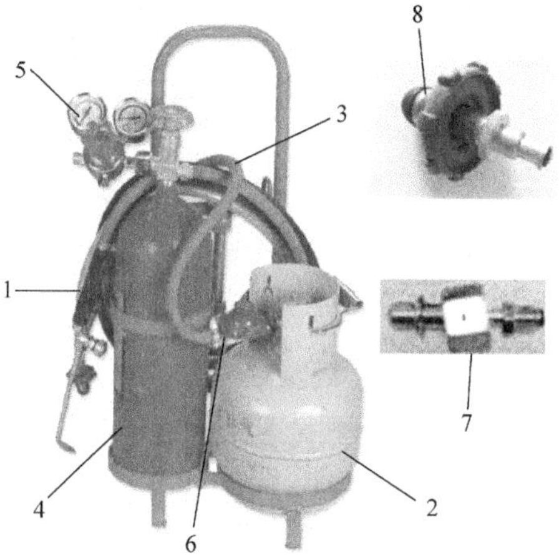
编号说明	1—焊炬　2—乙炔瓶　3—输气胶管　4—氧气瓶　5—氧气减压器　6—乙炔减压器	1—焊炬　2—液化石油气瓶　3—输气胶管　4—氧气瓶　5—氧气减压器　6—液化石油气减压器　7—氧气充气接头　8—液化气充气接头
特点	储气量较大，但上门维修时不便携带	储气量较小，但上门维修便于携带
应用场所	工厂、维修店内	上门维修制冷设备时使用

气焊设备的使用方法见相关焊工书籍。

3.2.2 检漏用的耗材

维修空调加压检漏一般都充入氮气（应急时，也可以用干燥的空气）。典型氮气瓶如图 3-43 所示，一般最大可充入 15MPa 的氮气，可反复充、放氮气。

3.2.3 制冷剂和冷冻润滑油

1. 制冷剂

1）制冷剂瓶。制冷剂是在制冷过程中起传热作用的媒介物质，它装在钢瓶或听装瓶内。汽车空调所用制冷剂如图 3-44 所示。

2）R12 和 R134a 的特点对比，见表 3-6。

3）制冷剂使用时的注意事项。由于 R12 和 R134a 的化学性质和物理性质不一样，所以使用制冷剂时要注意以下几点：

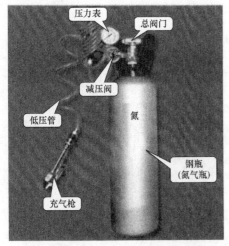

图 3-43 充氮气设备（示例）

a) 传统制冷剂(氟利昂R12)

b) 环保无氟制冷剂(R134a)

图 3-44 汽车空调制冷剂

表 3-6 R12 和 R134a 的特点对比

名称	R12	R134a
分子结构	CCl_2F_2（或 CF_2Cl_2）	CH_2FCF_3
化学名称	二氟二氯甲烷	四氟乙烷
特点	① R12 在常温下沸点为 −29.8℃ ② 在高温和低温时都很稳定，和大多数金属都不起化学反应 ③ 无论是气态还是液态，它都不会着火，不会爆炸 ④ 也不会损害植物和动物 缺点：当 R12 与明火接触或温度高达 400℃ 以上时，能分解出对人体有害的氟化氢、氯化氢和光气，对臭氧层有破坏作用，臭氧层破坏系数（ODP）值最大，我国已停止使用 采用 R12 时，一般采用 4A - XH - 5 型分子筛	现代汽车空调系统普遍采用 R134a 制冷剂 ① 具有与 R12 相接近的热力学特性，其标准蒸气温度为 −26.5℃ ② 具有安全性好、无色、无味、不燃烧、毒性小、化学性质稳定的特点 ③ 不含氯原子，臭氧层破坏系数（ODP）为零。R134a 因为分子中没有氯原子，不能像 R12 那样在压缩机运动部件之间生成润滑性能好的氯化物薄层，而且 R134a 与矿物油不相溶。因此要寻找一种润滑性能很好的，与 R134a 相溶性好的润滑材料，目前使用的是 PAG、POE（多元醇酯类）等合成油 ④ 由于 R134a 分子具有极性，亲水性强，所以选用新型分子筛 XH - 7 和 XH - 9 作为干燥剂 ⑤ 由于 R134a 的分子比 R12 小，更主要的是 R134a 对橡胶和塑料的膨胀性比 R12 大，所以 R134a 分子的穿透性较强。根据试验分析，R12 在丁腈橡胶软管中的年渗漏量为 0.09kg，在尼龙管中的年渗漏量为 0.02 ~ 0.036kg。R134a 的渗漏量在丁腈橡胶软管中比 R12 大得多，在尼龙中比 R12 略小。泄漏时容易检测

① 制冷剂在大气环境下会急剧蒸发，当其液体粘在皮肤上时，将从皮肤上大量吸热蒸发，导致局部冻伤，尽量避免接触皮肤。

② 避免振动和放置高温处，以免发生爆炸。

③ 制冷剂不会燃烧或爆炸，但与明火接触时，会分解出对人体有害的气体（光气），所

以需要避开明火。

④ R134a 与 R12 不能互相代换使用，否则会导致压缩机损坏。

⑤ 使用 R134a 制冷剂的系统，应避免使用铜材料，这样会产生镀铜现象。

⑥ 制冷剂应放置在低于 40℃ 以下的地方保存。

⑦ 制冷剂不含氧且密度大，如果它们被释放在有限的空间里，会填满窄小空间并挤走氧气，导致局部空间缺氧，应尽量避免。

⑧ 当容器中装满制冷剂后，要预留膨胀空间，防止内部压力过大，产生爆炸。

2. 冷冻润滑油（简称冷冻油）

空调压缩机中的润滑油通常称为冷冻油。压缩机中冷冻油的品种、规格及数量是否合适对系统的制冷效果及压缩机的寿命都有极大影响。

（1）冷冻油的作用

1）润滑作用。对压缩机的各运动部件起良好的润滑作用，避免因磨损而造成故障。

2）冷却作用。工作时，冷冻油在做一定的流动，流动的冷冻油可以将运动部件产生的热带走一部分，起冷却作用。

3）密封作用。密封件之间的油膜可以增强密封性能。

4）降低压缩机的噪声。

（2）制冷工程对冷冻油性能的要求

1）与制冷剂要互溶。

2）要有适当的黏度。

3）要有较好的黏温性能。

4）要有良好的低温流动性。

5）要有良好的化学稳定性和抗氧化安定性。

6）油膜的强度要高。

7）吸水性要小。

8）具有良好的电气绝缘性能。

（3）汽车空调冷冻油的种类

R12 制冷系统使用矿物油，有国产 13、18、25、30 号冷冻油。一般使用 18 号或 25 号冷冻油。

R134a 制冷系统一般用合成油。有代号为 PAG 的合成多元醇和代号为 POE 的合成多元醇酯（ESTER）两类。R134a 制冷系统冷冻油如图 3-45 所示。上海通用采用 PAG 油，上海大众采用 POE 油。

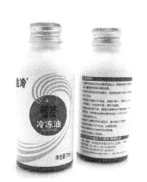

图 3-45　R134a 制冷系统冷冻油

（4）冷冻油的贮存

冷冻油应保存在干燥、密封的容器里，放在阴暗处以免空气中的水分和其他杂质进入油中。

不同牌号冷冻油不能混合使用，否则会引起变质。

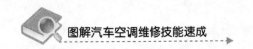

冷冻油极易吸水，所以使用后的冷冻油瓶应该马上拧紧。

不能使用变质的冷冻油。

冷冻油是不制冷的，还会妨碍热交换器的换热效果，所以，只允许加到规定的用量，不允许过量使用。过量使用会导致制冷效果下降。

注意：

在操作制冷剂和冷冻油时，必须使用单独的、不可互换的维修设备来处理每一种制冷剂/冷冻油。

CFC – 12（R – 12）和 HFC – 134a（R – 134a）使用的制冷剂容器接头、维修软管接头和维修设备接头（用于处理制冷剂和/或冷冻油的设备）是不同的。这是为了避免混用制冷剂/冷冻油。

切勿使用可将一种尺寸的配件转换为另一种尺寸的适配器，否则会导致制冷剂/冷冻油污染和压缩机故障。

第4章

汽车空调维修的基本技能

本章导读

汽车空调制冷系统的故障要占总故障的 70% 以上，掌握检漏、抽真空、充注制冷剂、添加冷冻润滑油等基本技能，是保证制冷系统维修质量的关键。本章包含了制冷系统维修的全部基本技能，是学习空调维修的基础和重点。

学习目标

1. 熟悉常用的各种检漏方法的特点。
2. 会对全部泄漏和部分泄漏的制冷系统进行检漏。
3. 掌握汽车空调抽真空的方法和步骤。
4. 理解充注制冷剂的各种方法的适用场合。
5. 能正确连接充注制冷剂所需的器材，会分别在高压侧和低压侧进行充注制冷剂的操作。
6. 掌握回收制冷剂的方法。
7. 掌握补充冷冻油和更换冷冻油的操作。
8. 会在路检测膨胀阀的基本性能。
9. 会对汽车继电器进行检测。

学习方法建议

本章介绍的是操作方法、步骤和要领，容易理解，本章是汽车空调维修的重要基础。读者要图文结合，深刻领会，在实践中可按图索骥式地操作。

4.1 汽车空调维修设备的选用

对制冷系统的检测和维修，推荐使用专用的一体化的回收/再循环/加注设备，如图 4-1a所示。该设备精确度高，智能化程度高，操作简单、快捷、方便，更容易达到汽车

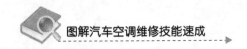

空调工艺所需的要求，其使用方法已在3.1.13节中详细介绍。也可以使用图4-1b所示的替代方法。下面将详细介绍。

a) 推荐设备

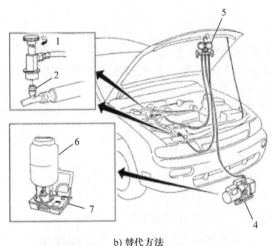

b) 替代方法

图4-1　汽车空调制冷系统检测仪器的连接

1—截止阀　2—空调维修阀（工艺口）　3—回收/再循环/加注设备
4—真空泵　5—歧管表组件　6—制冷剂容器（HFC－134a）　7—称重仪

4.2　掌握汽车空调制冷系统的检漏方法

制冷剂泄漏的原因一般为：紧固力矩不适当，密封圈损坏，密封圈缺润滑油，密封圈有尘土/碎屑等。制冷剂泄漏导致汽车空调不制冷或者制冷效果差的故障率是最高的。当该故障发生后，需要检查空调的泄漏部位，确定泄漏点，并修复泄漏点，这样才能解决根本问题。

4.2.1　确认制冷剂是否泄漏

当汽车空调的各部分都能正常运行，但制冷效果差或不制冷，就很可能是制冷剂泄漏，可用测制冷系统压力的方法进行确认。

在汽车空调停止状态下,用压力表测高压侧和低压侧制冷剂的压力,将压力的测量值与该车空调压力的正常值比较(注:使用 R134a 的汽车空调在停机状态下,制冷剂压力一般为 1.0 ~ 1.2MPa,与车外温度有关),如果明显低于正常值,说明制冷剂有泄漏现象;如果测得压力为 0,则说明制冷剂全部泄漏。制冷剂压力的正常值可从车辆维修手册中找到,也可以在正常车辆中测量出来。

安装压力表测制冷剂压力的方法如图 4-2 所示。

具体连接过程以使用 R134a 制冷剂的别克凯越汽车空调为例进行讲解,如图 4-3 所示。

4.2.2 制冷剂泄漏的检漏方法

1. 明确可能泄漏的部位

检漏之前,要明确可能出现制冷剂泄漏的部位,做到快速、准确,不做无用功。要重点检查以下部位:①压力开关;②蒸发器入口和出口;③储液罐入口和出口;④冷凝器入口和出口;⑤其他接头;⑥焊接部位;⑦有损坏迹象的区域;⑧软管接头;⑨压缩机轴头;⑩壳体接合处。部分重点检漏部位如图 4-4 所示。

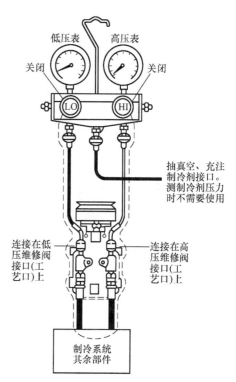

图 4-2 测制冷系统压力所用仪表与空调管路的连接示意图
(图中虚线为存在制冷剂的区域)

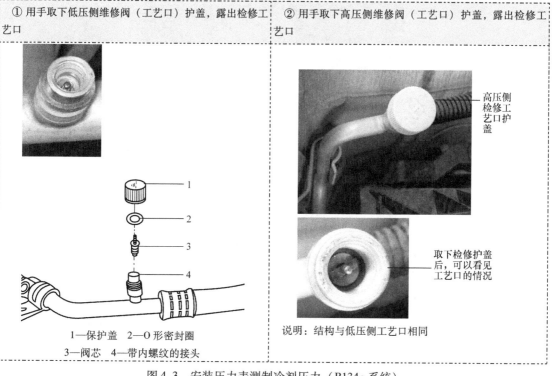

① 用手取下低压侧维修阀(工艺口)护盖,露出检修工艺口

② 用手取下高压侧维修阀(工艺口)护盖,露出检修工艺口

1—保护盖　2—O 形密封圈
3—阀芯　4—带内螺纹的接头

说明:结构与低压侧工艺口相同

图 4-3 安装压力表测制冷剂压力(R134a 系统)

③ 将歧管压力表的高压、低压的两个手柄都关闭，将两根连接管分别连接歧管压力表的低压接口和高压接口，连接管的另一端分别与快速接头相连

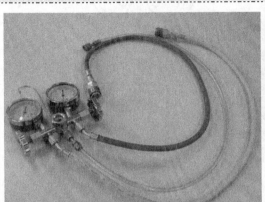

④ 分别将两个快速接头连接到高、低压侧的工艺口上

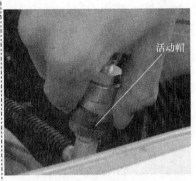

活动帽

手指适当用力将活动帽向上拉，稳住，然后插入工艺口，松开活动帽即可

⑤ 用连接管将高压表连接到空调高压侧维修接口上

⑥ 读出静态压力值

静态（空调没有开启）时压力表的示数：左侧低压表和右侧高压表的读数均为 6.7kg/cm^2（约为 0.67MPa）

图 4-3　安装压力表测制冷剂压力（R134a 系统）（续）

⑦ 读出动态压力值

启动空调后，低压表示数为2kg/cm² （约为0.2MPa），高压表示数为12kg/cm² （约为1.2MPa）

注：该车测出的压力值与维修手册的数据基本相同，说明制冷系统不存在泄漏。常温下一般来说，R134a 空调系统压力正常范围是，低压侧为 0.15～0.25MPa；高压侧为 1.37～1.57MPa。R12 空调系统正常工作压力范围 （表读数） 是，低压侧为 0.15～0.20MPa；高压侧为 1.45～1.50MPa。根据车型不同，测试工况不同，压力范围略有差异

图4-3　安装压力表测制冷剂压力 （R134a 系统） （续）

注：正确连接歧管压力表组件，只能用手拧紧其螺母，不能用钳类工具，以防止损坏。从维修阀 （工艺口） 上取下快速接头时，要尽可能快速完成，以防制冷剂喷出。

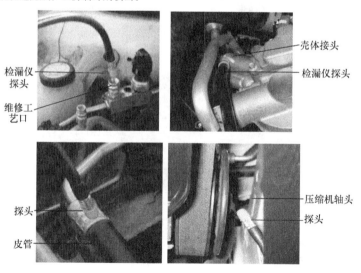

图4-4　重点检漏部位 （部分）

检漏时即使已检测到一个泄漏点，也要沿制冷管道继续检测其他可能的泄漏点，确保整个系统无泄漏。

制冷剂的泄漏分为全部泄漏和部分泄漏，下面分别介绍其检漏方法。

2. 制冷剂部分泄漏的检漏方法

如果制冷剂没有漏完 （称为部分泄漏），可以利用系统内剩下的制冷剂进行检漏，其方法见表4-1。

表4-1 制冷剂部分泄漏的检漏方法

方法	图示	说明
目测检漏	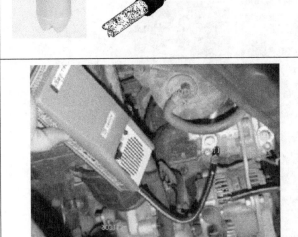 什么地方漏呢?	由于制冷剂通常与冷冻油互溶,在系统中循环,所以在泄漏处必然也带出部分冷冻油,因此对有泄漏现象的制冷系统,如果发现有油渍、有潮湿痕迹并有灰尘黏附的部位,很可能就是泄漏处,可用正压肥皂水检漏法确认 目测检漏,简便易行 缺点:制冷系统有很多部位看不到
正压加肥皂水检漏法	冒出的肥皂泡	当系统内有一定量的制冷剂(如果没有制冷剂,充入一定量的氮气(1MPa左右))后,在各活接头、阀门、焊接处等容易产生泄漏的部位分别喷上肥皂水,每个部位仔细观察1min以上,有冒泡处即为渗漏点(每个部位都需要检查)。这种方法简单实用,但现在汽车各种构件布置得越来越紧凑,有些部位及检修死角用此法较难检查出来 注意:修理中切勿使用压缩空气对HFC-134a(R134a)维修设备和/或汽车空调系统进行压力或泄漏测试。空气和HFC-134a(R134a)的混合气体在高压下可燃已经被证实。如果不慎引燃这些混合气体,可能会导致人身伤害或财产损失
用电子检漏仪检漏	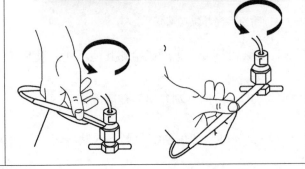	用压力表测量系统内的静压力(不起动发动机),若静压力不是太小(注:对R134a系统,在16℃或以上时制冷剂压力大于或等于345kPa),适于进行泄漏测试。在每一个接合处都宜以2~5cm/s的速度进行绕圈式探测,操作时探测器的尖端应尽可能靠近表面,与表面的距离不得超过6mm,而且不得阻塞进气口。当音调从每秒1~2声变为急促、连续报警时,即指示该处有泄漏 注意: 如果制冷剂的压力太小,可能检测不到制冷剂的泄漏 如果检测到泄漏但泄漏位置不明,可以起动发动机,开启空调,温度设置为强冷,风扇设为高速,以大约1500r/min的速度运转发动机2min或以上。关闭发动机,再次检查泄漏位置

（续）

方法	图示	说　　明
染料示踪检漏法（荧光检漏法）	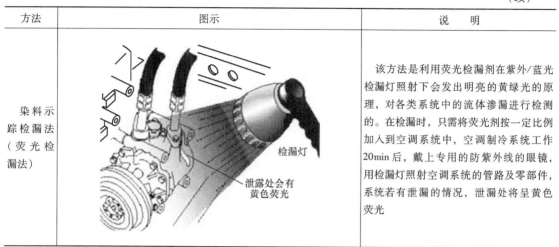 检漏灯 泄露处会有黄色荧光	该方法是利用荧光检漏剂在紫外/蓝光检漏灯照射下会发出明亮的黄绿光的原理，对各类系统中的流体渗漏进行检测的。在检漏时，只需将荧光剂按一定比例加入到空调系统中，空调制冷系统工作20min后，戴上专用的防紫外线的眼镜，用检漏灯照射空调系统的管路及零部件，系统若有泄漏的情况，泄漏处将呈黄色荧光

3. 制冷剂全部泄漏的检漏方法

如果制冷剂全部泄漏，可参考图4-5所示的流程进行检漏。

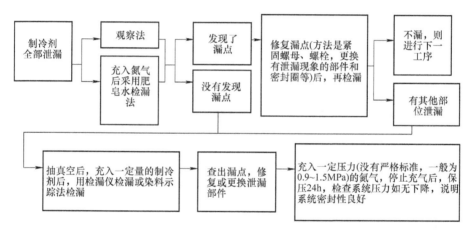

图4-5　制冷剂全部泄漏的检漏流程

4. 保压检漏，确认密封性合格

只有制冷系统的密闭性合格，才能充注制冷剂，否则充入的制冷剂又会泄漏。所以对制冷系统的泄漏点修复后，必须对制冷系统进行保压检漏，以检验系统的密闭性是否合格。工业氮气无腐蚀性、无水分，且价格便宜，适合用于制冷系统的检漏。但瓶装高压氮气一定要通过减压器减压后才能进行充注。给制冷系统充入氮气保压检漏的仪器连接如图4-6所示。

具体操作步骤是，将歧管压力表的高、低压阀关闭，高压软管和低压软管分别连接在系统的高、低压检修阀上，中间软管通过减压阀与氮气瓶相连。打开高、低压阀的手柄，打开氮气瓶阀门，当制冷系统气体压力为0.9~1.5MPa时，关闭氮气瓶阀门，关闭高、低压表阀门，记下压力表的示数，保持24h以上，再观察压力表的示数。如果压力没有下降，则说明密闭性合格。

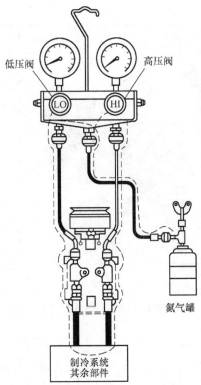

低压阀　　　　高压阀

氮气罐

制冷系统
其余部件

图4-6　充入氮气保压检漏的仪器连接

4.3　掌握汽车空调制冷系统的抽真空的方法

当制冷系统的泄漏点修复后，还不能充注制冷剂，因为系统内部有不凝空气和水分。制冷系统混入了空气，会导致冷凝压力增高，制冷效果差；混入了水分，会导致节流口结冰而堵塞，还会腐蚀制冷部件，并使冷冻油变质。所以需要将系统抽成真空，然后再充注制冷剂。抽真空是空调维修中一项极为重要的步骤，它关系到维修的成败。

4.3.1　工具、仪表的连接

对制冷系统抽真空需要歧管压力表、连接管、真空泵，其器材连接如图4-7所示。

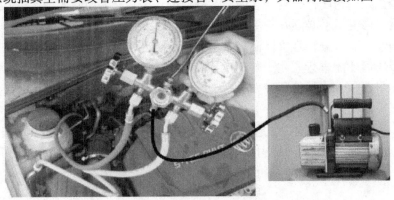

图4-7　汽车空调制冷系统抽真空的器材连接

4.3.2　抽真空的方法和步骤

抽真空的方法和步骤见表 4-2。

表 4-2　汽车空调抽真空的方法与步骤

步骤	内容	说明
①	连接器材	将歧管压力表上的高、低压软管分别与压缩机上的高、低压接口相连；将歧管压力表上的中间软管与真空泵相连
②	开启仪表和真空泵	打开歧管压力表上的高、低压手动阀，起动真空泵，并注视两个压力表，将系统抽真空至 98.70 ~ 99.99kPa
③	观察	关闭歧管压力表上的高、低压手动阀，观察压力表指示压力是否回升。若回升，则表示系统泄漏，此时应进行检漏和修补。若压力表指针保持不动，则打开高、低压手动阀，起动真空泵继续抽真空 15 ~ 30min，使其真空压力表指针稳定
④	结束	关闭高、低压手动阀 5 ~ 6min，若低压表指针仍上升，为真空度下降，仍有泄漏处，需再次检漏。若低压表指针不动，为无泄漏，可关闭真空泵，再撤去器材

4.4　掌握汽车空调充注制冷剂与回收制冷剂的方法

当制冷系统抽真空达到要求，且经检漏确定制冷系统不存在泄漏后，就可以向制冷系统充注制冷剂，使空调正常工作。充注前，先确定注入制冷剂的数量。充注量过多或过少，都会影响空调制冷效果。压缩机的铭牌上一般都标有所用的制冷剂的种类及其充注量。本节详细介绍分别从高压侧和低压侧充注制冷剂的方法。

4.4.1　从高压侧充注制冷剂

1. 从高压侧充注制冷剂的器材连接

从高压侧充注制冷剂的器材连接如图 4-8 所示。

2. 从高压侧充注的特点、操作方法和注意事项

从高压侧充注的特点、操作方法和注意事项见表 4-3。

4.4.2　从低压侧充注制冷剂

1. 从低压侧充注制冷剂的器材连接

从低压侧充注制冷剂的器材连接如图 4-9 所示，高、低压阀开始都要关闭。制冷剂罐正立。

2. 从低压侧充注制冷剂的方法与步骤

从低压侧充注制冷剂的特点是充入的制冷剂是气体状态，充注过程须启动空调。其操作方法和注意事项见表 4-4。

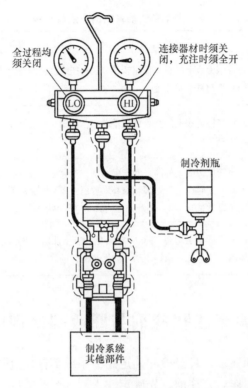

全过程均
须关闭

连接器材时须关
闭，充注时须全开

制冷剂瓶

制冷系统
其他部件

a) 示意图

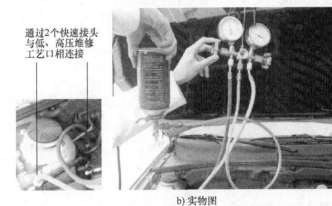

通过2个快速接头
与低、高压维修
工艺口相连接

b) 实物图

图 4-8　从高压侧充注制冷剂的器材连接

表4-3 从高压侧充注的特点、操作方法和注意事项

	说明	适用场合
特点	安全、快速 加入的制冷剂是液体状态 对于制冷剂的充注量是采取定量充注的方法	适用于对制冷系统的第一次充注或对空调系统进行维修后经检漏、抽真空后的空调系统进行充注，充注量比较准确
操作方法	① 当对空调系统抽真空和系统检漏达到要求后才能进行充注 ② 将中间软管的一端与制冷剂罐（瓶）阀的接头连接，打开制冷剂罐（瓶）开启阀，再拧开中间软管与压力表连接一端的螺母，让气体溢出几秒钟，当有白色气体或"嘶嘶"声时，说明注入软管中的空气已排出，迅速拧紧螺母（该方法实质上利用制冷剂的压力排出中间软管内的空气） ③ 将制冷剂罐（瓶）倒置于电子秤上（以便从高压侧充注液态制冷剂），并记录起始质量 G_1，用起始质量 G_1 减去须充入的制冷量 G_2，就是停止充注时秤的示数 G_3 ④ 打开制冷剂罐（瓶）上的阀门，然后缓慢打开高压手动阀，制冷剂注入系统内，当磅秤指示达到规定值（G_3）时，迅速关闭制冷剂阀门 ⑤ 关闭高压手动阀，充注结束	
注意事项	① 对系统高压侧充注制冷剂时，严禁开启空调制冷系统，压缩机必须处于停止状态（发动机停转），否则高压工艺口的连接管道的接头处以及管道等会被过大的压力压破，制冷剂会喷出 ② 制冷剂罐（瓶）要求处于倒立状态 ③ 对于歧管压力表的低压手动阀，要求处于关闭状态，以防止对系统部件产生液击	

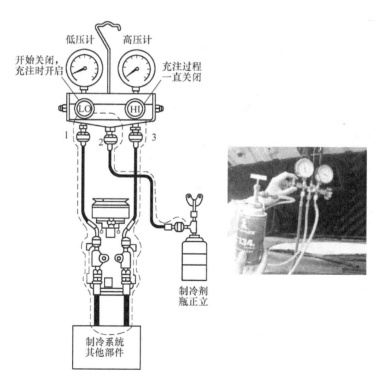

图4-9 汽车空调从低压侧充注制冷剂的器材连接
（虚线为充注过程存在制冷剂的区域）

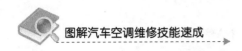

表4-4 从低压侧充注制冷剂的特点、操作方法和注意事项

	操作方法	特点
对于抽真空后的制冷系统	① 将歧管压力表的高、低压阀关闭。将压力表中间软管与制冷剂瓶连接好 ② 将注入中间软管中的空气排出。方法是打开制冷剂瓶阀门，然后松开中间软管的螺母，使空气排出几秒钟，然后将螺母旋紧 ③ 开启低压手动阀，制冷剂瓶正立，让制冷剂进入系统 3~5min，系统的压力值达到 420kPa 左右时，关闭低压手动阀，再启动空调，以防压缩机第一次开动时润滑油被抽走，使压缩机发生卡住或其他故障 ④ 起动发动机，发动机转速保持在 1250~1500r/min。把空调开关接通，把风机开关和温度开关都开到最大 ⑤ 让制冷剂继续进入制冷系统，直到充注量达到规定值 ⑥ 充注完毕之后，关闭歧管压力表组件的低压侧手动阀，关闭装在制冷剂瓶上的注入阀，关闭空调，使发动机停止运转，从压缩机上迅速拆除制冷剂软管接头	可采用定量充注
对于制冷系统缺少制冷剂，需要补充的情况	不需放出系统内的制冷剂和抽真空。利用图4-8所示的器材 ① 将高、低压阀门都关闭，高压管接头不连接到空调高压侧维修口，低压管接头连接到低压侧维修口，这时制冷系统内的制冷剂会进入低压软管内。将中间软管与制冷剂瓶口相连 ② 将管道中的空气排出。方法是，打开低压阀门，旋松中间软管与制冷剂瓶的连接螺母，当气体溢出数秒钟后，旋紧该螺母 ③ 启动空调，打开制冷剂瓶阀门，气态制冷剂会进入制冷系统 ④ 如果充入的速度较慢，可以把小制冷剂瓶放在热水中加热，以提高其充注速度。注入制冷剂足量时，关闭低压手动阀，观察制冷剂流过观察孔时的情况，如果无气泡流过，检查高、低压压力表的表值，当高压压力为 1.45~1.5MPa，低压压力为 0.15~0.25MPa 时，可以关闭制冷剂阀门，停止充注	可采用观察表压力、制冷效果来控制充注量

还可以用图4-10所示的器材（网上商店有很多卖家）补充制冷剂和充注制冷剂。

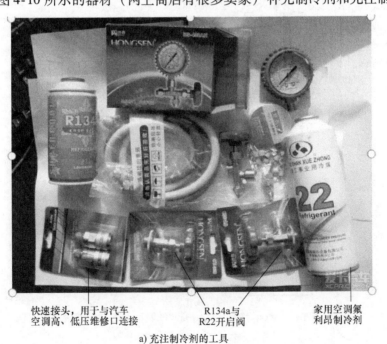

快速接头，用于与汽车空调高、低压维修口连接　　R134a与R22开启阀　　家用空调氟利昂制冷剂

a）充注制冷剂的工具

图4-10 制冷剂充注工具

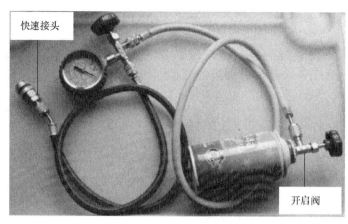

b) 组合起来的充注工具

图 4-10　制冷剂充注工具（续）

3. 汽车空调制冷过程高、低压侧的正常压力

汽车空调制冷过程高、低压侧的正常压力与车外温度有关，见表 4-5。

表 4-5　汽车空调制冷过程高、低压侧的正常压力（R134a）

车外温度/℃	低压表示数/MPa	高压表示数/MPa
25	0.1 ~ 0.15	1.05 ~ 1.25
30	0.15 ~ 0.20	1.35 ~ 1.55
35	0.20 ~ 0.25	1.45 ~ 1.81
40	0.25 ~ 0.30	1.89 ~ 2.53

4.4.3　制冷剂的回收

当需要更换制冷部件或维修制冷部件时，就需要将系统内的制冷剂排出。为了保护环境，不允许将制冷剂排到大气中，而要回收制冷剂，其方法见第 3 章 3.1.13 节所介绍的制冷剂回收加注机的使用方法。

4.5　掌握冷冻油的补充和更换方法

冷冻油在制冷系统中起润滑和降温作用，在维修中，空调系统如果与大气相通，制冷剂便会汽化，而冷冻油在室温下并不会汽化，几乎全部保留在空调系统中，当更换储液干燥器、蒸发器、冷凝器等部件时，必须补充相当于留在旧部件中的冷冻油量。当管路破裂或排放制冷剂时制冷剂放出的速度过快，都将带出冷冻油。所以在加注制冷剂时应添加适量冷冻油。另外，如果系统中冷冻油变质，就需要全部更换冷冻油。

4.5.1　检查压缩机冷冻油

1. 检查冷冻油量

检查冷冻油量是否正常，可用以下两种方法。

（1）通过压缩机上的观察窗检查冷冻油量

通过压缩机上安装的观察窗，可观察压缩机冷冻油量。如压缩机冷冻油油面达到视液窗高度的 80% 位置（见图 4-11），一般认为是合适的。如果油面在此界线之上，应放出多余的冷冻油；如果油面在此界线之下，则应添加冷冻油。

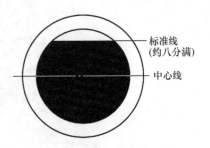

图 4-11　通过压缩机上的观察窗检查冷冻油量

（2）通过观察油尺检查冷冻油量

未安装视液窗的压缩机，可用油尺检查其油量。压缩机有的只有一个油塞，油塞下面有的装有油尺，有的没有油尺，需另外用专用的油尺插入，检查油面的位置是否在规定的上下限之间，如图 4-12 所示。

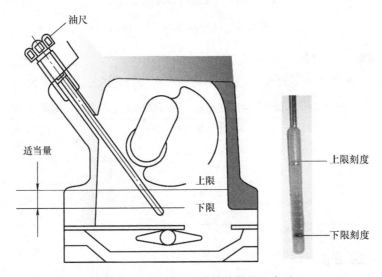

图 4-12　用油尺观察冷冻油量是否合适

2. 检查冷冻油的质量

正常的冷冻油清澈、无异味、无异物。如果没有特殊情况，在制冷系统工作时间达 10000 ~ 12000h 后就要更换冷冻油了。更换时，检查冷冻油的颜色、气味以及是否有杂质。若冷冻油的状况如图 4-13a 所示，则可以只更换冷冻油；若状况如图 4-13b 所示，那么在更换冷冻油的同时，也要更换储液罐。

4.5.2　冷冻油的补充和更换

1. 冷冻油的补充

（1）直接加入法

在更换蒸发器、冷凝器和储液干燥器

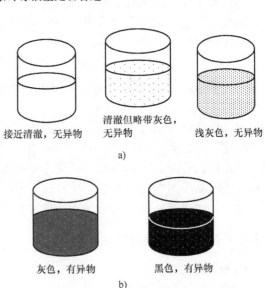

图 4-13　检查冷冻油的外观状况

后，将冷冻油按标准称量好，直接从压缩机注油孔倒入压缩机内。

（2）真空吸入法

添加冷冻油可在抽真空后进行，其设备连接如图4-14所示。

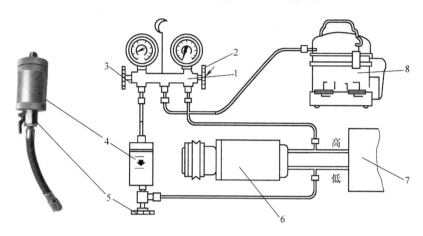

图4-14 真空吸入法充注冷冻油

1—表阀 2—高压手动阀 3—低压手动阀 4—注油器 5—放油阀
6—压缩机 7—制冷系统其余部件 8—真空泵

操作步骤如下：

1）选用一个带有刻度的注油器，其上面有一个加油螺塞和一个放油阀。加入比要补充的冷冻油量还要多一些的冷冻油，将注油器按图4-14所示连接在表阀的低压接口和空调制冷系统低压检修阀之间。

2）起动真空泵，将制冷系统抽真空。打开注油器的上放油阀，补充的冷冻油就从制冷系统的低压侧进入压缩机，当冷冻油量达到规定量时，停止真空泵，关闭放油阀。

3）拆下注油器，把低压软管接在制冷系统的低压气门阀，接着对系统进行抽真空，充注制冷剂。

瓶装冷冻油使用后，如果没有用完，需及时盖严瓶口，并擦净系统上的油迹。更换新的压缩机时，一般里面已有冷冻油，不用再加。

2. 冷冻油的更换

当制冷系统的冷冻油变质后，就需要更换。更换方法是回收制冷剂后，拆下压缩机，将压缩机的冷冻油倒出并装在量筒内（尽量倒出），测量倒出的冷冻油的容积，然后取合格冷冻油（由于加注过程冷冻油有损失，所取的新冷冻油的容积应稍大于倒出的冷冻油的容积），可直接加入空调压缩机中。

注意，冷冻油本身不含水，具有一定的吸水性。所以，从压缩机中倒出的冷冻油和放置在空气中的冷冻油不能再加进压缩机中。

4.6 汽车空调的主要部件的检修

汽车空调的压缩机、冷凝器、蒸发器等主要部件的检修已在1.2节介绍，本节介绍其余的主要部件的检修方法和技能。

4.6.1 膨胀阀的检修

1. 在空调系统中检测性能

在空调系统中对膨胀阀的性能进行检测后才能确定是否需要从制冷系统中拆下来维修或更换，其步骤见表4-6。

表4-6 膨胀阀在路（在制冷系统）测试

步骤	方法	
仪表连接	将压力表的高、低压接口与压缩机的排、吸气维修阀连接，再将压力表的高、低压阀关闭	
起动发动机	发动机转速稳定在1000～1250r/min	
启动空调	功能键调到A/C，风速调到高风档	
开始测量（空调运行10～15min后）	先观察低压表读数，如果读数偏低，则可以在膨胀阀周围包上52℃左右的热水袋后再观察表的示数	若压力上升到正常值，说明系统内有水分，应当排除该故障
		若压力并没有上升，则可在蒸发器出口管上拆下感温包，包在52℃左右的热水袋中，如果此时低压表压力上升，则是感温包包扎不当，应当重新捆扎
		如果经过上述步骤后故障仍没有排除（即低压表压力仍偏低），此时可以将膨胀阀从制冷系统中拆下，进行台架修理或者更换
	如果低压表读数偏高，则需要从蒸发器出口处拆下感温包，放入冰水中	若低压表读数降为正常，则故障原因有：①感温包绝热保护不良，应重新包扎，并将隔热保护层加厚②感温包的安装位置离蒸发器过远，应将感温包重新安装，并牢固地包扎
		若低压表读数没有下降到正常值，则应从制冷系统中拆下膨胀阀，进行清洗或上台架维修或更换

2. 膨胀阀的清洗

膨胀阀的清洗步骤如下：

1）排出制冷系统的制冷剂，将膨胀阀拆下来，并同时将储液干燥器拆下来进行更换。

2）拧下调整螺母，并记住转动的圈数，因为在重装时，必须使螺母回位，才能保证制冷系统工作时，制冷剂在蒸发时的过冷度。

3）拆下弹簧、阀座、阀门和推杆。

4）将膨胀阀进口处的滤网取下，如图4-15所示。

5）用汽油清洗干净所有的零件，特别注重阀口和滤网的清洗，并用压缩空气将它们吹干净。

6）装配。按拆卸的相反顺序进行装配。

3. 膨胀阀的台架检修

1）将膨胀阀从制冷系统卸下来，按图4-16将压力表、制冷剂罐与膨胀阀连接起来。

2）将感温包浸泡在可调水温的容器中，关闭歧管压力表上的手动阀，然后旋转注入阀手柄，使阀针刺破制冷剂罐上的密封垫并将管路中的空气排出。

图4-15 取下膨胀阀的滤网

3）关闭高压手动阀，将感温包放入 52℃温水中；拧开制冷剂阀门，开启高压手动阀，将高压表调为 483kPa；读出低压表值，应该在 296～379kPa 范围内；若读数超过 379kPa，说明膨胀阀供应制冷剂过量；若读数低于 296kPa，说明膨胀阀供应制冷剂不足。可利用调整弹簧调节膨胀阀的流量，拧开膨胀阀出口接头，用内六方扳手调整螺母，顺时针转动，制冷剂供应减少，反之增大。

图 4-16　检修膨胀阀所用仪表和器材的连接

4.6.2　汽车空调继电器和熔丝的检修

1. 继电器和熔丝实物

继电器通常装在继电器盘上，是电气控制系统中的主要元器件。它与熔丝共同对电器起着保护和自动控制作用。

在不同的汽车上，熔丝和继电器安装的位置不一定相同，一般多数在发动机舱内和驾驶室前部。上汽通用别克凯越的部分继电器和熔丝如图 4-17 所示。

a) 继电器　　　　　　　　b) 熔丝

c) 继电器和熔丝盒

图 4-17　汽车空调继电器和熔丝

2. 继电器的原理

图 4-18 所示的继电器有一个线圈（1、3 之间）与一对常开触点（2、5）和一对常闭触点（2、4）。当线圈的两个端子（1、3）之间没有加上电压时，常开触点处于断开状态，常闭触点处于闭合状态。当线圈两端加上额定电压时，线圈中有电流流过，产生吸引力，使衔铁发生动作，导致常开触点（2、5）闭合，常闭触点（2、4）断开。

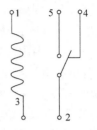

图 4-18　继电器各引脚间的关系

3. 汽车继电器的种类、规格

继电器的种类、规格很多，汽车上常用的主要有 4 种：常开型继电器、常闭型继电器、混合型继电器和切换型继电器，分别命名为 M 型、B 型、MB 型和 T 型继电器，其符号与性能如图 4-19 所示。各接线端子的功能见表 4-7。

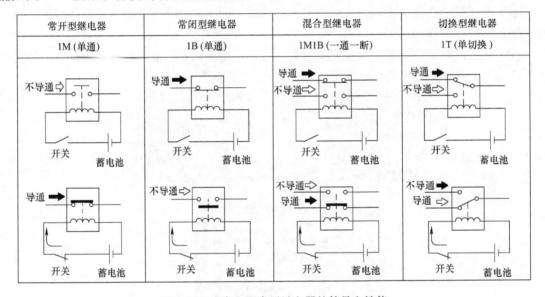

图 4-19　汽车空调常用继电器的符号和性能

表 4-7　汽车空调常用继电器接线端子的功能

类型	外形	电路符号及端子功能	插接件符号和端子的内部连接	颜色
1T（单切换）				黑

（续）

类型	外形	电路符号及端子功能	插接件符号和端子的内部连接	颜色
1M （单通）	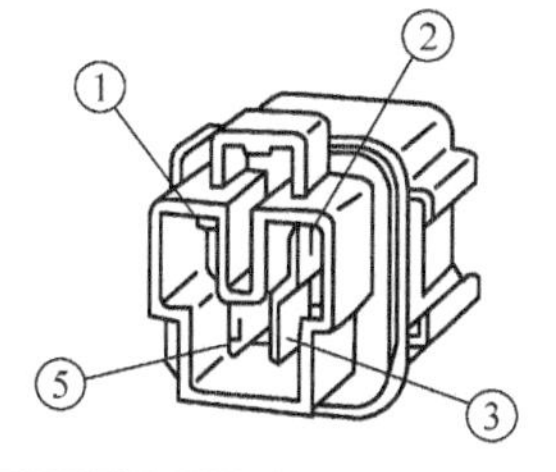	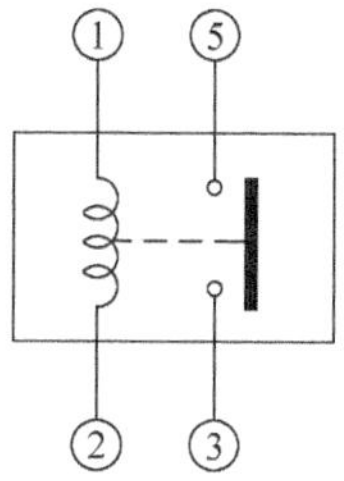	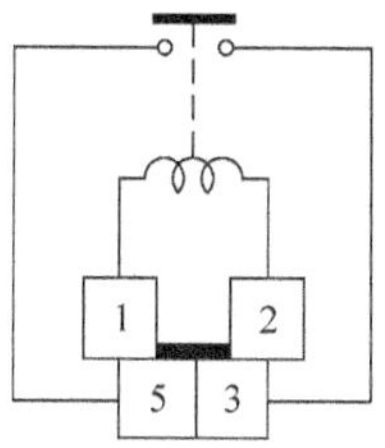	蓝或绿
	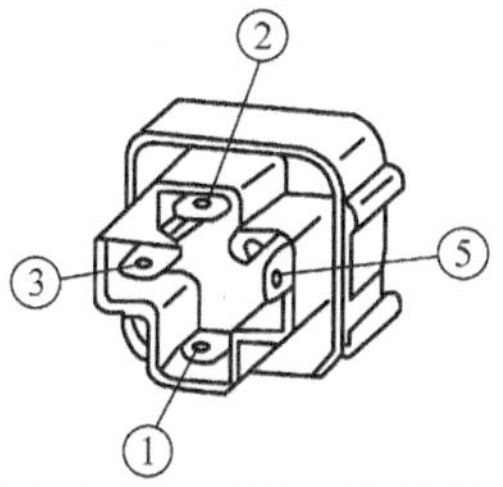		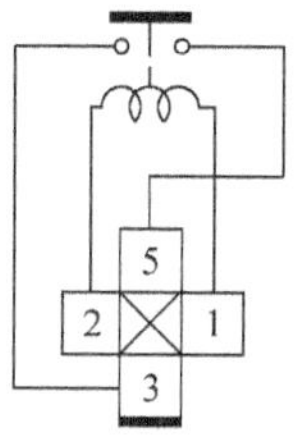	蓝
1M1B （一通一断）	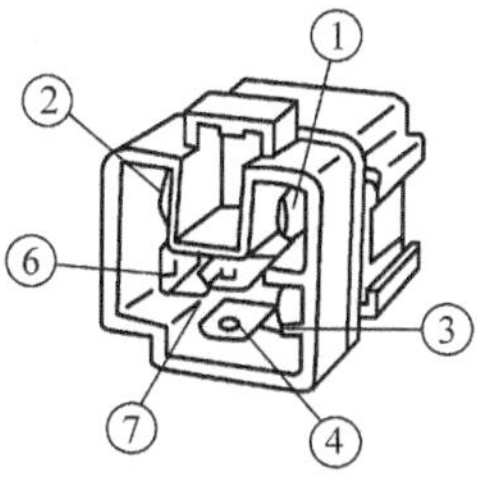	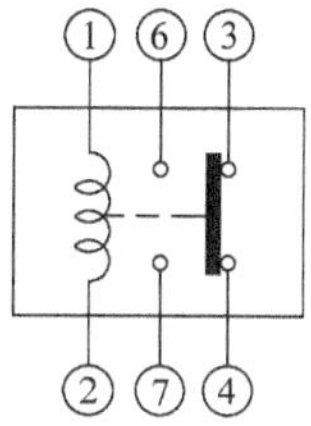	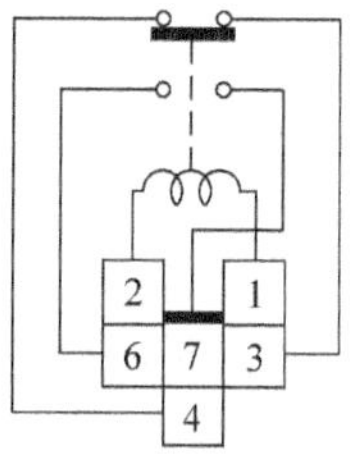	灰
2M （双通）	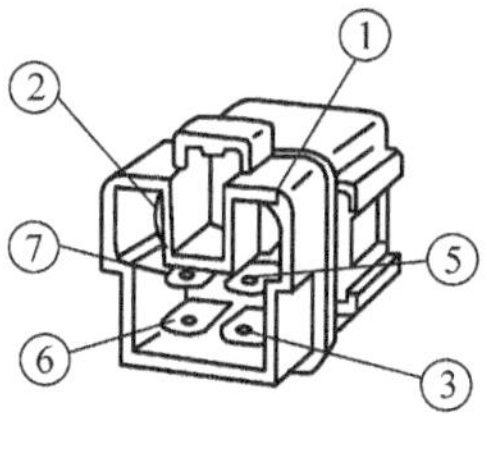	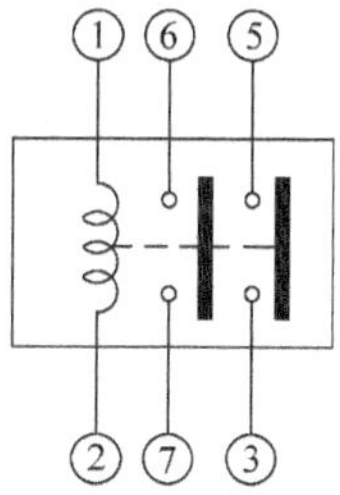	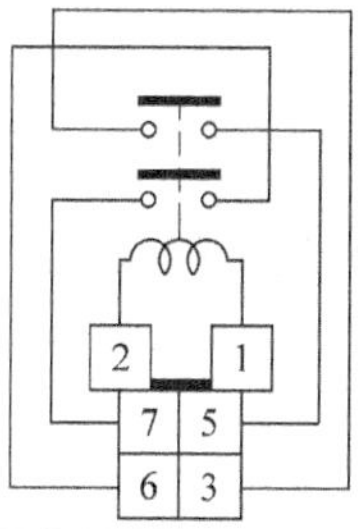	棕
1T （单切换）	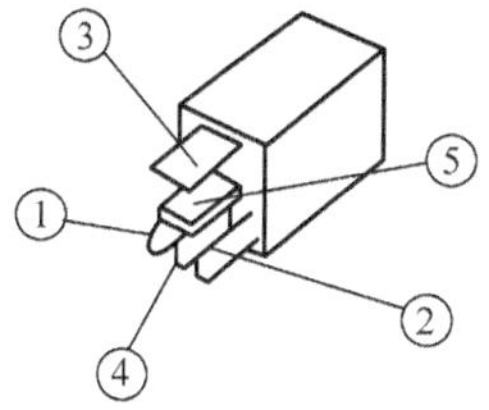	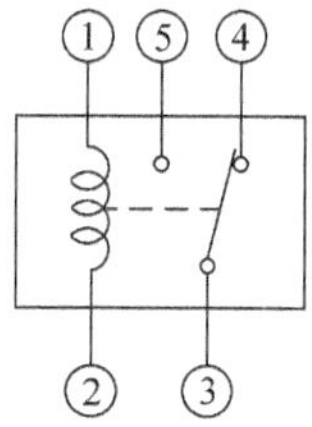	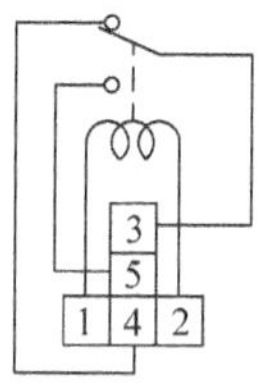	黑
	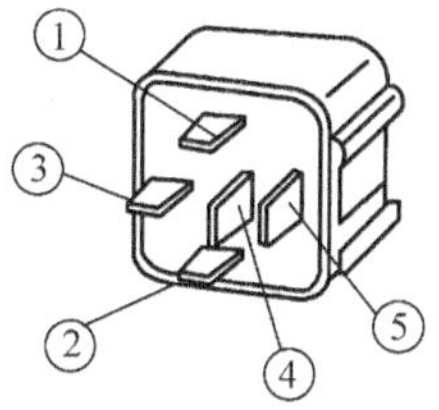		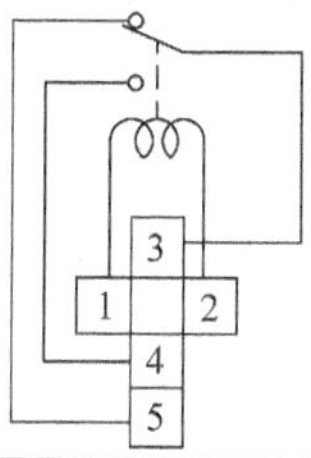	蓝或绿

101

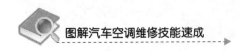

（续）

类型	外形	电路符号及端子功能	插接件符号和 端子的内部连接	颜色
1M（单通）				黑
				蓝
2M （双通）				棕

4. 继电器的检查方法

以图4-20所示的继电器为例进行介绍。

1）用万用表检查线圈两端子①、②之间的电阻，若阻值为∞，则线圈有断路；若阻值较小，为0或接近于0，则线圈短路，应更换继电器。

2）用万用表检测常开触点⑥、⑦之间的电阻，并检查常开触点⑤、③之间的电阻，若阻值为∞，说明处于断开状态，为正常。否则，若测得的阻值为0，说明触点粘连，需要更换继电器。

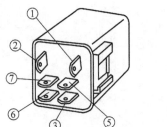
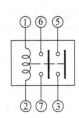

图4-20 汽车继电器（示例）

3）在接线端①、②之间加额定电压（12V），检查⑥、⑦之间的电阻，以及⑤、③之间的电阻，若为0，说明常开触点变为闭合，为正常。

5. 继电器的拆装

可从图4-17所示的继电器和熔丝盒中直接向上拔出继电器，安装时可直接插入，如图4-21所示。

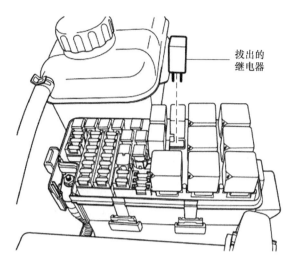

拔出的
继电器

图 4-21 继电器的拆装

第5章
汽车空调采暖系统的温度控制及通风配气系统

本章导读

采暖是汽车空调的重要功能之一，不同的汽车结构对采暖的要求不一样。通过本章的学习，可以熟悉汽车空调水暖式采暖系统的结构、工作原理以及常见故障的排除方法，并且可以了解汽车空调采暖系统的分类以及其他类型采暖系统的结构和工作原理。

学习目标

1. 了解汽车空调采暖系统的分类。
2. 熟悉汽车空调水暖式采暖系统的结构及原理。
3. 会拆卸水暖式采暖系统部件。
4. 能排除水暖式采暖系统的一般故障。
5. 了解汽车通风系统和空气净化系统的作用。
6. 熟悉汽车通风系统和空气净化系统的结构，掌握其原理。
7. 会拆装汽车通风系统的挡水板和进风罩。
8. 会拆装汽车空调通风管道、出风口和鼓风机。

5.1 汽车空调采暖系统

5.1.1 了解汽车空调采暖系统的分类

1. 按照热源的不同分类

按照汽车空调采暖系统获取热源的不同进行分类，见表5-1。

2. 按照空气循环方式的不同分类

按照汽车空调采暖系统空气循环方式分类，见表5-2。

表 5-1　汽车空调按照热源的不同进行分类

名称	热源	应用
水暖式	利用发动机冷却液的热量	多用于轿车、大型货车及采暖要求不高的大客车上
气暖式	利用发动机排气系统的热量	多用于风冷式发动机汽车和有特殊要求的汽车上
独立燃烧式	装有专门燃烧的机构	多用于大客车上
综合预热式	既利用发动机冷却液的热量，又装有燃烧预热器的综合加热装置	多用于豪华大客车

表 5-2　按照汽车空调采暖系统空气循环方式分类

名称	说明	特点
内循环方式	利用车内空气循环。将车厢内部空气（用过的）作为载热体，让其通过热交换器升温，使升温后的空气再进入车厢内取暖	这种方式消耗热源少，升温快，但从卫生标准看，是最不理想的
外循环方式	利用车外空气循环。全部使用车外新鲜空气作为载热体，让其通过热交换器升温，使升温后的空气再进入车厢内取暖	从卫生标准看，这种方式是最理想的，但消耗热源也最大，初始升温慢，经济性较差
内外混合式	既引进车外新鲜空气，又利用部分车内的原有余气，以新旧空气的混合体作为载热体，通过热交换器，向车厢里供暖	从卫生标准和热源消耗看，正好介于内循环方式和外循环方式之间，但这种方式控制比较复杂，是目前应用最普遍的方式

5.1.2　熟悉水暖式采暖系统的结构，理解其工作原理

1. 水暖式采暖系统的原理

水暖式采暖系统的原理是利用发动机的冷却液循环的余热作为热源，将其引入热交换器（加热器），由鼓风机将车厢内或车外部的空气吹过热交换器而使空气升温，如图 5-1 所示。

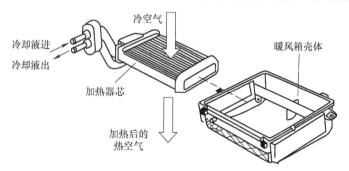

图 5-1　水暖式采暖系统的原理示意图

2. 汽车空调水暖式采暖系统的结构

汽车空调水暖式采暖系统的结构如图 5-2 所示。

图中所示的节温器装在发动机和散热器之间，其作用是在发动机预热阶段（此时发动

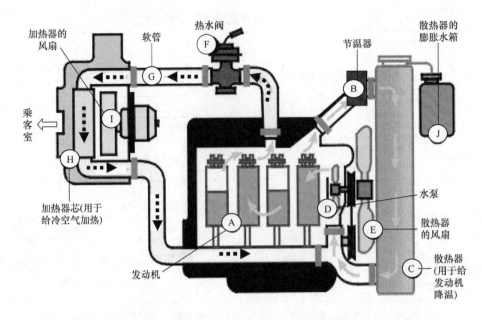

a) 示意图 (实线箭头为发动机冷却液的流动方向，虚线箭头为采暖时分流出来的冷却液流动方向)

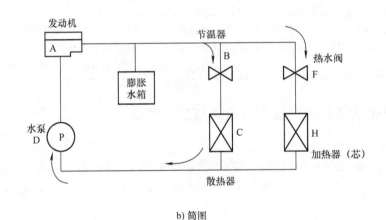

b) 简图

图 5-2　汽车空调水暖式采暖系统的结构示意图

机温度没有升起来）阻止冷却液进入散热器。发动机不热时，冷却液不会流经发动机。当发动机达到正常温度（一般为95℃）时，节温器就会开启，冷却液就会进入散热器和发动机，这样可维持发动机恒温，减少发动机的磨损。

不使用暖气时，通过水泵（D）将发动机内的高温冷却液泵入散热器（C），散热后的冷却液由散热器出水管回到发动机，吸收发动机的热量（对发动机降温）后，进行下一次循环。

使用暖气时，经发动机分流出的高温冷却液部分送入采暖装置的加热器（芯），使加热器升温。在鼓风机的作用下，冷空气通过加热器被加热后，由若干个出风口吹向乘客室。

在加热器中被吸收热量的冷却液离开加热器被发动机水泵抽回发动机，完成一次循环。暖风还可以通过风窗玻璃下面的出风口，吹到风窗玻璃上，以保持风窗玻璃内侧温度在雾点之上，防止起雾或结霜。

膨胀水箱的作用是，避免冷却液在受热膨胀时对管路的接头造成伤害。

当汽车的冷却系统温度升高时，冷却液就会膨胀，有一部分冷却液进入膨胀水箱，使冷却液的压力不至于过高。如果没有设置膨胀水箱，当冷却系统的压力升高时，冷却液就会从缝隙处喷出或者压坏冷却系统的部件，使冷却系统失灵。膨胀水箱还可以用来加注冷却液，如果冷却液少了，可以从膨胀水箱把冷却液加注进去。

3. 水暖式采暖系统的主要部件

（1）热水阀

热水阀安装在发动机冷却液通道中，用于控制进入加热器芯的发动机冷却液流量。通过移动控制板上的温度调节杆便可操纵热水阀。热水阀有拉绳控制和真空控制两种，见表 5-3。

表 5-3　汽车空调热水阀类型

名称	图示	说明
真空控制阀	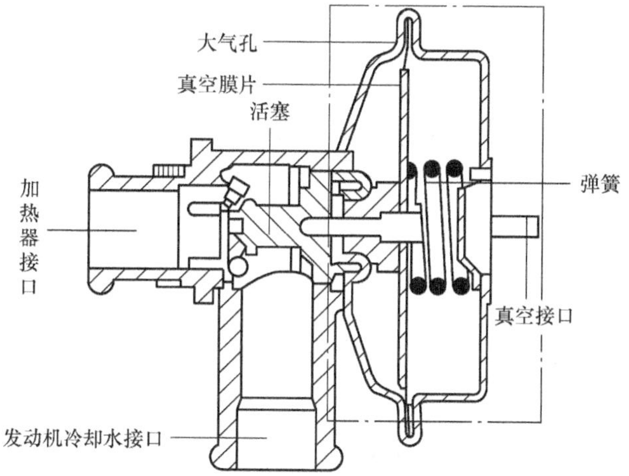  大气孔　真空膜片　活塞　弹簧　加热器接口　真空接口　发动机冷却水接口	图中的点画线框中是一个封闭的真空膜片盒，真空源由发动机的进气歧管或真空罐中引来 当开启供暖模式时，控制机构使真空膜片盒的右空腔与真空源导通，在两端压力差作用下，膜片克服弹簧弹力，带动活塞一起右移，活塞将冷却液流通的管路开启，这时发动机冷却液流向加热器 当关闭采暖模式时，真空膜片盒的真空源断开，弹簧压力通过膜片带动活塞左移，冷却液的通路被关闭，加热器不会发热 其特点是只能控制冷却液的开、关，而不能调节流量 可以用在手动空调上，也可用在自动空调上

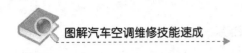

（续）

名称	图示	说明
拉绳控制阀	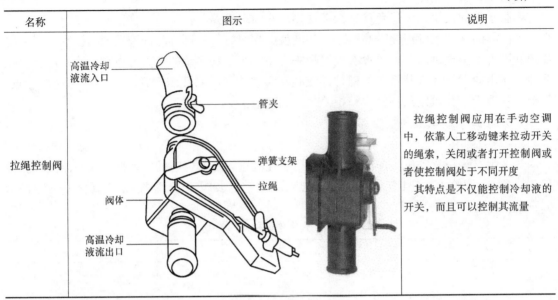 高温冷却液流入口　管夹　弹簧支架　拉绳　阀体　高温冷却液流出口	拉绳控制阀应用在手动空调中，依靠人工移动键来拉动开关的绳索，关闭或者打开控制阀或者使控制阀处于不同开度 　其特点是不仅能控制冷却液的开关，而且可以控制其流量

（2）水暖式暖风机

水暖式暖风机有单独式暖风机和整体式空调两种，它们的结构见表5-4。

表5-4　水暖式暖风机的结构

名称	图示	说明
单独式暖风机	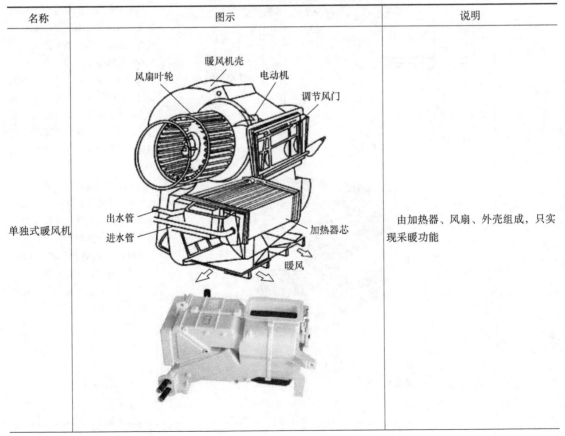 风扇叶轮　暖风机壳　电动机　调节风门　出水管　进水管　加热器芯　暖风	由加热器、风扇、外壳组成，只实现采暖功能

（续）

名称	图示	说明
整体式空调器	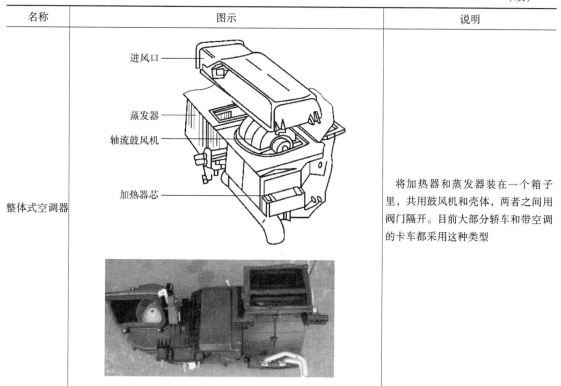	将加热器和蒸发器装在一个箱子里，共用鼓风机和壳体，两者之间用阀门隔开。目前大部分轿车和带空调的卡车都采用这种类型

5.1.3　水暖式采暖系统的优缺点

水暖式采暖系统具有明显的优缺点，见表5-5。

表5-5　水暖式采暖系统的优缺点

名称	说明	备注
优点	水暖式采暖系统的热源是从汽车发动机的冷却液中取得的，因此热源的取得非常容易，只需将发动机的冷却液输送到热交换器中即可。该热源供给可靠，发动机只要工作，热水即产生出来，而且很经济，不需另外的燃料。另外，发动机的冷却液温度比较适宜，散热也均匀	这种采暖装置在国内外生产的轿车（如丰田、马自达、奔驰、红旗、奥迪、桑塔纳等）、大型货车及采暖要求不高的大客车上均得到采用
缺点	供暖必须在发动机冷却液温度上升到正常值（80℃）时方能开始，因此在寒冷季节，下坡、停车或刚起步时，热源就显得不足。如果使用不当，发动机容易发生过冷现象	对于车身较长的大型客车，在北方使用或外界温度低的情况下，车厢热负荷很大，仅靠水暖式采暖装置不容易取得令人满意的效果，可以采用独立式采暖系统，详见本章拓展

5.1.4　余热水暖式采暖系统常见故障和排除

余热水暖式采暖系统的常见故障主要是冷却液循环的管路和鼓风机电路的故障，其维修

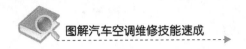

方法见表5-6。

表5-6   余热水暖式采暖系统的故障分析与排除

故障现象	可能原因	排除方法
没有风	暖风开关没有闭合	闭合暖风开关
	暖风机熔丝熔断	更换熔丝
	鼓风机烧坏	拆卸、更换鼓风机
	暖风开关坏或接触不良	修复（清除接触面污物或锈斑），或更换开关
风不热	空调操纵拨杆没有移到暖风开启位置	将空调拨杆移到最大暖风位置
	暖风水管中有空气	将暖风机进水连接管从中间连接处断开，将水管位置提高，排除空气，重新连接
	热水阀损坏，打不开	更换热水阀
	热水阀若是钢丝绳操纵，可能是钢丝绳断	更换钢丝绳
	若热水阀是真空操纵，可能真空管脱落，或真空阀损坏，或真空膜泵（作动器）损坏	查找真空回路问题，对症处理，更换零件
	若热水阀是电磁阀操纵，则可能是电路断路或电磁阀损坏	查找电磁阀电路，对症处理
风的热度不够	暖风操纵拨杆（或旋钮）没有移到采暖最大开度位置	将拨杆（或旋钮）移到采暖最大位置
	热水阀被局部堵塞	清理或更换热水阀
	热水阀操纵机构只能部分打开阀门	修理热水阀操纵机构
	热水软管被局部积垢堵塞	清理管道或更换软管
	加热器芯积垢堵塞	拆下加热器芯，清洗或更换
	发动机出水安装不当，使冷却水向暖风机流动不畅，或回水不畅	重新布置进、出水管的位置
	发动机刚起动不久，冷却液尚未热	让发动机工作一段时间，等水温表显示正常时再开启暖风功能
	外界温度过低，水箱面罩无防冻措施，致使冷却液不热	水箱前加棉罩或采取其他保暖措施
风量不足	风量开关处在低档位	风量开关转到高档位
	风量开关接触不良	清除风量开关接触点的污垢、氧化物，拧紧压紧簧片
	暖风进风口被杂物堵塞	清除杂物
滑移式操纵杆阻力大	操纵板滑槽无润滑	加润滑脂
	操纵板滑槽部分发生变形或压紧簧片太紧	修整或更换滑槽，调节簧片的压紧弹力
	各风门转动不灵，被卡	检查风门操纵机构，调整转轴并加油，拨正阀门，修整风门周边密封片
	暖风操纵绳索有脏物	清除绳索脏物
暖风机漏水	暖风机芯漏水	修补泄漏处或更换暖风机芯
	连接管未拧紧或密封圈坏	拧紧接头，或更换密封圈

注意：冬天在不同的地区温度不同，要使用规定标号的防冻冷却液，以免管道被冻裂。

5.1.5 余热水暖式采暖系统主要部件的拆装

对表5-6所述的余热水暖式采暖系统的故障进行检测和维修时，往往需要拆卸和重新安装。实操过程可按照具体车型的空调维修手册进行，也可以参考上汽荣威750的拆装过程。

1. 熟悉水暖系统的分解图

通过分解图，可以使我们对需要拆装的部件和过程有一个整体的印象，使实训操作有序进行。上汽荣威750分解图如图5-3所示，其他车型可参考。

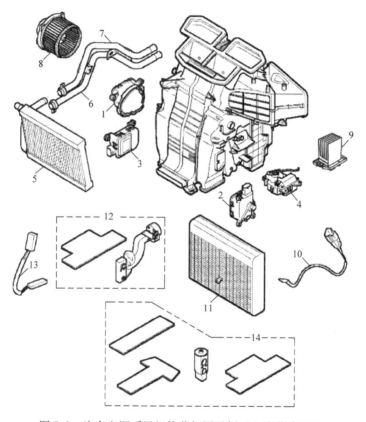

图5-3　汽车空调暖风机构分解图示例（上汽荣威750）
1—模式风门伺服电动机总成　2—右混合风门伺服电动机总成　3—左混合风门伺服电动机总成
4—新鲜循环空气风门伺服电动机总成　5—暖风芯体总成　6—进水管总成（暖风机芯体到发动机）
7—出水管总成（暖风机芯体到发动机）　8—鼓风机总成　9—功率管　10—蒸发器温度传感器
11—蒸发器总成　12—蒸发器连接管总成　13—暖风芯体温度传感器　14—蒸发器膨胀阀

2. 空调滤清器进风罩的拆卸和安装

（1）拆卸

空调滤清器进风罩的拆卸如图5-4所示。

111

① 拆下空调进气格栅总成。从滤清器总成进风罩上松开并拆下滤清器	② 拆下将空调滤清器进风罩固定到车身上的两个螺栓，再拆下空调滤清器进风罩
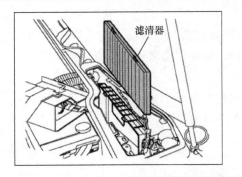	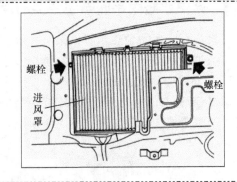

图5-4　空调滤清器进风罩的拆卸

（2）安装

空调滤清器进风罩的安装步骤如下：

1）确保滤清器进风罩是干净的。

2）将空调滤清器进风罩定位到车身上，并用螺栓固定。

3）装上新的滤清器，并用夹子固定。

4）装上空调进气格栅总成。

3. 暖风芯体总成的拆卸

暖风芯体总成的拆卸如图5-5所示。

① 排空发动机的冷却系统 ② 拆下暖风机总成上驾驶员侧出风口固定到空调隔热板的螺钉，并拆下驾驶员侧出风口和空调隔热板	③ 松开将管子固定到暖风机总成上的支架 ④ 从暖风芯体总成上断开管子的连接 ⑤ 从管子上拆下2个O形圈，并废弃不用 ⑥ 从暖风机总成上拆下暖风芯体总成
	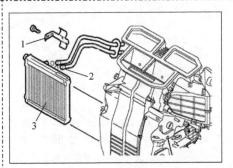 1—支架　2—管子与暖风芯体总成的连接 3—暖风芯体总成

图5-5　暖风芯体总成的拆卸

4. 鼓风机总成的拆卸和安装

（1）拆卸

鼓风机总成的拆卸如图5-6所示。

① 拆下驾驶员侧封闭面板总成 ② 松开将油门踏板固定到踏板支架上的螺栓，拆下油门踏板	③ 将转向节盖朝向外侧 ④ 拆下将转向节固定到转向机输入轴上的螺母和螺栓，并废弃掉螺母。将转向管柱向左移动至合适的位置
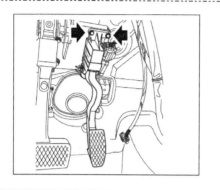	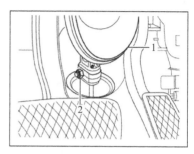 1—转向节盖 2—螺母

⑤ 断开鼓风机的电线连接器（图中标号1）
⑥ 拆下3个将鼓风机总成固定到暖风机总成上的螺钉（图中标号2）
⑦ 从暖风机总成上拆下鼓风机总成

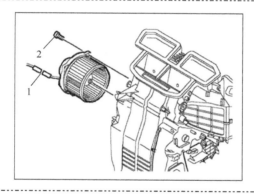

图 5-6   鼓风机总成的拆卸

（2）安装

鼓风机总成的安装步骤如下：

1）将鼓风机总成装到暖风机总成上。

2）将连接器连接到鼓风机总成上。

3）将万向节连接到转向管柱输入轴上，并固定好转向节罩盖。

4）装上油门踏板。

5）装上驾驶员侧封闭面板总成。

5.2　汽车通风、配气和空气净化系统

为了舒适和安全，需要引入新鲜空气，并将车内的污浊空气排到车外。这个清洁空气的任务由汽车的通风、配气和空气净化系统完成。下面学习这方面的知识和技能。

5.2.1 了解汽车空调的通风方式

汽车通风装置将外部新鲜空气引入到车内，将车内空气排出，实现车辆通风，一般装备有自然通风装置和强制通风装置两种通风装置，见表5-7。

表 5-7 汽车空调的通风系统

名称	图示	说明
自然通风	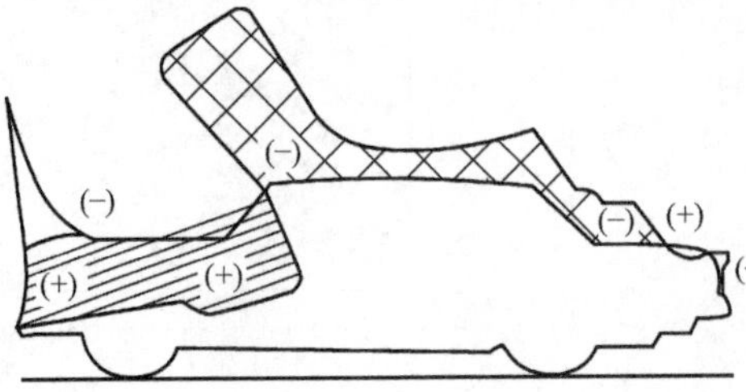 　a) 轿车行驶过程在车身外表形成的正、负压区 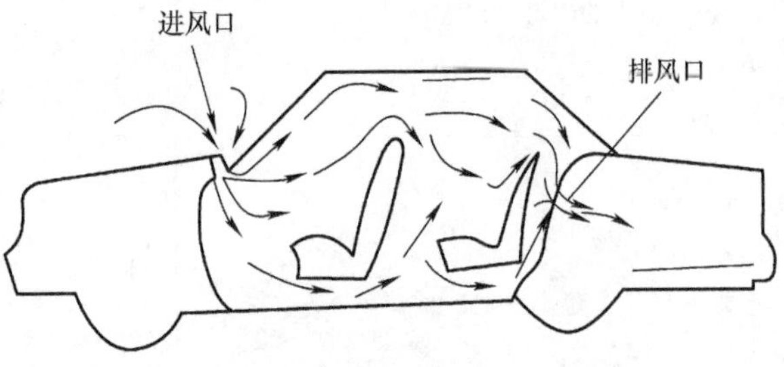 　b) 轿车自然通风口的设置示意图	车辆运动所产生的空气压力使车厢外部的空气进入车内。车辆行驶时，某些部位产生正压力，另一些部位产生负压力，因此，进气口一般安装于产生正压力的部位，而排气口则安装在产生负压力的部位 只要风机一起动，车内立即开始吸入新鲜空气
强制通风（通过离心式风机）	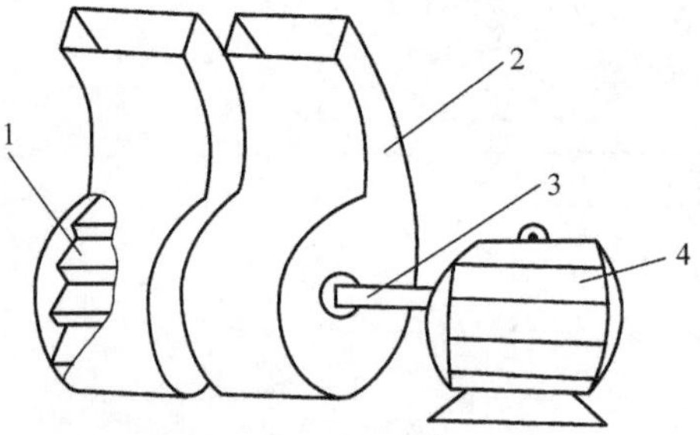   1—风机叶轮　2—风机叶轮　3—电动机转轴　4—电动机	离心式风机主要由电动机、风机轴（与电动机同轴）、风机叶片、风机壳体等组成，风机叶片有直叶片、前弯片、后弯片等形状，随叶轮叶片形状不同，所产生的风量和风压也不同 利用鼓风机迫使空气进入车厢内部进行通风换气。进气口和排气口的安装位置与自然通风装置相同。强制通风装置一般与汽车供暖系统或制冷装置一起安装使用
综合通风	采用自然通风和强制通风相结合	结构较复杂，但运行成本低，通风效果和舒适性好

5.2.2　熟悉汽车空调的空气调节方式

空气调节是指将冷风、热风、新鲜空气有机地进行混合，形成适宜的气流供给车内。混合系统包括加热器、蒸发器、鼓风机和风门等。

常见的空气混合方式有以下 3 种。

1. 冷、暖风转换式

冷、暖风转换式空气调节系统如图 5-7 所示。在开启制冷模式时，冷、暖气选择风门关闭到加热器的风道，空气流经蒸发器，送入到车内的是冷空气。在开启制热模式时，冷、暖气选择风门关闭到蒸发器的风道，空气流经加热器，送入到车内的是热空气。当制冷和制热都不开启时则送入车内的是自然风。

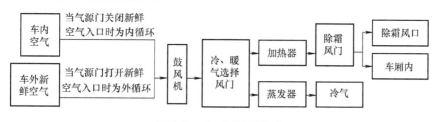

图 5-7　冷、暖风转换式

2. 半空调式

半空调式空气调节系统将车外空气和车内空气经风门混合后，先经蒸发器冷却、除湿，后经鼓风机送入风门调节，一部分或大部分进入加热器，冷气出口不再调节。由风门调节送入车内，当蒸发器不工作（不开启制冷）时，则空气全部引到加热器，送入车内的是暖风。同理，当加热器不工作（不开启制热）时，则送入冷风。两者都不工作时，则送入车内的是自然风，如图 5-8 所示。

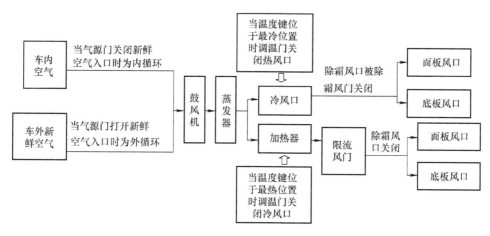

图 5-8　半空调式

3. 全空调式

全空调式空气调节系统也称空气混合系统，是目前使用最多的空气温度调节方式，如图 5-9 所示。

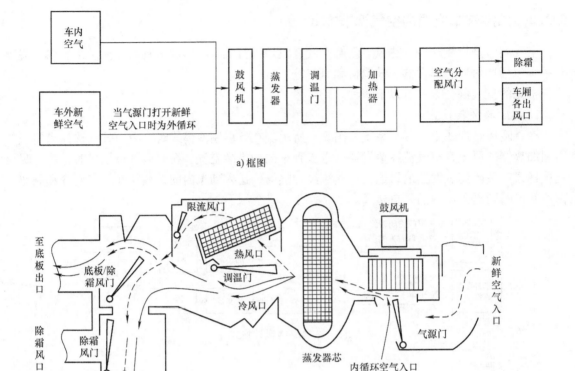

a) 框图

b) 布置示意图

图 5-9   全空调式

全空调式空气调节系统一般由以下三部分构成：

1）空气进入段。主要由气源门和伺服器组成，用来控制室内循环空气和室外新鲜空气进入。当气源门关闭新鲜空气入口时为内循环，当打开新鲜空气入口时为外循环。空气流经蒸发器（在制冷模式下压缩机运转，蒸发器吸热制冷，在其他模式下蒸发器不工作）。

2）空气混合段。主要由蒸发器、加热器和调温门组成。调温门主要用于调节通过加热器的空气量。调节调温门处于全开或全闭之间的不同位置，得到不同温度和湿度的空气（注：在非采暖模式下空气不流过加热器）。

3）空气分配段。分别可使空气吹向面部、脚部和风窗玻璃上，主要包括中风门、下风门、除霜门和上、中、下风口（控制空调内风机转速，调节空调风的流量，改变人体感觉的温度）。

5.2.3   汽车空调的配气控制系统的组成

1. 手动空调和自动空调的划分

汽车空调具有完整配气（对温度、湿度、风向、风速等进行处理）控制系统。控制系统主要有以下两类。

（1）手动空调（手动控制系统）

依靠驾驶员拨动控制面板上的各种功能键实现对温度、风向、风速的控制。

（2）自动空调（自动控制系统）

把制冷、供暖、新鲜空气有机地组合成一体，形成冷暖适宜的气流提供到车内，实现对温度、风向、风速的自动调节。自动空调控制系统包含空气调节系统、风管系统、真空回路和控制装置这四个组成部分。

2. 自动空调控制系统简介

现阶段自动空调控制系统主要有全自动空调控制系统和微电脑空调控制系统两种类型。

（1）全自动空调控制系统

全自动空调控制系统主要由电桥、比较器、真空转换器等组成。而电桥由车内温度传感器、车外温度传感器、日光强度传感器和调温电阻组成，如图 5-10 所示。

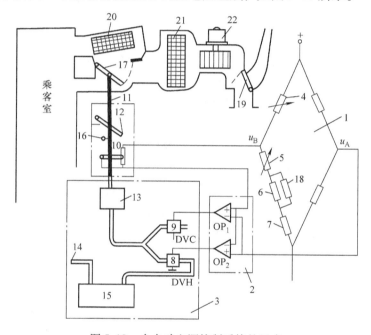

图 5-10　全自动空调控制系统的组成

1—电桥　2—比较器　3—真空比较器　4—调温电阻　5—车内温度传感器　6—日光强度传感器　7—车外温度传感器
8—升温真空传感器　9—降温真空传感器　10—反馈电位器　11—控制杆　12—风机开关　13—真空驱动器
14—接发动机进气支管　15—真空罐　16—热水阀开关　17—温度风门　18—风道温度传感器
19—循环风门　20—加热器　21—蒸发器　22—鼓风机

全自动控制系统的工作原理如下。

1）降温控制原理：当调温电阻 4 设定的温度低于车内温度时，空调系统就开始工作。由于调温电阻的阻值低于传感器桥臂的总电阻值，电桥处于不平衡状态，电桥输出端的电位 $u_B > u_A$，比较器 2 的 OP_2 无电流输出，而 OP_1 输出电流使降温真空传感器 9 打开大气通路，使作用在真空驱动器 13 的真空度减小，控制杆 11 上移，将温度风门 17 关小，减弱由加热器 20 来的空气流量，而增大由蒸发器 21 来的空气流量，使流入车内的空气温度下降，同时风机开关 12 使风机转速提高。若设定的温度与车内温度相差越大，则电桥两端电位差越大，真空传感器打开大气通道越大，真空驱动器的真空度就越小，控制杆上移量也就越大，温度风门 17 随之开度越小甚至关闭，送入车内空气的温度也就越低。与此同时，控制杆上移过程中，反馈电位器 10 的阻值减小，甚至为零。而风机则在最高转速下运转，蒸发器以最大的制冷量输送冷空气至车内。

2）升温控制原理：当车内温度下降低于设定值时，车内温度传感器的阻值减小，电桥输出端电压下降，使 $u_B < u_A$，比较器 2 的 OP_1 无输出，而 OP_2 输出电流信号，升温真空传感器 8 打开与真空罐 15 的通道，使真空驱动器 13 的真空度增大，控制杆 11 下移，温度风门 17 逐渐打开，让一部分冷空气经过加热后再送入车内，使车内温度升高。随着控制杆的下移，反馈电位器 10 的电阻增大，使 OP_2 输出电流增大，真空传感器 8 打开真空通道的开度增大，制动杆移动量增大。当控制杆下移至极限位置时，温度风门 17 开启加热器通道，而关闭车内送冷空气的风口，同时在风机开关 12 的控制下使风机低速运转，使车内温度快速升高。

由于比较器中的 OP_1、OP_2 交替输出及真空传感器 8、9 交替打开大气通道和真空通道，控制了温度风门的开度及风机的转速，又由于反馈电位器的应用，使设定温度和车内温度相差较大时，能相应输入最多的冷空气或热空气，温度相差较小时，又能逐渐降温或升温，从而实现了对车内温度自动控制在设定的温度值。

（2）微电脑空调控制系统

系统以微电脑为控制中心，对各种传感器采集的多种参数进行检测，并与控制面板设定的信号进行比较，经计算处理后进行判断，然后输出相应的调节和控制信号，通过相应的执行机构，对压缩机的开、停状况，送风温度及模式，热水阀开度等做及时的调整和修正，以实现对车内空气环境进行全季节、全方位、多功能最佳化的调节和控制。

系统具有故障自诊断检测功能，当系统出现故障时，会及时采取相应的保护措施。

微电脑控制空调系统控制面板示例如图 5-11 所示，控制面板上的车内、车外温度为数字显示，送风模式等空调运行参数以图符显示，操纵键为琴键式。

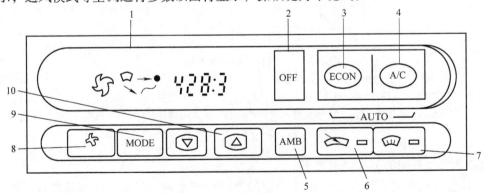

图 5-11　微电脑控制空调显示板

1—显示屏　2—停用开关　3—经济（ECON）运行开关　4—空调开关　5—切换车内、外温度按钮 注：按下 AMB 按钮，就可以在车内看到车外温度，此外，AMB 可以配合空调系统，根据车外温度将车内环境调节至一个舒适的温度，不用车内人员去调节车内风机的大小

6—风向转换开关　7—风窗玻璃除霜开关　8—鼓风机开关　9—模式转换开关　10—车内温度调节按钮

微电脑空调控制系统主要由传感器、微电脑、执行机构、真空控制系统等组成。其系统组成如图 5-12 所示。

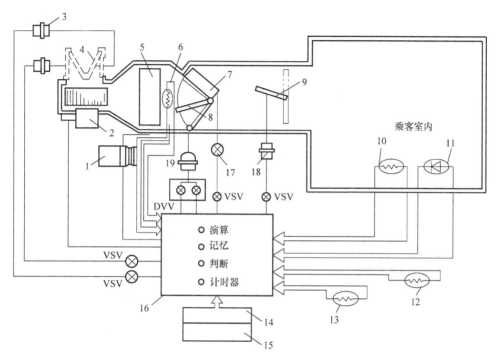

图 5-12　微电脑真空控制系统

1—压缩机　2—鼓风机　3—真空驱动器　4—回风风门　5—蒸发器　6—蒸发器温度传感器　7—加热器　8—温度门
9—出风口转换风门　10—乘客室温度传感器　11—日照传感器　12—车外温度传感器　13—发动机冷却液温度传感器
14—运动方式开关　15—温度设定开关　16—微电脑　17—热水阀　18—转换风门真空驱动器　19—反馈电位器
VSV—真空转换阀　DVV—升温电磁阀和降温电磁阀

输入到微电脑的信号主要有：车内温度、车外温度、日光强度、发动机冷却液温度、设定温度、空调运行模式、温度风门位置、压缩机制冷剂温度及压力等。微电脑输出的控制信号主要有：真空转换器真空度、各风门和温度调节风门位置、鼓风机运转状态、压缩机运转状态等。

当通过操作键设定好车内温度时，空调运转过程中，微电脑将不断地监测各种传感器输送来的信号，并对送风温度和风量进行及时的调整和修正，同时自动选择送风方式和送风口。当车内热负荷增大时，微电脑会自动改变压缩机的开、停时间，增大制冷量，同时加大送风速度，以补偿由于车外温度升高、日照强度加大、车内热负荷增加造成的车内温度的升高。在空调自动运行方式下，送风模式和送风口的选择是自动切换的，系统降温、升温的工作原理与全自动控制系统的工作原理基本相同。

5.2.4　拆装技能

对汽车通风、配气和空气净化系统的保养和检修时，常常涉及部分部件的拆装，这就需要对通风、配气和空气净化系统的装配结构有一个较为清晰的认识，这可以通过查阅维修手册来了解。例如，上汽荣威 750 的通风配气系统的装配图如图 5-13 所示。

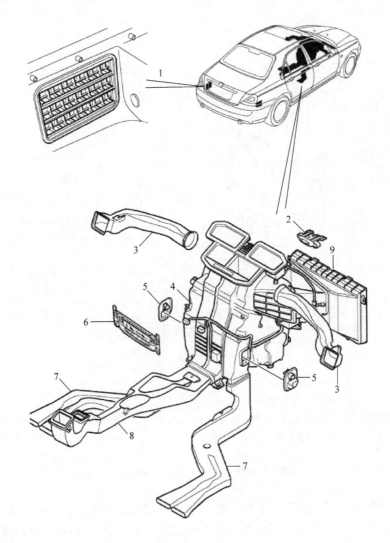

图 5-13　汽车空调典型通风、配气系统结构及部件装配图

1—行李箱出风口　2—冷气旁通拨轮组合件　3—仪表板出风口风管　4—暖风机总成　5—暖风机侧出风口
6—空调控制器总成　7—地板通风管　8—中控台通道风管　9—空调滤清器总成

知识拓展

一、大型客车的采暖系统

1. 大型客车的余热水暖式采暖系统

夏季气温较高的地区，大型客车的空调均采用独立制冷系统。

如采用独立的采暖系统，不仅增加车辆成本和重量，而且运行费用增加，使用时间也不长。这些地方使用的空调客车仍然可以使用主发动机和副发动机的冷却液的余热来采暖。

大型客车余热水暖式采暖系统是一个典型的热蒸气旁通阀系统，有自己的副发动机、压缩机、冷凝器、储液器、过冷器、膨胀阀、蒸发器和电磁旁通阀。该系统最大的特点是主发动机的冷却液对空气进行第一次加热，而副发动机的冷却液的再热器对空气再次加热，室外新鲜空气和回气混合后经过一次加热，再降温除湿，经二次加热后，送到车内。如果是冬天，冷气可以不用，就单靠主、副发动机的冷却液来加热空气。如果是夏天，暖气不用，则用截止阀关掉主发动机的冷却液，而副发动机的冷却液则用电磁阀全部引向散热器。这个系统在冬天可能略觉暖气不足，但基本可以保证车内温度在 15℃ 以上。

2. 大型客车的独立式采暖系统

大型豪华旅游车、客车以及寒冷地区使用的汽车等，常常采用独立式采暖系统。

独立式采暖系统是在燃烧器内燃烧汽油、煤油或柴油，产生的热量加热空气或水，输送到车厢内提高其温度，燃烧后的气体在热交换后被排出车外，对车内空气无污染。

独立式采暖系统同样也分为独立气暖式采暖系统和独立水暖式采暖系统。

（1）独立气暖式采暖系统

独立气暖式采暖系统是利用燃料在双层燃烧筒体内燃烧所产生的热量来加热空气。其燃料通常采用轻柴油，加热空气可采用外部空气或车内空气循环。该类采暖装置的特点是发热量大，见效迅速，单机控制而不受发动机工况影响，且易于自动控制，在欧洲和日本的大客车上常见。近年来，国内的许多客车厂在高档次客车上也普遍装用这类采暖装置。

独立气暖式采暖装置主要由燃烧室、热交换器、供给系统及控制系统组成。

燃烧室由燃料管、火花塞、环形雾化器和燃料分布器等组成。

环形雾化器直接装在风扇电动机的轴上，依靠离心力和空气的切向力将油雾化、混合，在电火花塞点火引燃下，在燃烧器上部燃烧。

燃烧室结构简单，布置紧凑，运行平稳，燃烧效率高，燃烧的稳定性好，无噪声，消耗能量小，点火迅速，输油管内径较大不易堵塞，便于燃烧劣油，所以在国内被广泛采用。由于燃烧室内的温度高达 800℃ 以上，所以要求燃烧室的材料能耐高温，不起氧化皮，一般采用耐热不锈钢制造。

热交换器紧靠在燃烧室后端，由双层腔室构成。中心是燃烧室，从燃烧室出来的燃烧气体在内腔夹层通过，向腔壁释放大量热量，然后从废气孔排到大气中。

被冷却风扇吸入的空气进入热交换器的外腔夹层，吸收内腔壁传来的大量热量，变成热空气从出风口出来，吹向车厢。为防止燃烧室中的燃气漏入热交换器外腔，要求热交换器的内外腔室密封性好，不能漏气。

供给系统包括燃料供给系统、助燃空气供给系统、被加热空气供给系统三部分。

如果燃烧的是液体（如汽油、柴油等），则燃料供给系统由油泵电动机、油泵、燃油电磁阀、油箱等组成，有的加热器通过提高油箱高度利用重力自动供油。

如果燃料是气体，则供给系统比较复杂。助燃空气供给系统的风扇和被加热空气供给系统的风扇及油泵合用一个电动机，在电动机两端各带一台风扇，分别供两个空气系统使用。

控制系统有手动和自动控制两种，用来控制各种电动机、电磁阀、点火器、过热保护器、定时继电器的工作。

当加热器的暖风出口温度超过设定值（如 180℃）时，过热保护器动作，使继电器自动

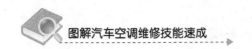

切断油泵电磁阀的电源，油泵停止供油，加热器停止燃烧。

由于燃烧室的温度非常高，为了不使燃烧室被烧坏，停机时应先关油泵，停止燃烧器燃烧，而通风机仍继续运转，带走燃烧室中的热量，直到其温度降至正常，才关闭通风机。

独立燃烧式加热器总成在客车上的安装位置如图5-14所示。

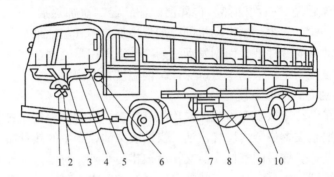

图5-14　独立燃烧式加热器总成在客车上的安装位置（示例）

1—风扇的支撑物　2—聚风罩　3—引风帽　4—除霜网管　5—吹风嘴　6—加热器样板　7—吸风罩
8—加热器箱体　9—暖风出口　10—暖风管道

对装用独立燃烧式空气加热器的大客车，要特别注意车身的设计，尤其是地板的密封处理。箱体加热器部分的安装位置要适当，注意燃烧排气管的布置走向，最好引向车身外侧，停车时尽量不使用，以免空气流通不好，使燃烧废气进入车内，且增加蓄电池的耗电量。在布置上，使暖风机与柴油发动机共用同一个燃油箱，使用时确认点火和正常燃烧程序，通过仪表和指示灯监视蓄电池耗电量和燃烧工作情况。

（2）独立水暖式采暖系统

独立水暖式采暖装置的工作原理与气暖式基本相同，其加热工质不是空气而是水，用水泵代替了风扇。水暖式的最大优点是不仅可作为车厢采暖用，而且可预热发动机、润滑油，以利于冬季发动机起动，待发动机起动后，再将被加热的水通向车厢内的水散热器。水散热器一般是管带式或管片式结构，管子内部流入已加热的热水，而管外则流过待加热的车厢内的空气，管外的铝带或铝翅片是为了增加其散热能力。

如果水暖式的水加热器与汽车发动机的冷却水管路相通，则在发动机冷却水温度低于80℃时水加热器工作。当水温高于80℃时，由于节温器的控制作用，则会自动切断油泵的电源，停止供油，而加热器中的水泵继续工作，以保证水加热器零件不因过热而损坏，并继续向车厢内供应暖气。

独立水暖式采暖装置的结构（见图5-15）与气暖式相近。燃烧室与气暖式相同，由喷油嘴和高压电弧点火器组成，或由多孔陶瓷蒸发器和电热塞组成；加热器的供油系统有电动机、油泵、助燃风扇、水泵组成；控制系统由水温控制器（节温器）、水温过热保护器、定时器等组成。

独立水暖式采暖装置的暖风主要采用内循环式，灰尘少，暖气比较柔和而不干燥，人体感觉较舒适，不像空气加热器那样高温干热。这种水加热器可作为发动机的预热器，加热发动机的冷却水，在提高发动机的起动性和耐久性的同时，可作为暖气装置。但水加热器也存

122

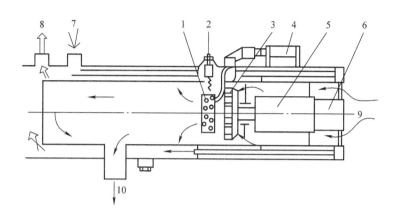

图 5-15 独立水暖式采暖装置结构

1—多孔陶瓷蒸发器 2—电热塞 3—助燃风扇 4—油泵 5—电动机
6—水泵 7—进水口 8—出水口 9—助燃空气 10—废气

在一些缺点，长期运行后，水管容易积水垢，影响热交换器的换热效率。使用中还要经常清洗水垢，清除水垢时，需将加热器中的水全部放尽，然后注入浓度为 10%（质量分数）的稀盐酸在加热器内循环，直至管内水垢全部清除为止。

为了避免寒冷冬天水加热器被冻坏，每天晚上停车前必须放尽水箱和水加热器中的水，或者在冷却液中加防冻防锈液，防冻防锈液主要由乙二醇溶液、水、防锈剂、防氧化消泡剂等组成。

目前，采暖装置已成为高档客车的必备总成，成为衡量客车档次的一个指标。在这种客车上，应采用独立燃烧式加热器，而液体加热器又比空气加热器更有发展前途。

二、汽车空调的空气净化系统简介

汽车空气净化是指采取措施排除车内的微小粉尘、臭味及有毒气体成分，汽车空调的空气净化方式主要有以下两种。

1. 静电除尘

静电除尘器的结构和原理如图 5-16 所示。

正、负电极之间存在着较强静电场，该静电场可使空气电离成正、负离子（电子）。在电子奔向正极的过程中遇到尘粒，使污染空气中的尘粒带负电，尘粒会受到指向正极的电场力而向正极运动，从而被吸附到正极，被收集。

2. 改变空气内外循环方式净化车内空气

利用光电传感器测出空气中的污染程度，通过与设定值比较，自动控制新风门的开启，让烟气及受污染空气排出车外，达到净化车内空气的目的。

123

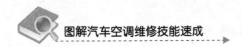

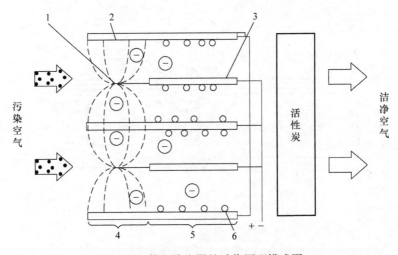

图 5-16 静电除尘器的动作原理模式图
1—放电极 2—正电极（接地电极） 3—负电极 4—电离部分 5—集尘部分 6—微粉尘

第6章
汽车空调的电气控制分析及常见故障

本章导读

面对各类汽车空调电路，初学者往往不知道如何着手。其实不管多复杂的汽车空调电路，都是由温度、速度、压力控制，以及除霜、加热、通风配气等控制电路组成。它们的最大差异是控制方式不同，有手动控制和自动控制之分。通过学习本章，可以掌握汽车空调电路分析的基本方法和常见故障的检修方法。

学习目标

1. 了解汽车空调电路图的种类。
2. 熟悉汽车电路的基本特点。
3. 熟悉汽车空调电路图识读的基本方法。
4. 能看懂轿车空调电路各功能单元回路的结构。
5. 会分析轿车空调电路的各功能单元的基本原理。
6. 了解自动空调控制电路的组成。
7. 理解自动空调控制电路的工作原理。
8. 能看懂自动空调电路图。
9. 会根据汽车空调维修手册检测自动空调电气器件的一般故障。

6.1 汽车手动空调电气控制系统

手动空调的电路相对而言较为简单，一般应用于货车、客车和中低级轿车上。

6.1.1 汽车空调电路图的种类和特点

1. 汽车空调电路图的种类

汽车空调电路图是将各汽车电气、电子设备用图形符号、线段（表示导线）按各自的工作特性及相互之间的联系连接在一起的关系图。其种类见表6-1。

表6-1　汽车空调电路图的种类

名称	主要作用	备注
原理图	反映电气系统各部件的连接关系和电路原理	表现形式有两种：一种是各子系统的电路原理图（一般为详图），另一种是整车电路原理图（一般为简图）
线路图（也称布线图）	能较完整地表述汽车电气和电子设备的相对位置	图上给出了电线的规格、尺寸、颜色、线段两端的接头形式、连接器的位置及电路的某些规定特征，从图中可以看出导线的走向、分支和接点等情况
线束图	用来表示线束的组成和导线的分布情况	用于制造线束和方便快捷地连接电气设备
接线图	是一种专门用于标记接线和连接器的实际位置、色码、线型等信息的指示图	用于检修时查找线束走向、线路故障以及线路复原时使用。其连接方式与线束图类似。接线图可以是整车的电路接线图，也可以是各子系统的电路接线图 接线图不便于进行电路原理分析

　　分析汽车电路要坚持以线路图为基础，以电路原理图为准则，以线束图为指导方法，将这三种方法有机地结合在一起，全方位地应用电路图，才能达到事半功倍的效果。

2. 汽车电路的基本特点和组成

汽车电路的基本特点和组成见表6-2。

表6-2　汽车电路的基本特点和组成

名称		说明
汽车电路的基本特点	双电源、低压直流	有蓄电池和发电机两个电源。蓄电池主要用于给起动机供电。发电机的作用是在发动机正常工作时向蓄电池充电和向用电设备供电。电车电源一般为12V和24V直流电压
	并联连接	汽车上所有的用电设备和控制系统均为并联连接，相互之间独立使用，互不影响
	单线制	在汽车上将蓄电池的一端（负极）与汽车车身的金属部分相连接，称为"接地"，形成一根公共导线，电气设备的一端通过导线与电源的正极相连，另一端接地，这样可简化线路。但一些灵敏度较高的电气设备也需双线连接，如电气控制系统传感器与ECU之间、发电机与调节器之间采用双线连接
	装有保护装置	为了防止电路或元器件因搭铁或短路而烧坏电线束和用电设备，各种类型的汽车上均安装有保护装置。这些保护装置有的串接在元器件（或零部件）回路中，也有的串接在支路中
	大电流开关通常采用中间继电器	汽车中大电流的用电器（如起动机、电喇叭等）工作时的电流很大（如通过起动机的电流一般约为100~200A），如果直接用开关控制它们的工作状态，往往会使控制开关过早损坏。因此，控制大电流用电设备的开关常采用中间继电器，即控制继电器线圈的小电流，由继电器闭合后的触点为用电设备提供大电流
	汽车电路上有颜色和编号特征	随着汽车用电设备的增加，导线数目也在不断增多，为便于识别和检修汽车电气设备，汽车电路中的低压线通常由不同的颜色组成，并在汽车电气线路图上用颜色的字母代号标注出
	布局基本相同	多数汽车的电气设备均按用途布置在相同或相近的位置，这样就形成了电气线路的走向和布局的共性
	汽车电气线路由单元电路组合而成	汽车电气线路尽管复杂，但都是由完成不同功能、相对独立的单元电路组成

（续）

名称		说明
汽车电路的组成（按照功能可分为几个单元）	电源电路	由蓄电池、发电机、调节器以及工作状况指示装置等组成一个回路。其作用是给全车电气设备供电以及给蓄电池充电
	起动电路	由起动开关、起动继电器、起动机和起动保护装置等组成
	点火电路	由点火开关、分电器、点火控制器、点火线圈、火花塞等组成。微电脑控制的点火系统可归入发动机微机控制系统
	仪表电路	由传感器、报警指示灯及控制器、指示仪表等组成
	辅助电路	由雨刮器/洗涤装置、除霜/防雾装置、音响装置、空调装置、电动门窗、自动座椅等组成
	照明与灯光电路	由前照灯、雾灯、转向灯、制动灯、倒车灯、示廓灯等组成
	空调控制系统	包含手动空调和自动空调的控制电路
	新型设备	如电气控制燃油喷射系统、电动自动变速器、ABS 防抱死系统、电动转向系统等也成为电气系统的组成部分

3. 汽车电路图识读的基本方法

汽车电路图识读的基本方法见表6-3。

表6-3　汽车电路图识读的基本方法

名称	内容	备注
基本知识	熟悉汽车电气和电子设备的结构、原理和电路符号（包括导线、接线端子与导线的连接、触点与开关、电气元件、仪表、传感器、电气设备和一些限定符号）的意义	这些必备的基本知识可为识图打好基础
先整体再局部	首先看全图，对汽车电路的整体有大致的了解，再根据汽车电路各部分的功能将电路分割成几个单元，再对各功能单元进行细致的识图研究。将各个功能单元电路看懂后，再综合起来看全图，就能对汽车电路有完整的认识	这种方法，可以化繁为简，降低识图难度
识图时充分利用回路原则	任何一个电路都应是一个完整的电气回路。其中包括电源、开关（或熔断器）、用电器（或电子线路）、导线和连接器等。识图时可按电流的流动方向（从电源正极经导线、开关（或熔断器）至用电器后搭铁，回到同一电源的负极）进行分析	一定要从电路组成的"三要素"（电源、中间环节、负载）的分析入手，准确分析任何一条（或一个系统）电路中这三要素之间的内在联系和组成，以实现电路原理图、线路图和线束图三者之间的相互转化，为检修电路提供方便
识图要注重节点	有些节点是多个电气设备或电路分支的公用部分，如点火开关、熔丝、电流表等。掌握了这个节点在电路中的作用，就可以将许多相关的电路有机地联系起来	
抓住"开关"和继电器的作用	开关是控制电路通断的关键，特别注意继电器不仅是控制开关也是被控制对象。注意电路中开关或继电器的状态	大多数电气或电子设备都是通过开关（包括电子开关）或继电器的不同状态而形成回路或改变回路来实现不同的功能的。要仔细分析其控制条件和控制回路
注意特定符号	所有汽车电路图均由线条、图形符号和文字符号来表示，它们遵循一定的规则和约定，但由于车型和厂家的不同，在图中采用了一些特定记号	学习和掌握汽车电路基本标注方法，有助于正确判断节点标记、线形（规格截面）、色码标志等代码信息

6.1.2 手动空调电气控制系统的分析

汽车空调电路的任务是对空调各部件的工况进行调节和控制。某普通轿车的手动空调电路图如图6-1所示。

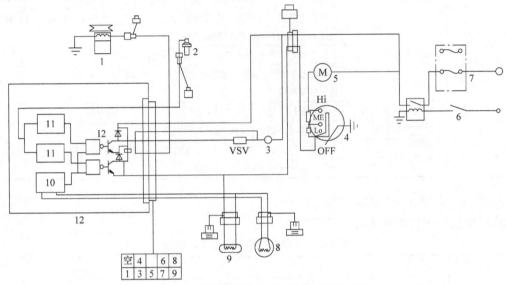

图6-1 典型普通轿车空调电路图

1—压缩机和电磁离合器 2—点火线圈 3—压力开关
4—鼓风机电动机开关〔高（Hi）、中（ME）、低（Lo）、关（OFF）〕 5—鼓风机电动机 6—点火开关
7—熔断器 8—温度调节旋钮 9—热敏电阻 10—温度检测电路 11—发动机转速检测电路 12—放大器

1. 电源的控制

这部分包括了蓄电池、点火开关、熔丝继电器以及鼓风机电动机开关、鼓风机电动机、电磁离合器等。当点火开关接通，只需鼓风机电动机开关闭合（在Hi、ME、Lo三档中之任一档时）空调电路便开始正常工作，此时，电磁离合器吸合，使压缩机运转，从而制冷系统进行循环，开始制冷。由于鼓风机电动机的运转，被蒸发器制冷的空气也被送入车厢内。

2. 空调安全保护控制电路

这是制冷系统正常安全运行的必备电路。因为当制冷系统由于某种原因而导致压力升高时，如果没有保护装置，将会引起制冷系统的运行事故。这时，采用压力开关将系统断开，使压缩机停止运行，从而保护了压缩机和制冷系统。

在压力开关中，一般采用将此高压导入开关内让开关的触点在机械力的作用下强行分离，从而切断了开关回路，电磁离合器分离，使压缩机停止运行，详见第2章。

3. 电磁离合器控制

根据有无继电器，压缩机的控制方式可分为直接控制和继电器控制两种类型。

直接控制方式中，开关安装于电源与压缩机离合器之间，直接控制电源的通断。当开关闭合时，大电流经开关至压缩机离合器，但由于大电流流经开关触点，因此容易烧蚀触点。继电器控制方式中，开关安装于压缩机继电器线圈的电路中，通过控制压缩机继电器控制压缩机离合器。由于小电流流经开关触点，因此有效地防止了触点烧蚀，目前大多数轿车采用继电器控制方式。

下面首先介绍继电器的工作原理，再介绍电磁离合器的控制方式。

（1）继电器的工作原理

如图 6-2 所示，继电器有一个线圈（1、3 之间）、一对常开触点（2、5）和一对常闭触点（2、4）。当线圈的两个端子（图中 1、3）之间没有加上电压时，常开触点处于断开状态，常闭触点处于闭合状态。当线圈两端加上额定电压时，线圈中有电流流过，产生吸引力，使衔铁发生动作，导致常开触点（2、5）闭合，常闭触点（2、4）断开。

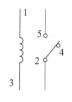

图 6-2　继电器各引脚间的关系

（2）开关控制电磁离合器

如图 6-3 所示，当空调开关 1（A/C 开关）、环境温度开关 2、恒温器开关 3、压力开关 4 闭合时，压缩机继电器 5 通电，压缩机电磁离合器的线圈 6 通电，压缩机运转。

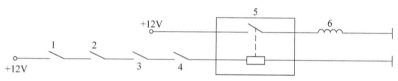

图 6-3　开关控制压缩机

1—空调开关　2—环境温度开关　3—恒温器开关　4—压力开关　5—压缩机继电器　6—压缩机电磁离合器的线圈

（3）空调控制器控制电磁离合器

空调控制器又称为空调放大器，如图 6-4 所示。它的作用是根据从各传感器和开关输入的信号所进行的计算来控制空调的运行。空调控制器包括自诊断功能，可以快速执行手动空调系统的诊断。

对压缩机的控制过程是，空调控制器对收到的各种开关和传感器信号进行分析计算后，输出信号使控制压缩机的电磁继电器吸合，压缩机电磁离合器线圈得到供电，压缩机运转，如图 6-5 所示。

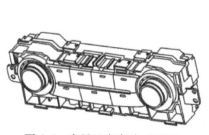

图 6-4　东风日产奇骏（2017）手动空调控制器

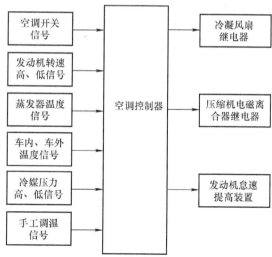

图 6-5　空调控制器控制压缩机等器件

4. 鼓风机控制

要使车内有一个舒适的环境，除了要控制送风温度外，还应根据环境变化和乘员的不同需要，控制鼓风机电动机的转速，从而控制送风速度。一般通过改变加在电动机上的电压来实现。

鼓风机电动机大多采用电刷式直流电动机，其结构如图6-6所示。其定子是永久磁铁，转子上嵌有若干绕组，绕组的引出线焊接在整流器（换向片）上，电流流经电刷、换向片、绕组、地形成通路时，转子就会旋转。

根据控制方法的不同可分为三种形式：由鼓风机开关和调速电阻联合控制、电气控制模块通过大功率晶体管控制及晶体管与调速电阻组合型控制，见表6-4。

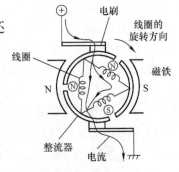

图 6-6　电刷式直流电动机示意图

表 6-4　汽车空调鼓风机的控制方式

名称	图示	说明
由鼓风机开关和调速电阻联合控制	a) 原理图 1—风机开关　2—调速电阻　3—限温开关　4—风机 b) 结构示意图　　c) 实物示意图	风机的控制档位一般有二、三、四、五速四种，最常见的是四速，通过改变风机开关与调速电阻的接通方式可令风机以不同转速工作。风机开关处于 I 位置时，至电动机的电流须经过三个电阻，风机低速运行，开关调至 II 位置，至电动机的电流须经两个电阻，风机按中低速运转，开关拨至 III 位置时，至电动机的电流只经过一个电阻，风机按中高速运转，选定 IV 位置时，线路中不串任何电阻，加至电动机的是电源电压，风机以最高速运转

（续）

名称	图示	说明
电气控制模块通过大功率晶体管控制	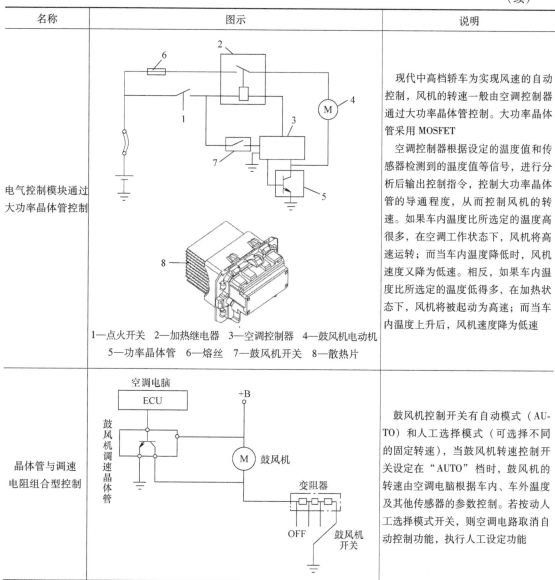1—点火开关　2—加热继电器　3—空调控制器　4—鼓风机电动机 5—功率晶体管　6—熔丝　7—鼓风机开关　8—散热片	现代中高档轿车为实现风速的自动控制，风机的转速一般由空调控制器通过大功率晶体管控制。大功率晶体管采用 MOSFET 　　空调控制器根据设定的温度值和传感器检测到的温度值等信号，进行分析后输出控制指令，控制大功率晶体管的导通程度，从而控制风机的转速。如果车内温度比所选定的温度高很多，在空调工作状态下，风机将高速运转；而当车内温度降低时，风机速度又降为低速。相反，如果车内温度比所选定的温度低得多，在加热状态下，风机将被起动为高速；而当车内温度上升后，风机速度降为低速
晶体管与调速电阻组合型控制		鼓风机控制开关有自动模式（AUTO）和人工选择模式（可选择不同的固定转速），当鼓风机转速控制开关设定在"AUTO"档时，鼓风机的转速由空调电脑根据车内、车外温度及其他传感器的参数控制。若按动人工选择模式开关，则空调电路取消自动控制功能，执行人工设定功能

5. ECU 和 ECM

（1）概念

ECU 是电子控制单元，又称作"行车电脑"或者"车载电脑"等，从用途上讲则是汽车专用微机控制器。

ECM 是汽车发动机控制模块，是发动机控制的核心部件，根据各传感器的输入信息，控制发动机的燃油喷射和点火时刻，并为其他输出装置提供最佳的控制指令。

（2）结构功能

ECU 和普通的电脑一样，由微处理器（CPU）、存储器（ROM、RAM）、输入/输出（I/O）接口、模数（A/D）转换器以及整形、驱动等大规模集成电路组成。用一句简单的话

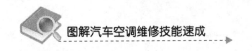

来形容就是"ECU 就是汽车的大脑"。

ECM 在发动机舱内，是发动机控制系统的控制中心。ECM 控制下列部件：燃油喷射系统、点火系统、排放控制系统、车载诊断系统、空调和风扇系统、节气门执行器控制（TAC）系统。

6. 温度和速度控制电路分析

速度控制电路的作用是发动机在低速运转时，自动切断空调设备，防止发动机熄火和过热。温度控制电路是根据设定的温度来控制空调系统的运行，其原理图如图 6-7 所示。

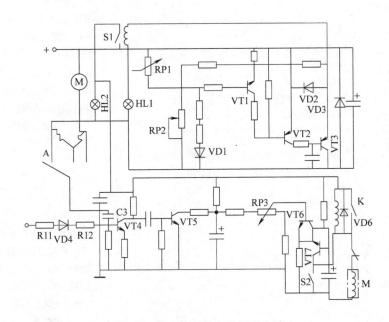

图 6-7　速度控制及电子恒温电路

当鼓风机、冷气开关和调速电阻 A 开关接通后，温度控制电路便处于工作状态，VT3 导通，继电器 S1 接通，指示灯 HL2 接通，速度控制电路进入准备工作状态，当发动机处于工作转速以上（四缸机为 800～1500r/min，六缸机为 530～1000r/min）时，速度控制电路开始运行。其工作过程为：当 VT7 导通，继电器 K 接通，压缩机离合器线圈 M 得电，整个空调制冷系统运行。

6.1.3　汽车空调整体控制系统的分析

1. 非电脑控制的手动空调工作过程分析

在对单元功能电路进行分析的基础上，再对空调控制电路进行整体分析，可以完整地、系统地掌握空调控制系统的工作原理。下面以市场上很常见的上海桑塔纳轿车空调电路为例进行分析。该车型电路如图 6-8 所示。其工作原理见表 6-5。

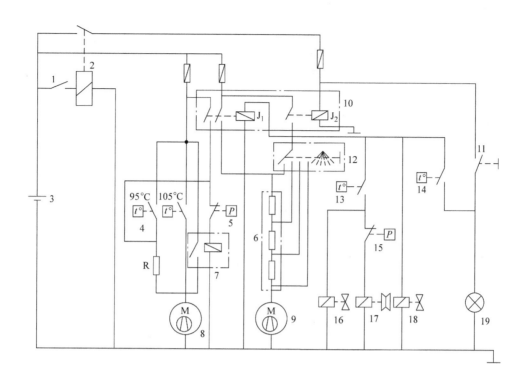

图 6-8　上海桑塔纳轿车空调控制电路

1—点火开关　2—减负荷继电器　3—蓄电池　4—冷却液温控开关　5—高压保护开关　6—鼓风机调速电阻
7—冷却风扇继电器　8—冷却风扇电动机　9—鼓风机　10—空调继电器　11—空调开关　12—鼓风机开关
13—蒸发器温控开关　14—环境温度开关　15—低压保护开关　16—怠速提升真空转换阀
17—电磁离合器　18—新鲜空气翻板电磁阀　19—空调开关指示灯

2. 电脑控制的手动空调工作过程分析（以日产奇骏为例）

东风日产奇骏（2017）手动空调的电气控制系统的结构和控制流程如图 6-9 所示，电路图如图 6-10 所示。

表 6-5　上海桑塔纳轿车手动空调控制电路工作原理

名称	内容	备注
点火开关 1 的位置	处于断开位置（OFF 处）时，减负荷继电器 2 的线圈电路被切断，触点张开，空调系统不工作	
	处于起动位置（ST 处）时，减负荷继电器 2 的线圈电路被切断，触点张开，空调系统不工作，以保证发动机起动时，蓄电池提供足够的电能	
	处于接通位置（ON 处）时，减负荷继电器 2 的线圈电路接通，触点闭合，空调继电器中的线圈 J_2 得到额定电压，接通鼓风机电路，此时可由鼓风机开关进行调速，使鼓风机按所需的转速运转，进行强制通风、换气或送出暖风	

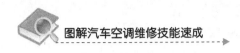

（续）

名称	内容	备注
空调的工作过程：电源经空调开关 A/C、环境温度开关可接通这些电路	① 新鲜空气翻板电磁阀电路接通，该阀动作，接通新鲜空气翻板电磁阀的真空通路，使新鲜空气进口关闭，制冷系统处于内循环工作状态	当外界温度高于10℃，空调才能开启。当需要制冷时，接通空调开关 A/C，空调 A/C 指示灯亮
	② 经蒸发器温控开关、低压保护开关对电磁离合器线圈供电，同时电源还经蒸发器温控开关接通怠速提升真空转换阀，提高发动机转速，以满足空调的动力需求	
	③ 对空调继电器中的线圈 J_1 供电，使其两对触点闭合，其中一对触点接通鼓风机电路，使鼓风机低速运转，可防止蒸发器表面温度过低而结冰。另一对触点接通冷凝器冷却风扇继电器线圈的电路	
空调的工作过程：高压、低压保护开关的工作原理	高压保护开关串联在冷却风扇继电器和空调继电器 J_1 的一对触点之间，当制冷系统高压值正常时，触点张开，将电阻 R 串联接入冷却风扇电动机电路中，使风扇电动机低速运转。当制冷系统高压超过规定值时，高压保护开关触点闭合，接通冷却风扇继电器线圈电路，冷却风扇继电器触点闭合，将电阻 R 短路，使风扇电动机高速运转，可增强冷凝器的冷却能力同时冷却风扇电动机还直接受发动机冷却液温控开关的控制，当不开空调开关 A/C 时，若发动机冷却液温度低于95℃，风扇电动机不转，高于95℃时，冷却风扇电动机低速转动。当冷却液温度达到105℃时，则风扇电动机高速转动	
	低压保护开关串联在蒸发器温控开关和电磁离合器之间，当制冷系统因缺少制冷剂导致制冷系统压力过低时，开关断开，使压缩机停止运行	

工作过程如下：

（1）进气传感器

进气传感器测量蒸发器散热片温度，测量结果传送到空调控制器。该传感器利用了一个对温度变化敏感的热敏电阻。该热敏电阻的电阻值会随温度的升高而变小，如图6-11所示。

（2）环境温度传感器

环境温度传感器一般装在前保险杠的固定支架上，用于测量车外环境空气温度。该传感器也是一个对温度变化敏感的热敏电阻。该热敏电阻的电阻值会随温度的升高而变小，如图6-12所示。

（3）输入值的校正

1）环境温度校正。空调放大器校正环境温度传感器测得的温度以进行空调控制。当将点火开关从 OFF 切换到 ON 时，空调放大器根据发动机冷却液温度，选择并使用环境温度数据的初始值。在发动机冷却液温度很低（约56℃或以下）时，使用环境温度传感器的检测温度。在发动机暖机（约56℃或以上）时，使用存储数据（在将点火开关切换至 OFF 前）。当检测到环境温度低于大约 −20℃时，不校正环境温度。

2）进气温度校正。空调放大器输入进气传感器检测到的温度，并以此作为进气温度（蒸发器温度）。空调放大器校正进气传感器测得的温度以进行空调控制。空调放大器执行校正，以使识别的进气温度随检测的进气温度与识别的进气温度之间的差异而变化。差别越大，变化越早。差别缩小，变化便缓慢。

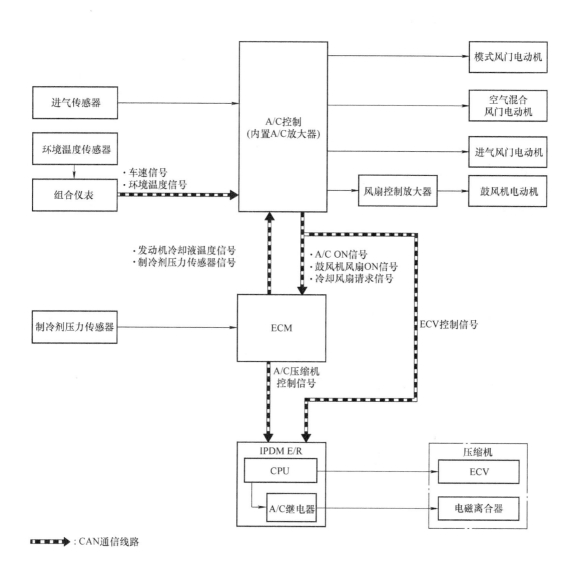

图 6-9　东风日产奇骏（2017）手动空调控制系统框图

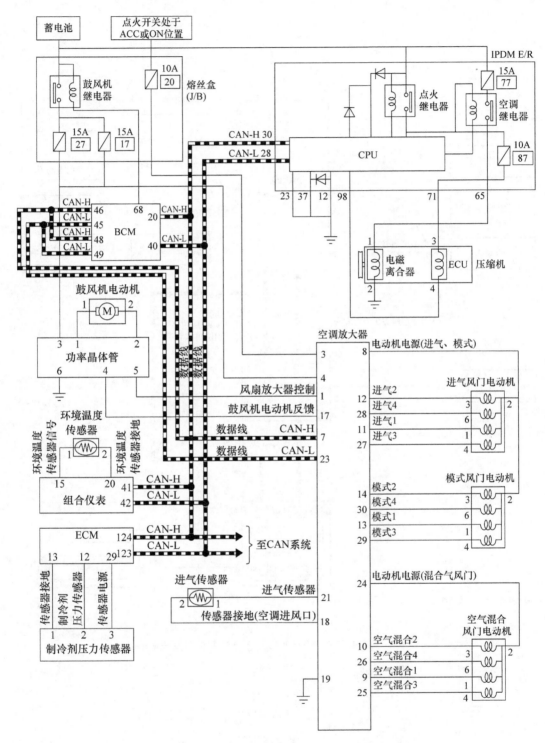

图6-10 东风日产奇骏（2017）手动空调电路图

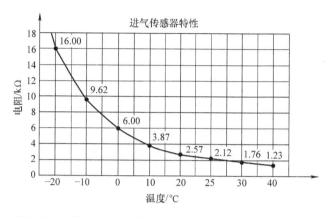

图 6-11　东风日产奇骏（2017）手动空调进气传感器的电阻与温度的关系曲线

（4）空气混合风门的控制

空气混合风门采用了步进电动机进行控制。当从空调放大器向风门电动机输入驱动信号时，内置在风门内的步进电动机根据驱动信号转动，然后停在目标门位置处。电动机的旋转驱动空气混合风门的转动，用来调节气流温度。空气混合风门电动机驱动电路如图 6-13 所示。从空调放大器输出的驱动信号（脉冲）如图 6-14 所示。依次激励 4 个驱动线圈以驱动电动机。

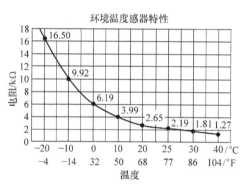

图 6-12　东风日产奇骏（2017）手动空调环境
温度传感器的电阻与温度的关系曲线

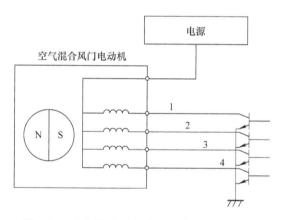

图 6-13　空气混合风门步进电动机的驱动电路

（5）进气口控制

进气风门电动机采用了步进电动机系统。

控制方式与空气混合风门步进电动机的控制一样。当从空调放大器向风门电动机输入驱动信号时，内置在风门内的步进电动机根据驱动信号转动，然后停在目标门位置处。

空调放大器控制进气风门电动机并对进气口进行切换，具体如下：

1）当压缩机被低温保护控制所停止时，将进气口设定为吸入新鲜空气。

2）当满足下列条件时，空调放大器控制进气至 20% 时关闭进气口，进行内循环（注意，当高水温控制生效时，该情况不会发生）。此时，进气开关指示灯转至 OFF。

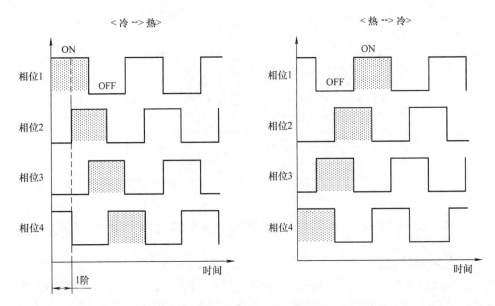

图 6-14　空气混合风门步进电动机的驱动信号

① 风扇控制旋钮：21～24 档 。

② 温度控制旋钮：强热。

③ 出风口模式：DEF（除霜）。

（6）模式风门电动机说明

模式风门电动机采用了步进电动机系统，控制方式与空气混合风门步进电动机的控制一样。

当从空调放大器向风门电动机输入驱动信号时，内置在风门内的步进电动机根据驱动信号转动，然后停在目标位置处。

对于东风日产奇骏（2017），连接杆、杆件和控制杆将电动机的旋转传递到模式风门上（中央通风口风门、侧通风口风门、后通风口风门、脚部风门和除霜器风门），用来切换出风口。

（7）压缩机控制说明

当满足压缩机起动条件，同时鼓风机电动机起动时，空调放大器将空调 ON 信号和鼓风机风扇 ON 信号发送至 ECM。

ECM 判断各传感器的状态（制冷剂压力传感器信号、加速器位置信号等），并通过 CAN 通信线路将空调压缩机请求信号发送至 IPDM E/R 模块（注：继电器在该模块内部）。

从 ECM 中接收到空调压缩机请求信号后，IPDM E/R 开启空调继电器并起动压缩机。

6.1.4　手动空调电路的常见故障及排除

手动空调电路的常见故障有接触不良（如插接件松动、焊点脱焊、断线、开关接触不良等）以及电气元器件损坏（如开关、继电器、熔断器等）。检测方法有测电压法、测电阻法、代换法等。

1. 测电压法

用万用表的电压档可测量元器件的供电电压的有、无及是否正常。如果电压为 0 或者不正常，就应该首先检查供电电路。如果电压正常，则应检查相应元器件。

2. 测电阻法

用万用表电阻档可以检测元器件的电阻值，并与正常值相比较来判断元器件是否正常，也可用电阻档测量各接头、开关、插接件是否接触良好（电阻为 0 说明接触良好，为 ∞ 说明处于断开状态）。

3. 代换法

对于拆装操作较为方便的元器件，可用新件代换掉疑似可能损坏的元器件，如果故障排除，则被换下的元器件损坏。该方法简单、实用。

6.1.5　手动空调部分部件的拆装和检测

1. 继电器、熔断器的拆装和检测

继电器和熔断器是电气元器件的易损件之一，损坏后会导致被控制的部件（如压缩机离合器线圈、鼓风机等）不能工作。继电器的拆装可参考以下方法。

（1）了解安装位置

在不同的汽车上熔断器和继电器安装的位置不完全一样，一般都安装在发动机舱内和驾驶舱前部的电气盒内，打开盒盖，就能看见继电器和熔断器，如图 6-15 所示。

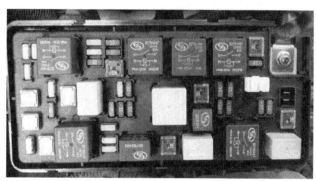

a) 电气盒

b) 继电器

c) 熔断器

图 6-15　上汽通用别克凯越的继电器和熔断器

（2）继电器的拆装

可从图 6-15 所示的电气盒中直接向上拔出继电器，安装时可直接插入，如图 6-16 所示。

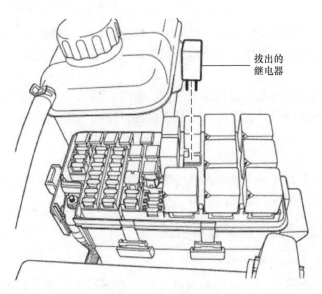

图 6-16　继电器的拆装

（3）继电器的检查

以图 6-17 所示的继电器为例进行介绍，检测方法如下：

1）用万用表检查线圈两端子①、②之间的电阻，若阻值为∞，则线圈有断路。若阻值较小，为 0 或接近于 0，则线圈短路，应更换继电器。

2）用万用表检测常开触点⑥、⑦之间的电阻，并检查常开触点⑤、③之间的电阻，若阻值为∞，说明处于断开状态，为正常。否则，若测得的阻值为 0，说明触点粘连，需要更换继电器。

3）在接线端①、②之间加额定电压（12V），检查⑥、⑦之间的电阻，以及⑤、③之间的电阻，若为 0，说明常开触点变为闭合，为正常。

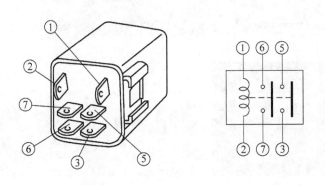

图 6-17　汽车继电器（示例）

2. 手动空调其他电气部件的拆装

不同车型的部件安装位置和安装方式有差异，详见相关的维修手册。

6.2　汽车自动空调电气控制系统

汽车自动空调的操作简单，可以给车内提供洁净、舒适的环境，常配备在中、高档车辆上。它的电气控制部分要比手动空调复杂，故障的检测方法也有很多不同之处。

6.2.1　长城哈弗 H6 自动空调电气控制系统

1. 长城哈弗 H6 自动空调电气控制系统的结构

汽车自动空调的结构如图 6-18 所示。自动空调系统在普通（手动）空调系统的基础上，采用了各种传感器、空调 ECU、功能执行器、控制模块等执行机构。

自动空调可以分为半自动空调和全自动空调两种，两者的主要差别在于是否有自诊断功能。全自动空调系统具有监控系统，监控系统的随机存储器（RAM）能存储故障的诊断码（故障代码）。故障代码可以为检修提供指导。其次的差别是所用的执行机构的形式和传感器数量。

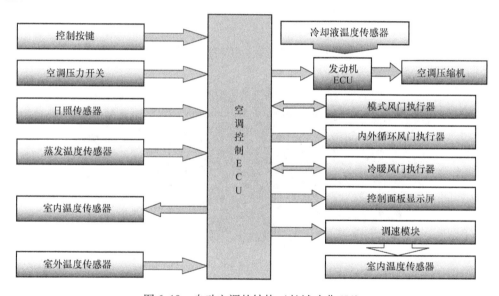

图 6-18　自动空调的结构（长城哈弗 H6）

2. 长城哈弗 H6 自动空调电气控制系统的原理

驾驶员通过操作控制器总成上的按键，可以选择空调是工作在自动模式还是手动模式。若选择自动模式，预先设定温度，空调控制器根据传感器检测到车内、外的温度，指挥空调各部件工作，自动在设定的温度范围内运行。自动空调典型的控制电路原理图（长城哈弗 H6）如图 6-19 所示。下面结合该图详细介绍其主要功能的控制原理。

（1）系统的自动控温原理

控制面板上电后，按动自动面板"AUTO"按键（见图 6-20），空调 ECU 进入自动控制状态。这时，压缩机、鼓风机、冷暖执行器、模式执行器及内/外循环执行器的运行状态均处于自动控制状态。

空调 ECU 通过采集所有的传感器（AMB（外温）、INCAR（内温）、SUN（日照）、

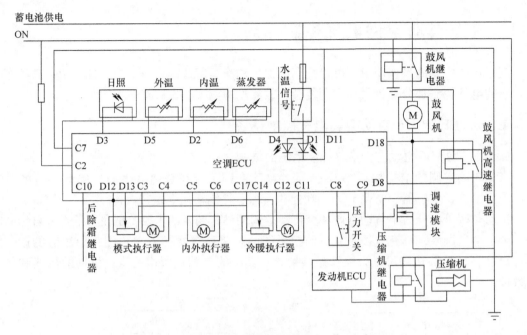

图 6-19　自动空调典型控制电路图（长城哈弗 H6）

图 6-20　自动空调控制面板（长城哈弗 H6）

EVAP（蒸发器）、WATER（水温））的温度，结合用户的设定温度，计算出当前的热当量（TD），由 TD 决定当前是制冷还是加热。

TD 为 0 时，表示车内热平衡；TD 为正数时，表示车内热过剩；TD 为负数时，表示车内热不足。

（2）压缩机起动和停止

需要制冷时，空调 ECU 的 C8 端子输出控制信号（压力开关处于闭合状态）传给发动机 ECU，发动机 ECU 输出控制电平，使压缩机继电器线圈得电，压缩机的常开触点变为闭合，压缩机运转，进行制冷。需要停止制冷时，空调 ECU 的 C8 端子输出控制信号传给发动机 ECU，发动机 ECU 输出控制电平，使压缩机继电器线圈失电，压缩机的常开触点变为断开，压缩机停转。

在自动模式下，手动调节了模式、风量或循环后，退出自动模式，之后再按 A/C 按键仅作为开关压缩机的功能。

（3）鼓风机控制

鼓风机自动控制，空调控制器由 TD 的值来调节鼓风机风量。为了提高舒适度，设定了冬天制热起动鼓风机和夏天制冷起动鼓风机的控制逻辑程序。

1）冬天制热起动条件

车外温度小于 20℃，水温小于 40℃，车内热当量小于 4（即车内比较冷），同时风量控制为自动状态。

起动时有这些功能：①若模式为自动控制，则将模式调为前除霜状态。②若内/外循环为自动控制，循环将调为外循环状态。③若风量为自动控制，风量将调为一档风速。退出条件：风量控制不为自动状态或者水温大于 55℃。

2）夏季制冷起动条件

车外温度大于 30℃，热当量大于 5（即车内比较热），同时风量控制为自动状态。

起动时有这些功能：①若模式为自动控制，模式将调为前除霜状态。②若内/外循环为自动控制，循环将调为外循环状态。③若风量为自动控制，风量将调为一档风速。退出条件：风量控制不为自动状态或者热当量小于 5。

3）鼓风机电气控制

开启空调系统后，短按"风量减或加"按键，空调 ECU 控制调速模块，逐级改变风机得到的电压（见表6-6），使风机转速、风量逐级减一档或增一档。最小为 1 档风量，最大为 8 档风量。

在控制面板处于 OFF 状态下操作"风量减"按键无效，但是操作"风量加"按键，控制面板将开机。此时系统将恢复到关机前的状态。

表6-6 鼓风机各级风速与电压的关系

等级	OFF	1	2	3	4	5	6	7	8
电压/V	0	4.5	5.5	6.5	7.5	8.5	9.5	10.5	12

6.2.2 自动空调电气控制系统的主要组成

自动空调系统由制冷系统、暖风系统、送风系统、电子控制系统等组成。其中制冷系统（压缩机、冷凝器、蒸发器等）、暖风系统（热交换器、水阀等）、送风系统（风机、风道、吸入与吹出风门等）与手动空调相同。电气控制系统包括传感器、空调 ECU、执行元件等。

1. 空调 ECU

（1）作用

自动空调利用传感器随时检测车内温度及车外环境温度的变化，并把检测到的信号输送给空调 ECU，ECU 则按预先编制的程序对信号进行处理，并通过伺服电动机等执行元件，不断地对风机转速、出风温度、送风模式及压缩机、暖风系统工作情况等进行调节，从而使车内空气温度及流动状况始终保持在驾驶员设定的水平上。自动空调系统还具备自诊断功能，以利于对电气控制元件及线路故障的检测。

空调 ECU 具有记忆功能。关机前系统自动记忆系统设置状态，在下次开启系统时自动进入上次系统设置状态。

下面以长城哈弗 H6 为例介绍空调 ECU。其他车型可以参考，并查阅维修手册。

（2）安装位置

大部分汽车空调 ECU 都是与空调控制开关为一体的。嵌入在仪表盘中，如图 6-21 所示。

（3）针脚定义

长城哈弗 H6 空调控制器后端有两组接线（即 C 端子和 D 端子），如图 6-22 所示。各端子的针脚定义及正常电压见表 6-7。当出现故障后，通过检测各端子的电压，就能判断相应的故障范围。

图 6-21　空调控制器安装位置（长城哈弗 H6）

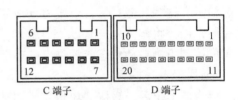

C 端子　　　　　　　D 端子

图 6-22　长城哈弗 H6 空调控制器的接线端子

表 6-7　长城哈弗 H6 空调控制器的接线端子针脚定义

C 端子针脚定义			D 端子针脚定义		
针脚号	功能	电压/V	针脚号	功能	电压/V
1	副驾驶安全带报警		1	背景灯 +	12
2	ACC 供电	12	2	室内温度传感器供电	5
3	模式电动机 +	12 或 0	3	日照传感器供电	5
4	模式电动机 −	12 或 0	4	水温信号	
5	内/外循环电动机 +	12 或 0	5	室外温度传感器供电	5
6	内/外循环电动机 −	12 或 0	6	蒸发箱温度传感器供电	5
7	接地（搭铁）	0	7	气囊故障指示灯	
8	压缩机申请		8	鼓风机高速继电器	0 或悬空
9	调速控制端		11	背景灯 −	0
10	后除霜申请		12	传感器搭铁	0
11	冷暖执行器电动机 +	12 或 0	13	模式反馈信号	5
12	冷暖执行器电动机 −	12 或 0	14	位置反馈信号	5
			17	位置传感器供电	5
			18	风机电压反馈	0 ~ 12

2. 自动空调的输入元件

（1）车内温度传感器

1）作用。感受车内及车外温度。当温度变化时，阻值改变，向空调 ECU 输送车内温度的电信号，空调 ECU 调节出风口空气的温度和风量，以及模式门的位置、进气门的位置。

2）安装位置。通常安装在仪表台后面的吸气装置内，如图 6-23 所示。

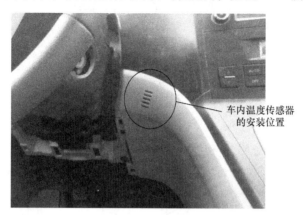

图 6-23　车内温度传感器的安装位置

3）车内温度传感器的特性。为负温度系数热敏电阻，温度越高，阻值越小，温度越低，阻值越高，如图 6-24 所示。

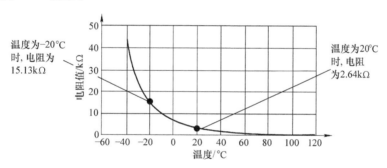

图 6-24　车内温度传感器的电阻－温度特性曲线

该传感器出现故障时，系统默认车内温度为 25℃。

4）检测方法。拔下传感器插头，拆下传感器，测量插座线束各端子的电压，能测量到 5V 的直流电压为正常。如果没有，则可判断为线束不良或空调控制器不良。然后检测传感器的 1、2 端子的阻值，应符合其电阻－温度特性曲线所示的数据。若为零或无穷大，则分别对应为短路和断路。

（2）车外温度传感器

车外温度传感器也称环境温度传感器、外界空气温度传感器、大气温度传感器。车外温度传感器能影响出风口空气的温度、出风口风量、模式门的位置、进气门的位置。压缩机的能否起动也受该传感器的影响。

安装位置：车外温度传感器一般都安装在前防撞梁内或冷却液散热器之前，如图 6-25 所示。它易受到环境影响，所以包在一个注塑树脂壳内，以免对温度的突然变化做出反应。

该传感器的电阻－温度特性和检测方法与车内温度传感器相同。

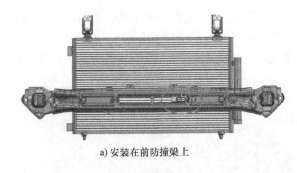

a) 安装在前防撞梁上

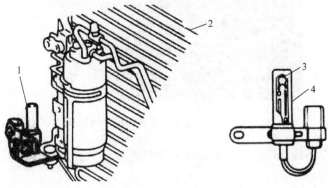

b) 安装在冷却液散热器之前

图 6-25　车外温度传感器的安装位置
1—车外温度传感器　2—冷凝器　3—热敏电阻　4—树脂壳

（3）蒸发器温度传感器

蒸发器温度传感器用来测量蒸发器表面温度，校正混合门位置，控制压缩机，在蒸发器表面温度低于一定值时，使压缩机不工作，防止蒸发器表面结霜。

安装位置：蒸发器的热敏电阻一般安装在蒸发器传热片上，有的安装在蒸发器出风口位置，用来测量蒸发器出来的空气温度。其电阻－温度特性如图 6-26 所示。

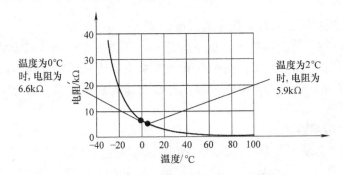

图 6-26　蒸发器温度传感器的温度－电阻特性曲线

蒸发器温度传感器控制制冷系统 0℃ 停机，2℃ 以上才能工作。

注意：有些车型有两个蒸发器温度传感器，其中一个用来校正混合门位置，另一个用来防止蒸发器结霜。有些自动空调没有设置蒸发器温度传感器（如通过控制蒸发压力来控制温度的制冷系统）。

检测方法：与车内温度传感器相同。

（4）水温传感器

作用有：①用于测量热交换器芯温度，校正混合门的位置。②防止在发动机高温时压缩机工作。③在水温过低时，系统会起动风机的预热控制。也就是在水温过低，且在取暖工况下，为了防止吹出的风是冷风，当水温低于系统设定温度时，风机会低速工作或不工作。有些车型采用发动机水温传感器代替。

（5）日照传感器

1）作用。日照传感器是一个光电二极管，利用光电效应，把日光照射量转换为电流值信号并输送给空调 ECU，用来调整空调吹出的风量与温度。

2）安装位置。它一般安装在阳光变化最明显的仪表台的上面，靠近前风窗玻璃的底部，如图 6-27 所示。

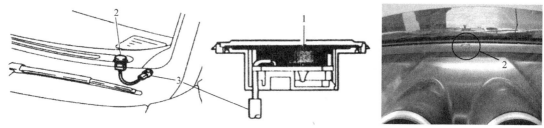

图 6-27　日照传感器

1—光电二极管　2—日照传感器　3—日照传感器的线束

3）特性。日照传感器的输出电压 – 光照度特性如图 6-28 所示。

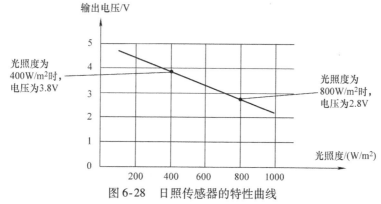

图 6-28　日照传感器的特性曲线

4）检测方法：拆下插头，测量插座线束端，能测量到 5V 的直流电压为正常。如果没有，则可判断为线束不良或空调控制器不良。

在测量电阻时，强光下电阻约为 4kΩ，用布遮住日照传感器，电阻为无穷小；在测量电压时，强光下电压小于 1V，用布遮住日照传感器，电压大于 4V 为正常。

3. 执行元件

自动空调的执行元件一般为伺服电动机。

（1）伺服电动机的种类

147

1）按用途的不同伺服电动机有以下几类：

① 进气控制伺服电动机：进气控制伺服电动机控制进气方式，电动机的转子经连杆与进气风门相连。

② 空气混合伺服电动机：由空调 ECU 控制，改变空气混合风门的开启角度，从而改变冷、暖空气的混合比例。

③ 出风模式控制伺服电动机：也叫气流方式控制伺服电动机。由空调 ECU 控制，将送风控制风门转到相应位置，打开某个送风通道。

当按下"自动控制"键时，空调 ECU 根据计算结果（送风温度），在吹脸、吹脸脚和吹脚三者之间自动改变送风方式。

④ 最冷控制伺服电动机：风门有全开、中开和全闭三个位置。空调 ECU 控制最冷控制风门位于相应的位置上。

2）伺服电动机根据控制方式的不同有以下几类：

① 直流电动机 + 位置传感器：这种控制形式主要用在福特、丰田、本田、三菱、早期日产等车型上。

② 步进电动机：步进电动机具有自定位的功能，这种形式的空气混合伺服电动机没有位置传感器，如宝马、凌志等车型。

电动机内含微芯片，通过数据总线与空调控制器通信。这种形式在新款车型上普遍采用，如风度、奔驰等

电动机内含微芯片，但不是通过数据总线与空调控制器通信。这种形式的伺服电动机主要用在通用车系上。

（2）典型的自动空调执行器

下面以长城哈弗 H6 为例介绍其典型的执行器——冷暖风门执行器，其他的执行器与此基本相同。

1）功能。调整温度风门位置，改变出风口温度。

2）安装位置。安装在左侧暖通空调，拆下方向盘下护板即可看到。

3）结构特点。主要由电动机、齿轮组和滑动电阻构成，如图 6-29 所示。

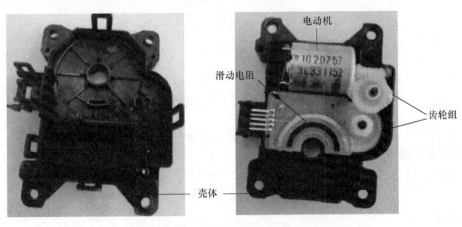

图 6-29　冷暖风门执行器的结构

4）工作原理。冷暖风门执行器的端子及端子的含义如图6-30所示。

冷暖风门执行器的工作原理如图6-31所示。空调 ECU 控制冷暖风门执行器内微电动机动作，电动机驱动风门运转，同时也带动位置传感器的簧片，这样就改变滑动电阻的阻值，滑动电阻输出的电压就发生了改变，该变化的电压传到空调 ECU，从空调 ECU 就知道了风门的位置。

5）检测方法：在正常情况下，测量2、1脚之间的电压，应为5V，测量3、1脚之间的电压，随着电动机转动，应在0～5V之间变化。

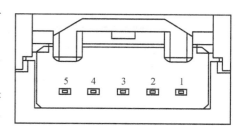

图6-30 冷暖风门执行器的端子
1—位置传感器接地 2—位置传感器电源（5V）
3—位置反馈信号 4—电机驱动＋（可变极性）
5—电机驱动－（可变极性）

冷暖执行器内微电动机检测方法是，给执行器4、5脚之间加12V直流电压，风门应能转动，改变极性，风门转动方向应相反。

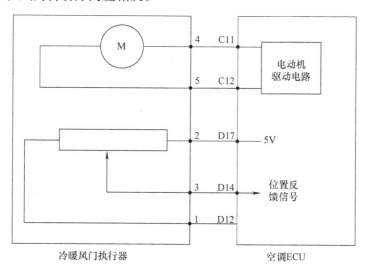

图6-31 冷暖风门执行器的工作原理

6.2.3 东风日产奇骏自动空调电气控制系统

1. 结构和电路图

东风日产奇骏（2017）自动空调电气控制系统的结构与长城哈弗 H6 相似，但要略微复杂一些，如图6-32所示。电路原理图如图6-33所示。

2. 部分功能分析

自动空调系统由空调自动放大器、ECM 和 IPDM E/R 等功能模块进行控制。

（1）输入值的校正

进气温度、环境温度等的校正与前面介绍的手动空调基本相同。

1）日照量的校正：空调自动放大器输入日照传感器检测到的日照量。空调自动放大器校正日照传感器测得的日照量以进行空调控制。

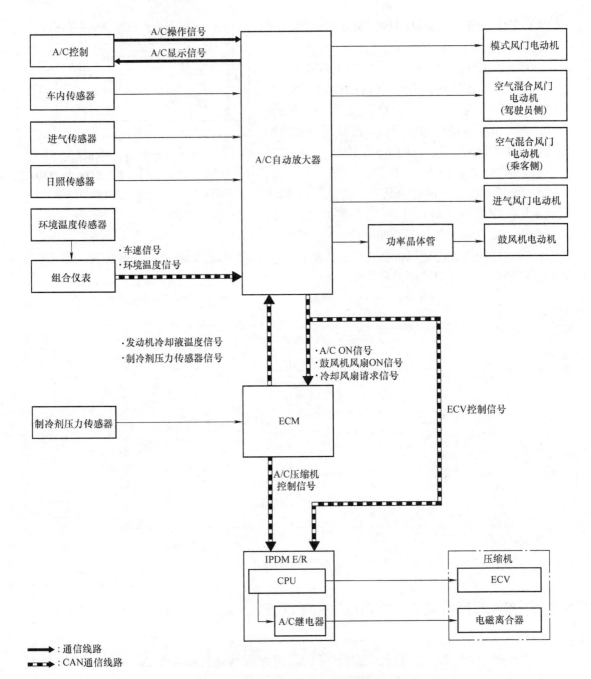

图 6-32 东风日产奇骏（2017）自动空调电气控制系统的结构

当日照量突然变化时（如进入隧道），执行校正以使空调自动放大器识别的日照量缓慢变化。

2）设定温度的校正：根据由环境传感器检查的环境温度，空调自动放大器校正通过温度控制开关设定的目标温度，以得到最适宜的车内空气温度。

（2）压缩机控制

1）控制过程。当满足压缩机起动条件，同时鼓风机电动机起动时，空调自动放大器将

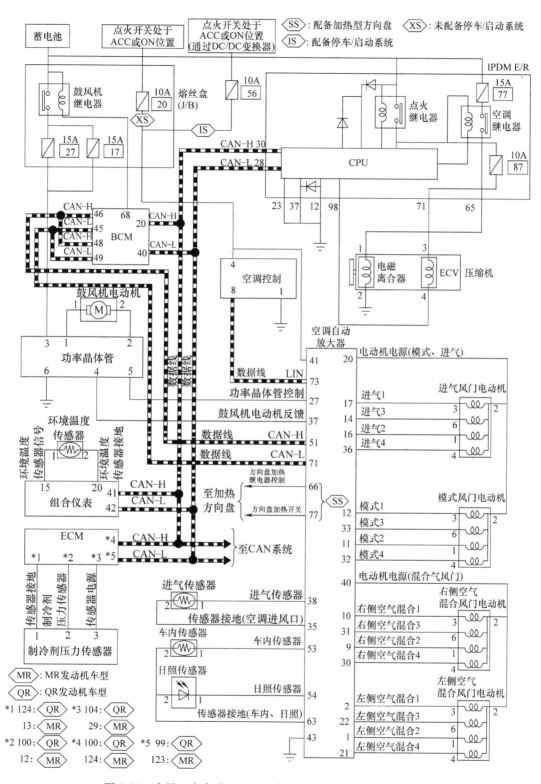

图6-33 东风日产奇骏（2017）自动空调电气控制系统原理图

空调 ON 信号和鼓风机风扇 ON 信号发送至 ECM。

ECM 判断各传感器的状态（制冷剂压力传感器信号、加速器位置信号等），并通过 CAN 通信线路将空调压缩机请求信号发送至 IPDM 4E/R。

从 ECM 中接收到空调压缩机请求信号后，IPDM E/R 开启空调继电器并起动压缩机。

2）低温保护控制。当进气传感器检测到蒸发器散热片温度为 -5.0℃ 或以下时，空调自动放大器请求 ECM 关闭并停止压缩机。当空气温度回到 1.0℃ 或以上时，压缩机起动。

（3）制冷剂排放量控制

空调自动放大器通过 CAN 通信发送 ECU 控制信号。IPDM E/R 根据接收到的 ECU 控制信号发送控制信号至 ECU。ECU 根据发送的控制信号占空比的更改进行控制。

除温度设定为强冷或出风口为 DEF 的情况以外，空调自动放大器根据所需的冷却能力控制制冷剂排放量。

当蒸发器温度高于目标温度上限时，空调自动放大器增加制冷剂排放量，且当蒸发器温度处于或低于目标温度上限时，空调自动放大器减少制冷剂排放量。

注意，可使用 CONSULT 诊断仪"工作支持"模式中的"目标蒸发器温度上限设定"更改蒸发器的温度上限值。

（4）起始风扇转速控制

当鼓风机电动机起动时，空调自动放大器逐渐提高鼓风机电动机的电压，使风速逐渐增大，以防止出风口流量的突然增加，如图 6-34 所示。

（5）自动空调系统温度控制

当点火开关处于 ON 位置时，无论空调处于何种工作状态，空调自动放大器总会自动控制温度。

1）空调自动放大器根据设定温度、车内温度、环境温度以及日照量计算目标空气混合风门打开角度。

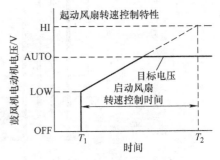

图 6-34 起始风扇转速与电压的关系（$T_1 - T_2$ 约为 7s）

2）空气混合风门根据当前空气混合风门打开角度与目标空气混合风门打开角度之间的比较来进行控制。

3）不考虑车内温度、环境温度以及日照量，当设定温度为 18.0℃ 时，空气混合风门固定在最冷位置，而当设定温度为 32.0℃ 时，空气混合风门会固定在最热的位置。

（6）压缩机油循环控制

发动机起动时，空调自动放大器起动压缩机几秒钟，并将压缩机油循环一次。

（7）压力故障时压缩机的保护控制

当制冷剂压力传感器检测到的高压侧值为以下状态时，ECM 请求 IPDM E/R 关闭空调继电器并使压缩机停止工作。

1）3.12MPa（31.82kg/cm²，452.4psi）或以上（当发动机转速小于 1500r/min 时）。

2）2.74MPa（27.95kg/cm²，397.3psi）或以上（当发动机转速为 1500r/min 或以上时）。

3）0.14MPa（1.43kg/cm²，20.3psi）或以下。

（8）空调切断控制

当发动机处于高负荷状态时，ECM 传输空调继电器关闭请求到 IPDM E/R，并使压缩机停止工作。

（9）PTC 加热器控制系统

BCM（车身控制模块）根据发动机转速信号、发动机冷却液温度信号、电力削减冻结信号（许可信号、保存信号、停止信号）、鼓风机电动机工作状态信号、前窗除雾器状态信号、环境温度信号、蓄电池电压和电气负载状态（远光请求信号、近光请求信号和其他信号）执行 PTC 继电器 ON/OFF 控制，如图 6-35 所示。

当 PTC 继电器打开时，向 PTC 加热器供电。加热元件被加热，气流温度升高。当发动机在寒冷天气起动时，可以加热一段时间直到发动机冷却液温度升高。

当 PTC 加热器工作时，怠速提高请求信号从 BCM 发送到 ECM。提高怠速，促进预热，并获得蓄电池电力。

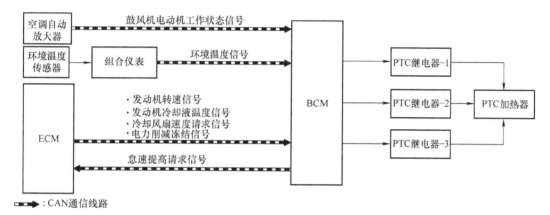

图 6-35　PTC 加热器控制电路框图

提供给 PTC 加热元件的电力以 PTC 继电器的工作状态为准，见表 6-8。

表 6-8　PTC 加热器的电力与继电器状态之间的关系

操作	PTC 继电器 - 1	PTC 继电器 - 2	PTC 继电器 - 3	电功率/W
OFF	OFF	OFF	FF	大约 0
LO	ON	OFF	OFF	大约 333
MID	ON	ON	OFF	大约 666
HI	ON	ON	ON	大约 999

注：PTC 加热器根据环境温度和蓄电池电压的情况进行工作。当环境温度为 8℃ 或以下时，PTC 加热器打开。当环境温度为 12℃（53.6℉）或以上时，PTC 加热器关闭。当蓄电池电压为 11.5V 或以上时，PTC 加热器打开。当蓄电池电压为 11V 或以下时，PTC 加热器关闭。

通过对日产奇骏自动空调电控的分析，说明在遇到智能化程度较高的车型时，仔细阅读维修手册，熟悉其功能和控制方法，尤为重要。

汽车空调故障的检修手段和检修思路

第7章

本章导读

汽车空调故障的常用检修手段有看、听、摸、测和采用故障诊断仪等,掌握这些手段是完成空调检修的必备技能。由于空调表现出的故障现象多种多样,每一故障的产生原因也是多种多样的,所以检修思路就是非常重要的。通过本章的学习,可以掌握空调检修的常用手段和检修思路,对于检修实践具有指导意义。

学习目标

1. 熟悉"看、听、摸、测"检修手段的应用场合,会通过"看、听、摸"等感观检测手段粗略判断空调故障的原因。

2. 熟悉汽车空调常见故障的传统检修思路。

3. 能使用万用表、压力表、故障检测仪等仪表测试汽车空调的参数,从而判断故障原因。

4. 了解汽车空调的自诊断系统。

5. 熟悉OBDⅡ车载自诊断系统的应用。

6. 会使用职业院校技能大赛用故障诊断仪检测空调的参数和性能。

7. 会对微电脑控制的汽车空调系统基本故障进行检修。

7.1 汽车空调常见故障的传统检修思路

7.1.1 汽车空调常见故障的传统检修手段

1. 感官检测法

感官检测法就是利用人的感觉器官判断故障的方法,包括看、听、摸等。

(1) 看

看各种按键、开关、旋钮是否处于合适的位置。看熔断器是否松动或烧毁。看管路是否有结露、结霜的情况。看容易泄漏的部位（如维修阀、截止阀、活接头、运动部位等）有无泄漏。看离合器磁力线圈工作情况，压盘是否吸合。看冷凝器风扇的工作情况。看视液镜内制冷剂的状况等。

通过看这些部位，可以发现一些明显的故障，为进一步确诊故障提供思路。

（2）听

例如，听压缩机有无异响。若有异常的摩擦声、敲击声，则需检查是否有离合器打滑、压缩机缺少冷冻油的情况，是否发生了严重的磨损。异响也有可能是由压缩机的支架与发动机的连接螺栓漏装或松动引起的，改变转速时现象较明显，可停机后检查。

（3）摸

用手轻轻触摸管道，感受其温度，是判断故障的常用方法之一。下面详细介绍。

1）制冷系统工作正常时，用手触摸制冷系统管路，其高压侧应该是热的，低压侧应该是冷的，如图 7-1 所示。用压力表检测系统压力时，高压侧和低压侧的压力都应该是正常的。

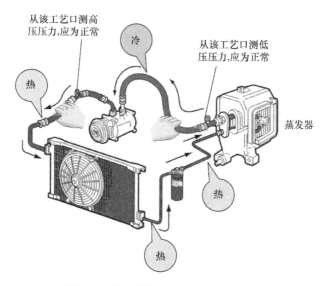

图 7-1　制冷系统正常时各管道的温度

2）高压侧堵塞，堵塞点在压缩机出口与高压检测阀之间。这种情况下触摸的情况如图 7-2 所示。

3）低压侧堵塞（堵塞点在低压检测阀与压缩机入口之间），触摸情况如图 7-3 所示。

4）孔管堵塞，触摸情况如图 7-4 所示。

5）储液干燥器堵塞，触摸情况如图 7-5 所示。

6）冷凝器管路堵塞，触摸情况如图 7-6 所示。

2. 测量数据法

通过测量数据来判断制冷系统的故障部位，这是检修的主要方法，是学习的重点，见表 7-1。

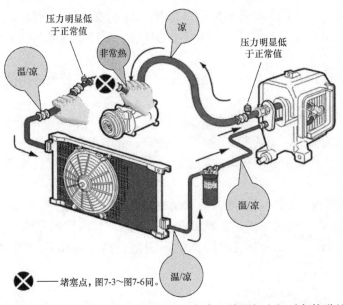

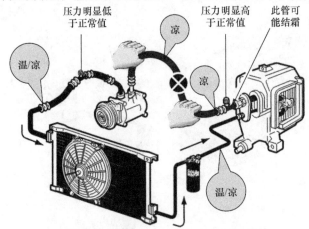

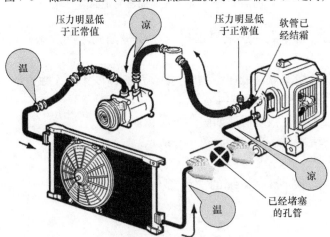

图 7-2   高压侧堵塞，堵塞点在压缩机出口与高压检测阀之间时各管道的温度

图 7-3   低压侧堵塞（堵塞点在低压检测阀与压缩机入口之间）

图 7-4   孔管堵塞（孔管系统）时的触摸情况

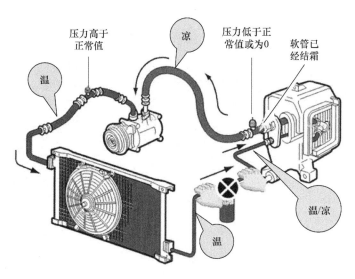

图 7-5　储液干燥器堵塞时的触摸情况

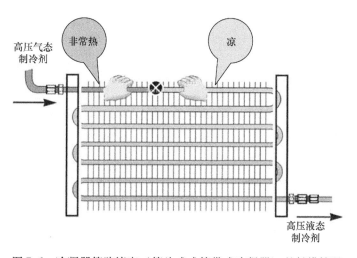

图 7-6　冷凝器管路堵塞（管片式或管带式冷凝器）的触摸情况

表 7-1　通过测量数据来判断制冷系统故障的部位

方法		说明
用检漏仪检漏	用检漏仪检查整个系统各接头处是否泄漏	具体方法见第 4 章
用万用表检查	用万用表检查空调电路关键测试点的电压、电流、电阻，判断电路是否有短路或断路故障	电压检查法。例如，检查电磁离合器供电电压，应为蓄电池电压。若不正常，检查空调开关和线路
		电流检查法。例如，电磁线圈在施加蓄电池电压时，电流一般为 3.0～3.6A。若线圈短路，电流则过大；若电流为 0，则说明线圈断路
		空调开关和电磁线圈一般工作比较稳定可靠，很少出现故障。当压缩机电磁离合器不能接合时，应先检查控制继电器、空调控制器等，在确认电磁线圈上电压正常后，才可检测电磁线圈是否有故障

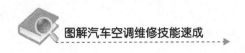

（续）

方法		说明
用温度计检查	用温度计可以判断出冷凝器、蒸发器、储液器故障	蒸发器正常工作时，蒸发器表面温度在不结霜的前提下越低越好 冷凝器正常工作时，冷凝器入口管温度为70℃，出口管温度为50℃左右。空调正常工作时，储液器温度应为50℃左右，若储液筒上下温度不一致，说明储液器有堵塞
用压力表检查	将歧管压力表的高、低压表分别接在压缩机的排气口、吸气口的维修阀上检测制冷系统的压力，根据测得的压力来判断系统的故障部位	① 静态压力。压缩机处于静止状态时，长时间停机，即停机时间超过10h以上，压缩机的高、低压压力应为同一数值，此数值称为平衡压力。平衡压力的大小与环境温度有关 平衡压力过高，由于制冷剂量过多而造成，只需放出一部分制冷剂，使平衡压力达到标准即可 平衡压力过低，由于制冷剂量不足而造成，只需加注一部分制冷剂，使平衡压力升到标准即可 平衡时高、低压表显示的压力不相等，说明系统内有堵塞，应分别检查膨胀阀、储液干燥器及管路部分 ② 动态压力。在空气温度为30~50℃，发动机转速为1500~2000r/min的情况下，检查时风机风速调至高档，温度调至最冷档，其正常状况是，高、低压压力应符合车辆维修手册所述的压力值（可参考附录B），否则说明空调制冷系统有故障

用压力表测汽车空调高、低压侧压力来判断故障部位见表7-2。

表7-2 制冷系统高、低压侧压力异常对应的故障部位及处理方法

故障现象	压力表的示数	可能的原因	排除方法
断续制冷，然后不制冷	运行时低压侧的压力一会为真空，一会逐渐正常，这样周期性地变化	制冷系统管道内有水分，在节流口处结冰而堵塞管道，使制冷剂的循环被中断，出现不制冷现象，过一会后，该处的结冰融化，制冷剂又能循环了，可以制冷	更换干燥器，抽真空，充注制冷剂 如果冰堵严重，可抽一次真空后，再少量充入制冷剂，使表压不为负压，短时（几秒）起动压缩机，停机后再抽真空
制冷不足	高、低压侧压力均偏低 视液镜中可以连续看见气泡	制冷系统存在泄漏	检漏、抽真空、充注制冷剂
	高、低压侧压力均偏低 储液罐附近管道结霜	储液罐中有杂物堵塞，阻碍制冷剂的流动	更换储液罐，抽真空，充注制冷剂
	高、低压侧压力均过高 视液镜中看不到气泡	制冷剂过量	放出多余的制冷剂
		冷凝器热交换不良（冷凝器表面脏污、堵塞风路）	清理冷凝器
		散热风机有故障（不转、转速慢）	检修风机供电回路或风机

（续）

故障现象	压力表的示数	可能的原因	排除方法
制冷不足	高、低压侧压力均过高 压力表指针来回摆动 视液镜中有气泡	有空气进入系统	放出制冷剂，抽真空，重新充注制冷剂
	高、低压侧压力均过高 低压管路上出现大量露珠	膨胀阀有故障或膨胀阀感温包安装不恰当 膨胀阀开度过大，低压管路制冷剂过多	检查感温包的安装情况，检查膨胀阀，若有故障，则更换
不制冷或有时断续	低压侧出现真空，高压侧出现较低的压力	膨胀阀感温包漏气，影响节流孔的开度	检查膨胀阀、蒸发器压力控制器，若有故障，则更换
	储液干燥器或膨胀阀附近的管道结霜或结露	储液干燥器内有较严重的堵塞	更换储液干燥器，抽真空，充注制冷剂
不制冷	低压侧压力比正常值高很多 高压侧压力比正常值低很多	压缩机内部漏气	修理或更换压缩机

7.1.2　汽车空调制冷系统故障及检修思路

汽车空调常见的故障有泄漏、堵塞、膨胀阀开度不良、散热不良、压缩机不良、干燥瓶不良、系统有空气等。下面按表现出的故障现象来分别介绍。

1. 不制冷故障的检修思路

该故障较普遍，表现出的现象有以下几种：

1）打开风机开关及 A/C 开关，风机工作正常，但压缩机不转动，系统不制冷。

2）打开风机开关及 A/C 开关，压缩机转动，但风机不转动，系统无冷风。

3）打开风机开关及 A/C 开关，风机与压缩机均正常，但不制冷。

这类故障的检修应按照由简入繁的程序以故障原因进行检查，见表 7-3。

2. 制冷不足故障的检修思路

汽车空调制冷不足的检修思路见表 7-4。

表7-3　汽车空调不制冷故障的检修思路

故障现象	可能的原因		处理方法
风量正常，压缩机不运转	压缩机线圈的供电回路不能接通	A/C熔丝烧断	更换，若再烧断，需查明原因
		A/C开关故障	更换或修复
		电路中接线接头断裂或脱落	检查线路，重新接好
		离合器线圈烧毁	更换
	电气元器件故障	主继电器的触点接触不良或主继电器线圈损坏	更换
		恒温开关失灵	更换
		热敏电阻故障	更换
		高压或低压开关故障	更换
	传动系统故障	传动带（V带）松弛、断裂	调速、更换
风量正常、压缩机运转	泄漏，制冷剂量较少	检漏	修复泄漏后重新抽真空、充注制冷剂
	堵塞	膨胀阀冰堵或脏堵	对于冰堵，需更换干燥过滤器，或放掉制冷剂、更换干燥过滤器；对于脏堵，可更换膨胀阀过滤网，或更换膨胀阀
		储液干燥器内过滤器堵塞	更换
	压缩机故障	压缩机密封垫损坏	更换损坏部件或更换压缩机
		压缩机进、排气阀损坏	
压缩机能运转，风机不转	风机的供电回路断开	熔丝烧断	更换，若再烧断，需查明原因
		风机供电继电器故障	更换
		风机开关损坏	更换
		配线松脱或断落	重新接好
	风机电动机损坏		更换

表7-4　汽车空调制冷不足故障的检修思路

故障现象	原因	判断方法	处理方法
供冷部件故障	蒸发器风扇转速较慢	首先在车内观察风速，如果风量小，则需分解蒸发器，检测风扇电动机及相关线路接头，检查蒸发器表面	检查接头是否松动、调速电阻是否失效。若不是，再更换风机
	蒸发器的气流不畅通		清理蒸发器表面
	蒸发器结霜（会使吸热能力下降并堵塞风路）		调整恒温器或蒸发压力控制器
	蒸发器风箱壳泄漏		焊补

（续）

故障现象	原因	判断方法	处理方法
供冷部件故障	蒸发器压力控制阀故障	测制冷剂量。若正常，再测压力（运行时高、低压侧的压力）和蒸发器出风口温度。如果温度没达到设定值，压缩机就停机，则蒸发器压力控制阀有故障	更换后试机
	冷凝器气流不通畅	观察冷凝器表面	清理冷凝器
压缩机离合器系统故障	离合器因磨损过量而打滑	观察法	更换磨损件
	离合器线圈因输入电压过低而打滑	测量线圈的电压	检查电磁线圈的供电回路
	离合器离、合过于频繁	观察法	检测、调整恒温器、温度放大器等，若无效，则更换
电器故障	热敏电阻故障	用万用表检测，代换法	检查，若失效则更换
	恒温器、温度放大器故障		
制冷管路故障	制冷剂过多或不足	测量压力	放掉多余的制冷剂或添加制冷剂
	系统内混入空气	测量压力	放掉制冷剂，抽真空，充注制冷剂
	储液干燥器堵塞	观察附近是否有结霜	首先更换滤网，若还不能排除故障，应更换储液干燥器组件
	膨胀阀滤网堵塞	观察附近是否有结霜	卸下滤网清洗或更换
	孔管滤网堵塞	观察附近是否有结霜	卸下滤网清洗，并更换气液分离器

3. 供给冷气量不连续故障的检修思路

供给冷气量不连续故障的检修思路见表 7-5。

表 7-5　供给冷气量不连续故障的检修思路

故障现象	可能的原因	判断方法	处理方法
压缩机离合器故障	离合器线圈供电回路接触不良或搭铁（接地）松动		检查导线接头，有接触不良嫌疑的地方应补焊，将接地接头紧固
	离合器打滑	观察	清洗离合器摩擦面的油迹
	离合器磨损严重导致打滑	观察	更换磨损的器件
	离合器线圈的电压低导致有时打滑	测量电压	检查线圈的供电线路
电器故障	主继电器或蒸发器风扇继电器故障	分别检测各器件是否正常	更换继电器
	蒸发器风扇变阻器故障		更换变阻器
	恒温器故障		首先检测恒温器的热敏电阻，若失效，则更换热敏电阻，若没有失效，则更换恒温器试机
	恒温器断开温度过低		重新调整

161

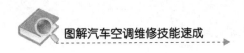

（续）

故障现象	可能的原因	判断方法	处理方法
制冷系统管路故障	管道内水分多导致冰堵		放掉制冷剂，更换干燥器，抽真空，充注制冷剂
	感温包松动	轻轻扳动，并仔细观察是否松动	检查感温包
	膨胀阀失灵	代换法	更换膨胀阀试机
蒸发压力控制器故障		检测蒸发压力控制器，或用代换法	更换

4. 系统噪声过大故障的检修思路

系统噪声过大故障的检修思路见表7-6。

表7-6 系统噪声过大故障的检修思路

故障现象	可能的原因	处理方法
传动系统故障	V带松弛、打滑	首先进行调整，若效果不好，则更换V带
	V带过紧引起压缩机振动	调整
	带轮中心线位置不对，引起压缩机振动	重新安装压缩机，使带轮中心线平行
	带轮轴承磨损	更换轴承
离合器系统故障	离合器打滑	更换离合器
	离合器线圈接头松动	紧固接头，若效果不好，则可以更换线圈
	离合器轴承磨损、间隙过大	更换离合器
	离合器轴承缺油	加注润滑油
压缩机故障	安装螺钉松动	紧固螺钉
	支撑板松动	更换
	进排气阀门损坏	更换
	活塞磨损	更换压缩机
	敲缸	维修

7.2 微电脑控制的汽车空调系统的检修思路和方法

微电脑控制的汽车空调与普通非微电脑控制的汽车空调相比较，在制冷、供暖、通风的原理和维修技术上区别不大，所以本章7.1节介绍的检修方法，如压力表测高低压侧的压力、视液镜检查制冷剂量、检漏、抽真空、充注制冷剂以及常见故障的检修思路等，对微电脑控制的空调同样适用。微电脑控制的空调的最大特点是控制电路比较复杂。下面介绍微电脑控制的空调的基本检修流程和方法。

7.2.1 故障诊断仪及自诊断系统

微电脑控制的空调具有自诊断功能。该技术的应用初期各厂家的产品不能通用，给维修带来了很大的麻烦。目前世界上各大汽车厂家逐步采用OBD Ⅱ车载诊断系统，如1994年以后的通用、福特，1995年以后的奔驰、三菱、马自达、本田、丰田等。另外，就诊断方式来说，新车型普遍采用故障诊断仪读取故障码的诊断模式。

1. 故障诊断仪

（1）主要部件

职业院校技能大赛采用 Robinair（RA007PLUS）故障诊断仪。首先我们要认识该诊断仪的主要部件（见图 7-7）、操作面板以及各接口的名称和功能（见图 7-8）。

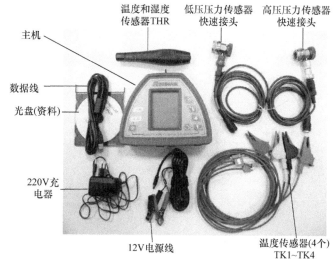

图 7-7　Robinair（RA007PLUS）故障诊断仪的各部件

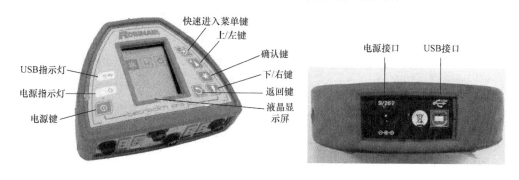

a) 面板

b) 顶部接口

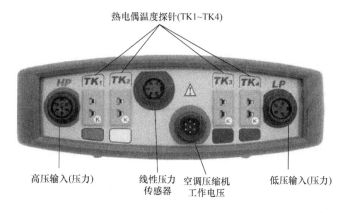

c) 底部接口

图 7-8　Robinair（RA007PLUS）故障诊断仪的面板及各接口

163

（2）使用前的准备

1）用专用充电器对主机进行充电。

2）将各传感器连接到主机底部的各接口上。线束的颜色与主机接口的标志颜色对应。其中温湿度传感器与主机之间为无线连接，如图7-9所示。

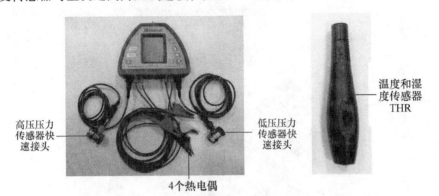

高压压力传感器快速接头

低压压力传感器快速接头

4个热电偶

温度和湿度传感器 THR

图 7-9 故障诊断仪的各传感器的连接

3）明确测量哪些参数以及测量部位、所用的元件（见表7-7）。

表 7-7 测量参数、部位

测量参数	测量部位	测量元件	测量方式
低压制冷剂压力	低压维修阀门	低压压力传感器（蓝色）	有线
高压制冷剂压力	高压维修阀门	高压压力传感器（红色）	有线
冷凝器入口温度	冷凝器入口金属管路	TK1 传感器（红色）	有线
冷凝器出口温度	冷凝器出口金属管路	TK2 传感器（黄色）	有线
蒸发器入口温度	蒸发器入口金属管路	TK3 传感器（黑色）	有线
蒸发器出口温度	蒸发器出口金属管路	TK4 传感器（蓝色）	有线
环境温度和相对湿度	距车辆2m部位	THR 传感器	无线
出风口温度和相对湿度	中央出风口部位	THR 传感器	无线
压缩机工作电压	压缩机控制线	CRCO PSA 电缆（选装）	有线
制冷剂压力信号	制冷剂压力传感器的信号线	HP1000 电缆（选装）	有线

（3）连接

将各传感器连接到车辆上。将 TK1、TK2 分别夹在冷凝器入、出口的管道上（见图7-10a），将高、低压压力传感器快速接头分别接在高、低压维修阀上。注意，热电偶与金属管壁应充分接触，夹的位置尽量靠近被测量部件（冷凝器或蒸发器），如图7-10b所示。

用同样的方法安装其余的热电偶温度传感器。

（4）开机，了解各主菜单的作用

按住电源键，开机，显示主菜单（见图7-11）。使用光标键（上/左、下/右），选择菜单，按确认键，进入相应菜单。

系统设置菜单：主要用于对语言进行设置。方法是在主菜单界面按光标键，选择"系统设置"菜单，按确认键→按光标键，选择第三项的语言项目，按确认键→按光标键，选

a) 安装在冷凝器的入、出口　　　　　　　　b) 安装热电偶的注意事项

图 7-10　安装热电偶温度传感器

择第二项的英文,按确认键→按返回键,返回主菜单。

存储器菜单:选择该菜单,可以查看前期存储的相关数据。

空调诊断菜单:按光标键,选择空调诊断菜单,按确认键,进入空调诊断菜单,它包含 4 个子菜单(分别是效率菜单、自动诊断菜单、控制菜单、测量菜单),如图 7-12 所示,以下将分别介绍。

(5)效率菜单的使用

此菜单用于检测空调制冷效果。使用方法如下:

图 7-11　开机后显示主菜单

1)选择效率菜单,按确认键,进入空调配置菜单,根据车辆压缩机、膨胀阀等相关器件的类型,进入配置,如图 7-13 所示。

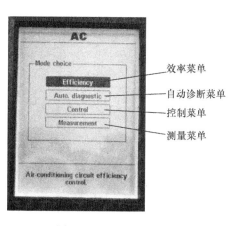

图 7-12　空调诊断菜单

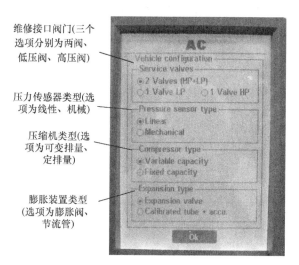

图 7-13　空调配置菜单

2)将 THR 传感器放在离车辆 2m 处,按诊断仪上的确认键,仪器显示环境温度和湿度数值,如图 7-14 所示。

3）对空调工况进行设置。在图 7-14 中按确认键，进入工况设置指导界面，如图 7-15 所示。根据界面的指导信息对空调的工况进行设置。在满足运行条件和时间的情况下，按确认键，进入效率测试，测试时间为 60s，如图 7-16 所示。

环境温度
环境湿度

图 7-14　读取环境温度、湿度

（6）自动诊断菜单的使用

此菜单用于对空调性能进行诊断，得到诊断结果。使用方法如下：

1）在图 7-12 中按光标键，选择自动诊断菜单，按确认键，进入空调配置菜单，如图 7-13 完成配置后，按确认键。

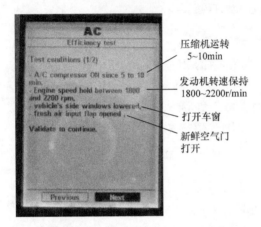

压缩机运转 5~10min
发动机转速保持 1800~2200r/min
打开车窗
新鲜空气门打开

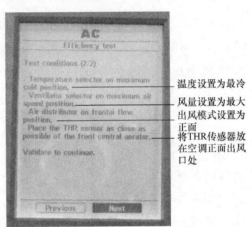

温度设置为最冷
风量设置为最大
出风模式设置为正面
将THR传感器放在空调正面出风口处

图 7-15　空调工况设置指导界面

2）在高、低压维修阀连接相高压、低压压力传感器后，按确认键。

3）连接 TK2、TK3、TK4 传感器，完成后按确认键。

4）连接 THR 传感器放在距车辆 2m 处，按确认键，仪器显示环境温度和湿度值，如图 7-17所示。

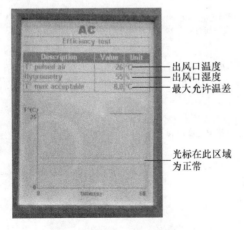

出风口温度
出风口湿度
最大允许温差

光标在此区域为正常

图 7-16　效率测试的界面

图 7-17　显示环境温度和湿度

5）对空调工况进行设置（见图 7-15）。THR 传感器放在正面出风口处，按确认键。仪器开始进行诊断，时间为 60s。诊断结果的显示如图 7-18a 所示。按确认键，进行下一步，显示可能的故障原因，如图 7-18b 所示。

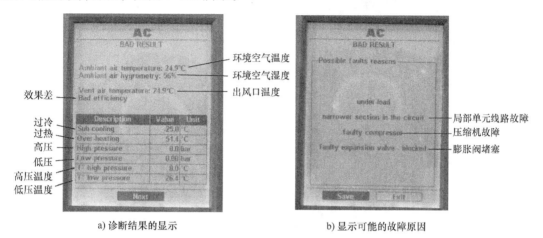

a) 诊断结果的显示　　　　　　　　　b) 显示可能的故障原因

图 7-18　自动诊断菜单的诊断结果

（7）测量菜单的使用

此菜单用于检测和显示传感器的测量数据。使用方法如下：

连接 2 个压力传感器、4 个 TK 传感器，开机，在图 7-11 所示的界面选择空调诊断菜单的测量菜单（子菜单），按确认键。

将 THR 传感器置于车辆 2m 处，按确认键，显示的测量数据如图 7-19 所示。选择某一项数据（如高压），按确认键，可测量一段时间内的数据，如图 7-20 所示。

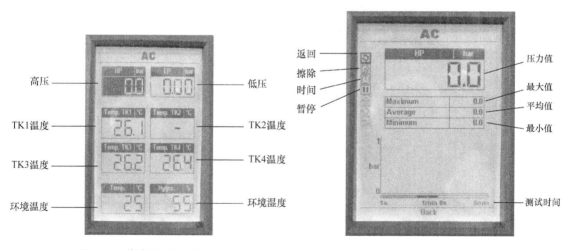

图 7-19　传感器的测量数据　　　图 7-20　某个传感器（高压）一段时间内的测量数据

（8）控制菜单的使用

该菜单用于诊断空调系统的部件。使用方法如下：

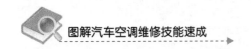

在图 7-12 所示的界面选择控制菜单，按确认键，选择空调配置菜单进行配置后，按确认键，屏上显示控制菜单的内容，其含义如图 7-21 所示。

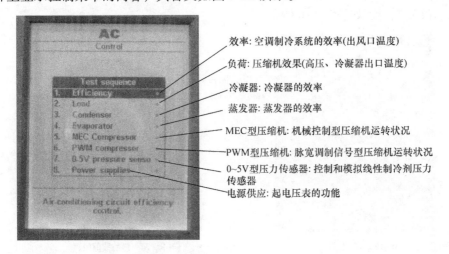

效率: 空调制冷系统的效率(出风口温度)

负荷: 压缩机效果(高压、冷凝器出口温度)

冷凝器: 冷凝器的效率

蒸发器: 蒸发器的效率

MEC型压缩机: 机械控制型压缩机运转状况

PWM型压缩机: 脉宽调制信号型压缩机运转状况

0~5V型压力传感器: 控制和模拟线性制冷剂压力传感器

电源供应: 起电压表的功能

图 7-21　控制菜单的含义

下面介绍控制菜单各选项的应用。

1）负荷测试。该测试的目的是确定制冷剂的放热情况。关键的测试参数有高压侧制冷剂压力（HP）和冷凝器出口温度（TK2）。其操作如下：

选择 Load 选项，按确认键→连接高压压力传感器和 TK2 传感器→对空调工况进行设置，按确认键，得到测试结果，如图 7-22 所示。

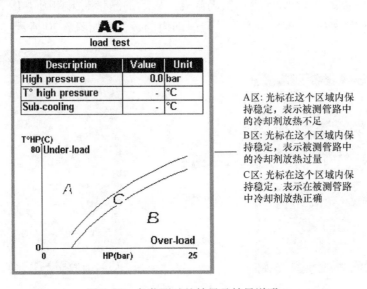

A区: 光标在这个区域内保持稳定，表示被测管路中的冷却剂放热不足

B区: 光标在这个区域内保持稳定，表示被测管路中的冷却剂放热过量

C区: 光标在这个区域内保持稳定，表示在被测管路中冷却剂放热正确

图 7-22　负荷测试的结果及结果说明

2）冷凝器测试。该测试的作用是判断冷凝器工作是否正常。例如，冷凝器是否使高压制冷剂从气态（进入冷凝器的状态）变为液态（离开冷凝器的状态）。关键的测试参数有三个：高压侧制冷剂压力（HP）、冷凝器进口温度（TK1）、冷凝器出口温度（TK2）。其操作

168

方法是，选择 Condenser 选项，按确认键→连接高压压力传感器和 TK1、TK2 传感器→对空调工况进行设置后，按确认键→得到测量结果，如图 7-23 所示。

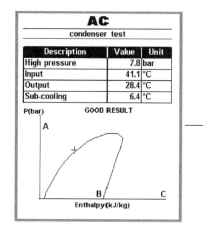

图 7-23　冷凝器测试的结果及结果说明

3）蒸发器测试。该测试的作用是判断蒸发器是否工作正常。例如，是否使冷却剂从高压 – 液态变成了低压 – 气态。关键的测试参数有两个：低压侧制冷剂压力（LP）、蒸发器出口温度（TK4）。其操作方法如下：

选择 Evaporator 选项，按确认键→连接低压压力传感器和 TK4 传感器→对空调工况进行设置，按确认键，得到测试结果，如图 7-24 所示。

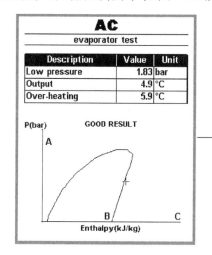

图 7-24　蒸发器测试的结果及结果说明

4）机械式压缩机测试。操作方法是，选择 MEC Compressor 选项，按确认键→连接高压压力传感器和低压压力传感器→对空调工况进行设置，按确认键得到测试结果，如图 7-25 所示。

2. 非 OBD Ⅱ 车载自诊断系统的应用

OBD 是英文 On – Board Diagnostics 的缩写，中文翻译为 "车载自动诊断系统"。OBD 实

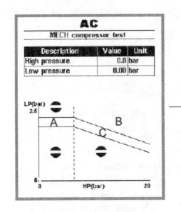

光标显示了压缩机的运行状态

光标在A区: 光标在区域内保持稳定,
表示压缩机容量最小

光标在B区: 光标在区域内保持稳定,
表示压缩机容量最大

光标在C区: 光标在区域内保持稳定,
表示压缩机处于调整阶段

若光标在这些区域之一内保持稳定,
说明压缩机出现了故障

图 7-25 机械式压缩机测试的结果及结果说明

时监测发动机、催化转化器、颗粒捕集器、氧传感器、排放控制系统、燃油系统、废气再循环系统等系统和部件。然后通过与排放有关的不同部件信息,连接到 ECU（电控单元,它能检测、分析与排放相关的故障）,当出现排放故障时,ECU 记录故障信息和相关代码,并通过故障灯发出警告,告知驾驶员。ECU 通过标准数据接口,保证对故障信息的访问和处理。

在 OBD Ⅱ 车载诊断系统出现之前,接口和代码的标准不统一,不便于应用。

（1）诊断通信连接器（TDCL）和检查连接器

诊断通信连接器（TDCL）设在仪表盘的左侧,它能接收来自发动机、自动变速器、防抱死制动系统、空调系统等的电子控制信号数据。其连接接口和选择的系统代码见表 7-8。注意,连接时不要接错接口的位置,以免引故障。

表 7-8 TDCL 接口和选择的系统代码

接口	系统代码	接口	系统代码
T_T	发动机和变速器正常时代码	T_C	空调系统、防抱死制动系统、安全气囊等系统代码
T_{ET}，T_{ED}	发动机和变速器试验时代码	E_I	自动变速器代码

检查连接器设置在发动机室内,其位置如图 7-26 所示。其接口也须按图 7-27 所示的接口位置连接空调微电脑控制器上。

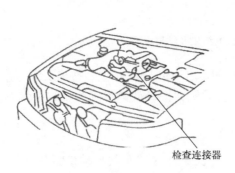

检查连接器

图 7-26 检查连接器的安装位置

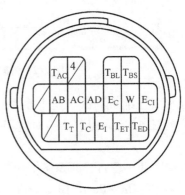

图 7-27 TDCL 的接口

进行检测时，只需将 TDCL 和检查连接器连接到微电脑中为 TDCL 设计的监控器接口，就能较为方便地读出各系统的诊断结果（故障码）。

（2）故障码

空调自诊断系统是用数字的形式代表各部分的故障，存入微电脑，并能进行显示。故障码有两种：一种是对传感器进行检测而产生的故障码，另一种是对控制板上的各种按键的相应功能进行检测而产生的故障码。对传感器检测的故障码见表7-9。

表7-9　传感器检测的故障码及其含义

故障码	故障码检测状况	故障码	故障码检测状况
00	正常	22	制冷压缩机传感器报警
11	车内温度传感器电路有短路或开路。若车内温度低于 −20℃，即使系统正常，也会输出故障码	23	制冷压力传感器电路开路，制冷剂压力异常
		31	空气混合温度门传感器电路接地开路或电源电路短路
12	车外温度传感器电路有短路或开路。如果车外温度过低，即使系统正常，也会输出故障码	32	进气风门位置传感器电路接地开路或电源电路短路
13	蒸发器温度传感器电路有短路或开路。如果车外温度过低，即使系统正常，也会输出故障码	34	最大制冷风门位置传感器电路接地开路或电源电路短路
14	发动机冷却液传感电路有短路或开路。如果冷却温度过低，即使系统正常，也会输出故障码	41	空气混合温度门的伺服电动机转动，但空气混合温度门的位置传感器输出的数值无变化
21	阳光辐射传感器电路有短路或开路。如果在黑暗处检查，也会输出故障码	42	进气风门伺服电动机工作，但进气风门位置传感器输出的数值无变化

3. OBDⅡ车载自诊断系统的应用

OBD Ⅱ是第二代车载自诊断系统，它是由美国汽车工程学会（SAE）提出，经美国环保局等机构认证通过的一套汽车通信协议标准。目前世界各国都将 OBDⅡ技术应用于新生产的车辆，1994 年后的通用、福特、克莱斯勒和 1995 年后的奔驰、马自达、本田、丰田等逐渐采用 OBD Ⅱ诊断模式。

（1）OBD Ⅱ车载自诊断系统的主要特点

1）统一车种诊断座形状为 16PIN（16 端子），并统一安装在驾驶室仪表板下方转向柱附近。这样可以防止不同厂家采用不同的诊断座、采用不同的诊断码以及不同的诊断功能，给维修带来麻烦。诊断座如图 7-28 所示。

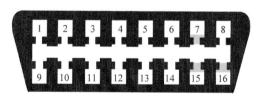

图 7-28　OBDⅡ诊断座形状

2）具有数值分析、资料传输功能。数据传送标准：欧洲统一标准 ISO（利用端子 7 和 15）；美国统一标准 SAE（利用端子 2 和 10）。

3）统一各车种相同故障码及意义。

4）具有行车记录器功能。能记录行车过程的有关数据，进行车辆运行时动态数据分析，使故障分析更加准确、快捷和方便。

5）具有重新显示记忆故障码的功能。

6）具有可由仪器直接清除故障码的功能。

（2）OBDⅡ故障码所表示的含义和特点

OBDⅡ系统采用意义相同的统一故障码。OBDⅡ故障码由5个字母和数字组成，每个字符都有特定的意义。第1位为英文字母，代表测试系统（例如，P代表发动机、变速器微电脑，C代表底盘微电脑，B代表车身微电脑，U代表车载网络），第2~5位为数字。

1）前两位。前两位代码表示的意义见表7-10。

表7-10　OBDⅡ系统代码前两位表示的意义

字符	含义	字符	含义
P0	发动机、变速器微电脑控制，由SAE统一制定故障码	C2	底盘微电脑控制系统预留故障码
		C3	底盘微电脑控制系统预留故障码
P1	发动机、变速器微电脑控制系统，由厂商自行制定故障码	B0	车身微电脑控制系统，由SAE统一制定故障码
		B1	车身微电脑控制系统，由厂商自行制定故障码
P2	发动机、变速器微电脑控制系统预留故障码	B2	车身微电脑控制系统预留故障码
P3	发动机、变速器微电脑控制系统预留故障码	B3	车身微电脑控制系统预留故障码
C0	底盘微电脑控制系统，由SAE统一制定故障码	U0	车载网络相关故障码
		U1	车载网络相关故障码
C1	底盘微电脑控制系统，由厂商自行制定故障码	U2	车载网络相关故障码
		U3	车载网络相关故障码

2）第3位。故障码的第3位表示SAE定义的故障范围，具体如下：

1—燃油或进气系统不良

2—燃油或进气系统不良

3—点火系统不良或发动机间歇熄火

4—排放控制辅助装置不良

5—怠速控制系统不良

6—微电脑或输出控制单元不良

7—变速器控制系统不良

例如，P1352的P表示测试系统，1代表汽车制造厂商码，3代表SAE定义的故障范围，52代表原厂故障码。

3）第4位和第5位。表示故障的具体内容。

注意，发动机和变速器的故障码P0000~P9999为SAE统一规定部分，这部分故障码很多，不一一叙述。故障码P1000~P1795为各厂家自行制定部分。

（3）OBDⅡ故障码的读取和清除

对于不同的车型，OBDⅡ故障码的读取和清除方法是不同的，但大多数车型OBDⅡ故障码的读取和清除都必须使用专用诊断仪。具体方法可阅读车辆的维修手册。

7.2.2 检修思路和方法

微电脑控制的空调最大的特点是电路较为复杂，连接器较多。其检修思路如下：

（1）询问用户

通过询问用户，了解出现故障时表现的现象。

（2）读取故障码

将存储在微电脑内的故障码读出、记录下来。然后将存储的故障码从微电脑内清除。故障码的读取与清除方法可查阅相关维修手册。

（3）判定故障类型和部位

启动空调，对用户报修的故障是否真实进行确认，并观察、触摸、检漏，结合故障码，依次对传感器和故障码所涉及的电路进行综合性考察，以初步判定故障部位。

（4）修复

维修或更换发生故障的零部件。经过试验，确认故障已消除。还要再进行故障码检测（看是否还会出现故障码），以及对空调的高压和低压压力、温度调配、执行器件等进行检查，确保空调系统正常运行。

下面以非 OBD Ⅱ 车载自诊断系统的空调为例进行介绍，见表 7-11。

表 7-11　微电脑控制的汽车空调（非 OBD Ⅱ）检修方法示例

故障码	故障点	检修方法示例
46 或 11	车内温度传感器电路	为负温度系统热敏电阻，检查从传感器到微电脑之间的线路、连接器是否有松脱、断开、短路、锈蚀现象。若有，则需要重新连接正常。若连接器接触不良，可以更换 拆下温度传感器，测量它在常温下的电阻值，与标准值（因种类、车型的不同而不同，可查阅维修手册或上网查阅）对比，如果有一定的偏差，说明是坏的。如果基本相符，则可将感温探头分别放在温度不同的热水中，并用万用表检测在不同温度下传感器的阻值。如果电阻值随温度的上升而下降，说明传感器良好，否则为损坏，必须更换 经过以上步骤检查后，若仍然显示该故障码，则需要重新进行传感器检查，若总是不断显示该故障码，则说明微电脑损坏，需更换
12	车外温度传感器电路	与车内温度传感器故障的检修方法相同
13	蒸发器温度传感器电路	与车内温度传感器故障的检修方法相同
14	发动机冷却液温度传感器电路	与车内温度传感器故障的检修方法相同
21	阳光辐射传感器电路	为光电二极管 不拆卸，用万用表直流电压档在电路中测传感器两端电压。当灯光照射时，两端电压应小于4V，当用黑布挡住传感器时，两端电压应有所上升 拆下传感器，在黑暗状态该传感器处于截止状态，测传感器两端电阻，阻值应为无穷大或者接近无穷大。再用灯泡照射该传感器，该传感器处于导通状态，阻值约为4Ω，慢慢移走灯光时，光照变弱，测得的电阻值应逐渐变大 如果不符合上述特征，说明阳光辐射传感器已损坏，需更换

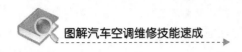

故障码	故障点	检修方法示例
22	制冷压缩机传感器电路	压缩机锁定传感器安装在压缩机内，其作用是将压缩机的转速信号传给微电脑。如果压缩机的转速与发动机的转速之比小于预定值，微电脑自动切断压缩机电磁离合器电路，同时使空调开关指示灯闪烁报警。检修思路如下： 1）检查 V 带是否松弛，张力是否过小，如果是，则应调整到正常 2）检查视液镜内制冷剂流量是否过多，若是，可放掉一部分 3）用压力表检查排气压力是否过多，若是，排除排气压力过高的现象 4）检查离合器处是否有油污引起打滑 5）将压缩机锁定传感器从压缩机中拆下，用万用表检测其电阻。测得的阻值为无穷大或接近无穷大为正常 6）检查锁定传感器到微电脑之间的线路和连接器是否有断路、接触不良、松脱腐蚀等，若有，则应重新连接、修理或更换 经过上述检查后，如果压缩机仍处于锁定状态，则应更换微电脑部分
23	制冷压力开关电路	当制冷系统压力出现异常后，制冷压力开关发生动作，会向空调微电脑发出信号，微电脑输出控制信号，通过发动机和变速器微电脑输出控制指令，将压缩机离合器供电的继电器断开，压缩机停止运行。若进行传感器电路检查，故障码为 23，其含义是制冷压力开关电路异常。检修思路如下： 1）用压力表测高压部分的制冷剂压力，同时测压力开关两端电压：①如果压力低于 196kPa、高于 2700kPa（若使用 R134a 制冷剂，则为 3140kPa）时，压力开关两端电压为 12V（说明此时压力开关已断开）。②如果在 196kPa 和 2700kPa（若使用 R134a 制冷剂，则为 3140kPa）时，压力开关两端电压为 0V（说明压力开关处于闭合状态）。 如果满足以上两点，则压力开关正常，否则，压力开关损坏，需更换 2）检查压力开关到微电脑之间的配线以及连接器是否断路、接触不良、短路等。若有，排除故障 3）对制冷系统进行检漏，若有泄漏，修复后充注制冷剂 4）经过上述检修后，若故障还没排除，可更换空调微电脑控制器
41	空气混合温度门（调温门）位置传感器电路	该传感器的作用是检测空气混合温度门的开度，向空调微电脑发出信号。它安装在用于驱动空气混合温度门的伺服电动机内。在检测传感器电路故障码时，若故障码为 31，则表示该传感器的接地线开路或电源短路；若故障码为 41，则空调微电脑能起动伺服电动机工作，但传感器输出的信号电压没有变化。检修思路如下： 当空气混合温度门从最冷位置移到最最热位置时，传感器两端的电压应从 4V 下降到 1V，而传感器的电阻从 3.76～5.76kΩ 下降到 0.94～1.44kΩ，否则传感器损坏，应更换 检查传感器到微电脑之间的配线、连接器是否接触不良、松脱，若是，重新接好，或更换连接器 检查空气混合伺服电动机是否损坏，若损坏，则需更换 经过上述检查后，如果显示的故障码仍然是 31 或 41，则可更换空调微电脑
31	进气风门位置传感器电路	该传感器的功能是检测进气风门的位置，向微电脑发出信号。该传感器也位于驱动进气风门的伺服电动机内。在检测传感器电路故障码时，若故障码为 31，则表示该传感器的接地线开路或电源短路；当故障码为 42 时，表示微电脑能驱动伺服电动机起动，但该传感器输出信号电压无变化。检修思路与空气混合温度门（调温门）位置传感器电路的检测相同

第8章

汽车空调维修举例

◀ - ▶

本章导读

本章结合具体车型，详细介绍了汽车手动和自动空调的维修示例，对于其他车型也具有指导意义。

学习目标

1. 了解手动空调诊断和维修的基本步骤和操作方法
2. 了解自动空调诊断和维修的基本步骤和操作方法

8.1 手动空调维修方法举例

8.1.1 制冷系统的基本检查

如果怀疑制冷剂系统有问题，检查如下状况：

1）检查散热器和冷凝器芯外表面，确保气流不被灰尘、树叶或其他异物堵塞。检查冷凝器与发动机散热器之间以及所有外表面是否被灰尘、杂物堵塞。

2）检查冷凝器芯、软管和连接管是否堵塞或扭结。

3）检查鼓风机风扇的按键、旋钮是否操作恰当。

4）检查所有气管（流动空气的通道）是否泄漏或堵塞。气流流量小有可能是蒸发器芯堵塞。

5）检查压缩机离合器是否打滑。

6）检查传动带张紧度是否正常。

8.1.2 制冷量不足"快速检查"程序

执行如下"手感"程序，迅速了解空调系统的制冷剂 R134a 加注量是否合适。

1）预热发动机。使发动机在怠速下运行。

2）打开发动机罩和所有车门。

3）接通空调开关。

4）将温度控制钮设置到最冷位置。

5）将鼓风机转速设在最大位置。

6）"手感"蒸发器出口管处的温度。应感觉较凉。如果不凉，则执行 8.1.1 节所述的"制冷剂系统的基本检查"。如果没有发现故障，则执行检漏程序。

7）如果不泄漏，则执行 8.1.3 节的"制冷量不足的诊断和维修"。

8.1.3 上汽通用别克凯越制冷量不足（R134a 系统）的诊断和维修

1. 制冷系统组成

上汽通用别克凯越制冷系统比较典型，其结构如图 8-1 所示。

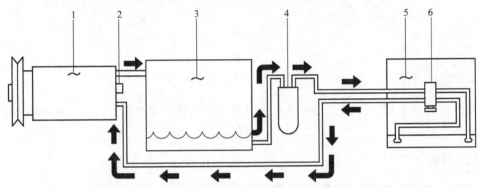

图 8-1 上汽通用别克凯越制冷系统组成（箭头方向为在制冷状态制冷剂的流向）
1—压缩机 2—泄压阀 3—冷凝器 4—储气干燥器 5—蒸发器 6—膨胀阀

2. 制冷量不足的诊断和维修

上汽通用别克凯越制冷量不足的诊断和维修见表 8-1。

表 8-1 上汽通用别克凯越（V5 压缩机）制冷量不足的诊断和维修

步骤	操作	值	是	否
1	记录客户报修。核实客户报修的故障是否存在		至步骤 2	系统正常
2	① 检查空调熔丝 ② 检查鼓风机风扇的工作 ③ 检查发动机冷却风扇的工作 ④ 检查空调压缩机传动带 ⑤ 检查空调冷凝器气流是否堵塞 ⑥ 检查离合器线圈连接 ⑦ 必要时，修理或更换以上检出的有故障的部件 ⑧ 接通空调后，在驾驶室检查鼓风机吹出空气的温度是否正常	至少比环境气温低 7°C	系统正常	至步骤 3
3	① 将点火开关设置到 LOCK（锁定）位置 ② 连接高压和低压压力表 两个压力是否均在规定值内	69 ~ 345kPa （10 ~ 50lb/in²）（注：若两压力表的值在该范围内，说明制冷系统很可能存在部分泄漏的故障）	至步骤 4	至步骤 5

（续）

步骤	操作	值	是	否
4	① 检查空调系统是否泄漏 ② 必要时，修理制冷剂泄漏故障 ③ 回收、排空并重新加注制冷剂 ④ 观察两个压力表 两个压力是否均高于规定值	345kPa （50lb/in²）	至步骤 7	有泄漏， 继续检漏
5	观察两个压力表 两个压力是否均低于规定值	69kPa（10lb/in²）	至步骤 6	至步骤 7
6	① 添加 0.45kg（1lb）R134a 制冷剂 ② 检查空调系统是否泄漏 ③ 必要时，修理制冷剂泄漏故障 ④ 回收、排空并重新加注制冷剂 ⑤ 观察两个压力表 两个压力是否均高于规定值	345kPa（50lb/in²）	至步骤 7	
7	① 起动发动机并在怠速下运行 ② 将空调开关设在如下位置：空调开关设在接通位置。将新鲜空气控制开关设在换气位置（指示灯熄灭）。将鼓风机电动机设在 4 档。将温度控制钮设在最冷位置。 空调压缩机离合器是否接合		至步骤 8	至步骤 10
8	① 检查空调压缩机是否有敲击噪声 ② 循环接通和关闭空调压缩机，检查噪声来源 是否听到响亮的敲击噪声		至步骤 9	至步骤 13
9	① 回收空调系统制冷剂 ② 更换空调系统压缩机 ③ 排干并重新加注制冷剂 ④ 检查空调系统是否泄漏 压缩机工作是否正常		至步骤 13	
10	① 将点火开关设置到 LOCK（锁定）位置 ② 断开空调压缩机离合器线圈连接器 ③ 将跨接线连接到搭铁和空调压缩机离合器线圈端子之一 ④ 将一条带熔丝的跨接线连接到蓄电池正极端子和空调压缩机离合器线圈另一端子之间 空调离合器是否接合		至步骤 11	至步骤 12
11	修理空调压缩机离合器线圈电路 空调离合器是否接合		至步骤 8	
12	更换空调压缩机离合器线圈 空调离合器是否接合		至步骤 8	

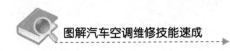

（续）

步骤	操作	值	是	否
13	① 关闭所有车窗和车门 ② 将空调开关设在如下位置：将空调开关拨到接通位置。将新鲜空气控制开关设在换气位置。将鼓风机电动机设在 4 档。将温度控制钮设在最冷位置 ③ 起动发动机并怠速运行 5min ④ 用手触摸蒸发器进口和出口管 是否感觉蒸发器进口和出口管温度不同		至步骤 15	至步骤 14
14	① 将点火开关设置到 LOCK（锁定）位置 ② 回收空调系统制冷剂 ③ 检查高压管是否堵塞 ④ 检查膨胀阀是否堵塞或有故障 ⑤ 必要时，清除堵塞或更换膨胀阀 ⑥ 排干并重新加注制冷剂 ⑦ 检查空调系统是否泄漏 ⑧ 接通空调后注意排气温度 排气温度是否正常	至少低于环境气温 7℃ （12℉）	至步骤 15	至步骤 13
15	① 在发动机冷却风扇运转时，使空调系统工作 5min 以上后，记录低压侧和高压侧压力 ② 找到低压侧和高压侧压力相交点，参见附录 B 图B-1 低压侧和高压侧压力是否在图 B-1 白色区域相交		系统正常	至步骤 16
16	检查高压侧和低压侧压力 低压侧和高压侧压力是否在图 B-1 灰色区域相交		至步骤 17	至步骤 20
17	手感冷凝器和膨胀阀之间的液管 液管冷吗		至步骤 18	至步骤 19
18	① 检查冷凝器，了解气流是否堵塞 ② 检查冷却风扇的工作是否正常 ③ 必要时清除堵塞物或修理风扇 现在液管温度是否正常	至少低于环境气温 7℃ （12℉）	至步骤 13	
19	① 回收、排空并重新加注制冷剂 ② 检查空调系统是否泄漏 系统泄漏是否消除		至步骤 13	
20	观察压力表读数 空调压缩机高压侧和低压侧压力是否符合规定值	207kPa（30lb/in²）	至步骤 21	至步骤 26
21	① 将发动机转速提高到 3000r/min ② 将空调开关设在如下位置：空调开关设在接通位置，将新鲜空气控制开关设在换气位置，将鼓风机电动机设在 4 档，温度控制钮设在最冷位置 ③ 关闭所有车窗和车门 ④ 3min 内，每隔 20s 交替接通和断开空调开关 空调压缩机高压侧和低压侧压力是否符合规定值	207kPa（30lb/in²）	至步骤 22	至步骤 13

（续）

步骤	操作	值	是	否
22	观察两个压力表上压力上升及压缩机吸入管和排出管的温度 两个压力表上的压力是否缓慢上升，而且吸入管是否随排出管温度上升而变热		至步骤25	至步骤23
23	① 将点火开关设置到 LOCK（锁定）位置 ② 确保压缩机离合器处于分离位置 ③ 试转动离合器驱动器（不是带轮） 离合器驱动器能否用手灵活转动		至步骤25	至步骤24
24	① 起动发动机 ② 使发动机转速保持在 3000～3800r/min 之间，观察低压侧压力表 低压侧压力是否迅速上升		至步骤32	至步骤25
25	① 回收空调系统制冷剂 ② 更换空调系统压缩机 ③ 排干并重新加注制冷剂 压缩机工作是否正常		至步骤13	
26	检查低压侧压力 低压侧压力是否符合规定值	172～241kPa（25～35lb/in²）	至步骤27	至步骤32
27	接触与膨胀阀管板连接的高压管 管板前的液管冷吗		至步骤28	至步骤29
28	① 检查膨胀阀前高压侧液管是否堵塞 ② 修理或更换高压管 高压管工作是否正常		至步骤13	
29	调整添加定量制冷剂 性能是否有所改善	0.40kg	至步骤30	至步骤31
30	① 检查空调系统是否泄漏 ② 必要时，修理制冷剂泄漏故障 ③ 排干并重新加注制冷剂 ④ 检查空调系统是否泄漏 系统泄漏是否消除		至步骤13	
31	① 回收制冷剂 ② 检查膨胀阀是否堵塞 ③ 必要时，修理或更换膨胀阀 ④ 排干并重新加注制冷剂 ⑤ 检查空调系统是否泄漏 系统泄漏是否消除		至步骤13	
32	① 使发动机在 2000r/min 的转速下运行 5min ② 将空调开关设在如下位置：将空调开关拨到接通位置。将新鲜空气控制开关设在循环位置（指示灯亮）。将鼓风机电动机设在 1 档。将温度控制钮设在最冷位置 ③ 关闭所有车窗和车门 ④ 打开发动机罩 低压侧压力是否符合规定值	172～241kPa（25～35lb/in²）	至步骤13	至步骤33

（续）

步骤	操作	值	是	否
33	① 回收空调系统制冷剂 ② 更换空调压缩机控制阀 ③ 排干并重新加注制冷剂 ④ 检查空调系统是否泄漏 系统泄漏是否消除		至步骤 13	

8.2 自动空调维修方法举例

制冷系统的基本检查、制冷量不足"快速检查"、制冷量不足的诊断和维修等都基本适用于自动空调。自动空调的电路结构和故障诊断相对来说较复杂，下面以上汽通用别克凯越的自动空调为例介绍这一内容，其他车型可以参考借鉴。

8.2.1 自诊断电路检查

上海通用全自动温度控制器（FATC）的自诊断功能，有助于查找任何系统故障。按如下程序进入诊断模式：

1）接通点火开关。

2）将温度控制设在 26℃（79°F）。

3）在 3s 内，同时按 AUTO（自动）和 OFF（关闭）开关 3 次以上。

4）记录温度指示灯屏幕闪烁的次数，这就是故障代码。

5）如果未设置故障代码，屏幕将不闪烁。当控制器指示有故障代码时，从该代码表开始诊断。

6）按 OFF（关闭）开关，使控制器恢复正常功能。

8.2.2 自动空调的维修举例

1. 别克凯越点火开关接通时自动温度控制器不工作

1）相关电路如图 8-2 所示。

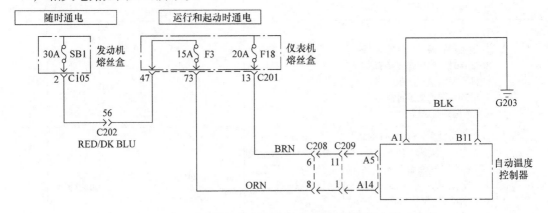

图 8-2　别克凯越点火开关和自动温度控制器电路

2）别克凯越点火开关接通时自动温度控制器不工作的诊断和维修见表8-2。

表8-2 别克凯越点火开关接通时自动温度控制器不工作的诊断和维修

步骤	操作	值	是	否
1	检查熔丝 F18 熔丝 F18 是否烧断		至步骤2	至步骤3
2	更换熔丝 F18 修理是否完成		系统正常	
3	1）拆卸控制器 2）测量连接器 A5 和 A14 之间的电压 电压是否在规定值内	11～14V	至步骤4	至步骤5
4	1）检查控制器是否损坏 2）更换损坏的控制器 修理是否完成		系统正常	
5	检查端子 A1 至搭铁电压电压是否符合规定	0V	至步骤6	至步骤7
6	1）检查熔丝 F18 和端子 A5 之间的导线束是否损坏 2）更换损坏的导线束 修理是否完成		系统正常	
7	1）检查端子 A14 和搭铁 G203 之间的导线束是否损坏 2）必要时，修理导线束或搭铁接头 修理是否完成		系统正常	

2. 鼓风机不出热风

别克凯越自动空调鼓风机不出热风的诊断和检修见表8-3。

表8-3 别克凯越自动空调鼓风机不出热风的诊断和检修

步骤	操作	是	否
1	检查冷却液液面 冷却液液面是否正常	至步骤3	至步骤2
2	必要时添加冷却液 加热器是否工作	系统正常	至步骤3
3	1）接通点火开关 2）观察控制器屏幕上的温度指示 数字是否闪烁	至步骤4	至步骤5
4	运行自诊断电路检查 显示屏是否指示故障代码	至"闪烁代码的代码表"，根据代码提示的故障进行维修	至步骤7
5	观察鼓风机电动机的工作 鼓风机电动机的功能是否正常	至步骤6	检修"鼓风机电动机不运转"的故障
6	用鼓风机按钮开关将鼓风机切换到不同转速。 在不同转速下，鼓风机电动机的功能是否正常	至步骤7	检修代码6：高功率晶体模组故障
7	1）使鼓风机运转，手动模式按钮开关 2）检查各出口是否有气流 应出风的出口是否有气流	至步骤9	至步骤8

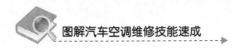
步骤	操作	是	否
8	1）拆卸加热器出风口并检查是否堵塞 2）清除发现的堵塞物 加热器是否工作	系统正常	至步骤 9
9	在将温度设定从18℃改为32℃，然后再从32℃改为18℃时，观察混气风门（AMD）电动机 混气风门电动机的功能是否正常	至步骤 10	检修代码 4：混气风门故障
10	检查冷却液软管是否泄漏或扭结 冷却液软管是否处于良好状态	至步骤 12	至步骤 11
11	修理冷却液软管故障 加热器是否工作	系统正常	至步骤 12
12	检查缓冲罐盖 缓冲罐盖是否处于良好状态	至步骤 14	至步骤 13
13	必要时，修理或更换缓冲罐盖 加热器是否工作	系统正常	至步骤 14
14	1）关闭空调开关 2）将温度控制设在32℃（90℉） 3）将鼓风机电动机转速设在最高位置（显示屏上的所有字段均亮） 4）拆卸缓冲罐盖 5）起动车辆并使发动机在急速下运行 6）观察节温器开启时冷却液的流动 冷却液是否流动	至步骤 16	至步骤 15
15	1）检查节温器是否有故障，冷却液泵叶轮是否有故障，冷却系统是否堵塞 2）完成相关的必要修理 修理是否完成	系统正常	
16	用手检查加热器进口和出口软管温度 加热器进口软管和出软管是否变热	至步骤 18	至步骤 17
17	反向冲洗或更换加热器芯 修理是否完成	系统正常	
18	检查如下位置是否漏冷风：仪表板、加热器壳体、换风口 是否发现泄漏	至步骤 20	至步骤 19
19	修理漏冷风的部位 修理是否完成	系统正常	
20	用"代码 3：冷却液温度传感器故障"中的测试检查冷却液温度传感器 传感器、传感器导线或控制器是否指示有故障	至步骤 21	至步骤 22

（续）

步骤	操作	是	否
21	必要时，修理或更换传感器、导线或控制器 修理是否完成	系统正常	
22	用"代码 1：车内传感器故障"中的测试检查车内传感器 传感器、传感器导线或控制器是否指示有故障	至步骤 23	至步骤 24
23	必要时，修理或更换传感器、导线或控制器 修理是否完成	系统正常	
24	用"代码 2：环境气温传感器故障"中的测试检查：环境气温传感器 传感器、传感器导线或控制器是否指示有故障	至步骤 25	至步骤 26
25	必要时，修理或更换传感器、导线或控制器 修理是否完成	系统正常	
26	用"代码 5：阳光传感器故障"中的测试检查阳光传感器 传感器、传感器导线或控制器是否指示有故障	至步骤 27	至步骤 28
27	必要时，修理或更换传感器、导线或控制器 修理是否完成	系统正常	
28	更换自动温度控制器 修理是否完成	系统正常	

3. 别克凯越压缩机电磁离合器不接合的故障诊断及维修

（1）相关电路图（见图 8-3）

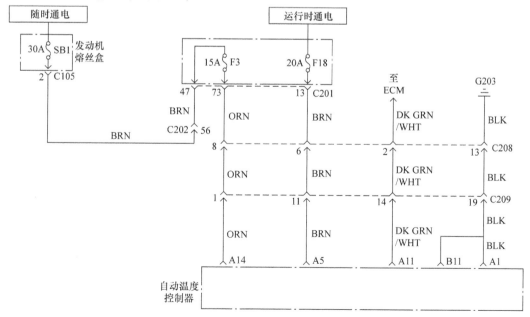

图 8-3　别克凯越压缩机电磁离合器相关电路

（2）诊断与维修（见表8-4）

表8-4　别克凯越压缩机电磁离合器的诊断与维修

步骤	操作	值	是	否
1	1）从仪表板上拆卸自动温度控制器，但保持导线束连接 2）接通点火开关 3）接通空调开关 4）检查搭铁和控制器连接器端子A11之间的电压 电压是否在规定值内	11～14V	制冷量不足诊断	至步骤2
2	更换自动温度控制器 修理是否完成		系统正常	

4. 别克凯越自动空调代码4：混气风门故障的诊断和维修

（1）混气风门相关电路（见图8-4）

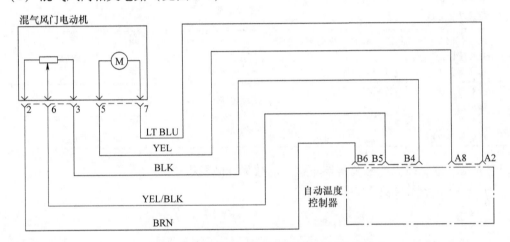

图8-4　别克凯越自动空调混气风门相关电路

（2）别克凯越自动空调代码4：混气风门故障的诊断和维修（见表8-5）

表8-5　别克凯越自动空调代码4：混气风门故障的诊断和维修

步骤	操作	值	是	否
1	1）从混气风门（AMD）电动机上断开仪表板导线束连接器 2）用电阻计测量混气风门电动机端子5和端子7之间的电阻 测定的电阻值是否指示开路或短路	开路为∞ 短路约为0Ω	至步骤4	至步骤2
2	测量混气风门电动机端子2和端子3之间的电阻 电阻是否等于规定值	约为3000Ω	至步骤3	至步骤4
3	测量混气风门电动机端子6和端子2及端子6和端子3之间的电阻 两个电阻值之和是否约等于端子2和端子3之间的电阻值	约为3000Ω	至步骤5	至步骤4
4	更换混气风门电动机 修理是否完成		系统正常	

（续）

步骤	操作	值	是	否
5	检查混气风门电动机连接器端子和自动温度控制器线束 线束连接器或电动机连接器端子或导线是否有故障		至步骤6	至步骤7
6	必要时，修理连接器端子或导线故障或更换电动机 修理是否完成		系统正常	
7	1）从仪表板上拆卸自动温度控制器 2）从自动温度控制器上断开线束连接器 3）检查线束连接器和控制器连接器上的连接器端子和导线束 这些连接器或导线是否有故障		至步骤8	至步骤9
8	修理连接器端子或导线故障 修理是否完成		系统正常	
9	检查控制器连接器和混气风门电动机连接器之间的线束是否接通 控制器端子A2至电动机端子7 控制器端子A8至电动机端子5 控制器端子B6至电动机端子2 控制器端子B5至电动机端子6 控制器端子B4至电动机端子3 阻值是否符合规定	约为0Ω	至步骤10	至步骤11
10	修理断路故障 修理是否完成		系统正常	
11	1）将混气风门电动机重新连接到自动温度控制器线束上 2）将自动温度控制线束连接器连接到控制器上 3）接通点火开关 4）从背部探测电压值 5）测量搭铁和控制器端子B5之间的电压 电压是否等于规定值	<4V	至步骤12	至步骤14
12	1）将温度控制设在18℃（64℉） 2）将电压表连接到搭铁和控制器端子A8之间，应显示12V 3）将控制器温度设定升高到32℃（90℉） 电压是否等于规定值	电压从12V 下降到0V	至步骤13	至步骤15
13	1）将电压表连接到搭铁和控制器端子A2之间，应显示12V 2）将温度设在18℃（64℉） 电压是否等于规定值	电压从12V 下降到0V	至步骤20	至步骤15
14	1）重新检查与控制器端子B4、B5和B6及混气风门电动机端子2、6和3相关的导线束和连接器端子 2）修理发现的故障 修理是否完成		系统正常	
15	重新检查控制器和混气风门电动机之间的所有导线 导线或连接器是否有故障		至步骤16	至步骤17
16	修理自动温度控制器和混气风门电动机之间的线束 修理是否完成		系统正常	
17	重新检查混气风门电动机 混气风门电动机是否有故障		至步骤18	至步骤19
18	更换混气风门电动机 修理是否完成		系统正常	

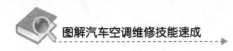

（续）

步骤	操作	值	是	否
19	更换控制器 修理是否完成		系统正常	
20	在改变温度设定后，观察混气风门的操作 风门是否正常移动		至步骤22	至步骤21
21	修理或更换混气风门 修理是否完成		系统正常	
22	在改变温度设定后，观察混气风门电动机的操作 电动机操作是否正常		至步骤24	至步骤23
23	更换混气风门电动机 修理是否完成		系统正常	
24	重新连接并测试系统 代码4是否再现		至步骤25	系统正常
25	更换控制器 修理是否完成		系统正常	

5. 别克凯越自动空调代码6：高功率晶体模组故障的诊断和维修

（1）高功率晶体模组相关电路

高功率晶体模组和继电器共同控制鼓风机的转速，其电路如图8-5所示。

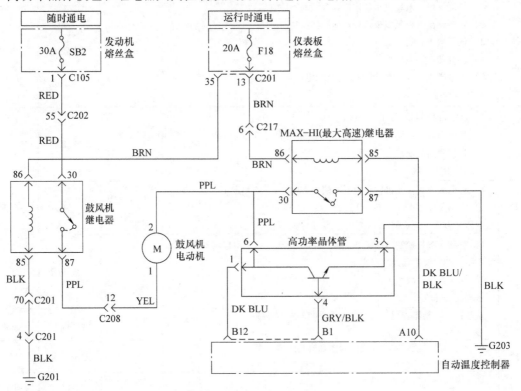

图8-5 别克凯越自动空调高功率晶体模组相关电路

（2）别克凯越自动空调代码 6：高功率晶体模组故障的诊断和维修（见表 8-6）

表 8-6 别克凯越自动空调代码 6：高功率晶体模组故障的诊断和维修

步骤	操作	值	是	否
1	1）断开自动温度控制器连接器 A 和 B 2）断开高功率晶体模组连接器 3）测量高功率晶体模组端子 4 到自动温度控制器端子 B1 的电路（灰色/黑色）电阻 阻值是否等于规定值	约为 0Ω	至步骤 2	至步骤 6
2	测量高功率晶体模组端子 1 到自动温度控制器端子 B12 的电路电阻 阻值是否等于规定值	约为 0Ω	至步骤 3	至步骤 6
3	1）将导线束重新连接到自动温度控制器和高功率晶体模组上 2）接通点火开关 3）测量搭铁和自动温度控制器端子 B12 之间的电压 4）用手将风扇速度控制器从最低（速度 1）切换到最高速度（速度 8） 测定电压值与规定值之差是否在 ±0.5V 内	1：4.0V 2：5.0V 3：6.0V 4：7.0V 5：8.0V 6：9.0V 7：10.0V 8：Max Hi（最大速度）	至步骤 4	至步骤 5
4	更换自动温度控制器 修理是否完成		系统正常	
5	测量高功率晶体模组端子 6 到鼓风机电动机端子 2 的电路（紫色）电阻 阻值是否等于规定值	约为 0Ω	至步骤 7	至步骤 6
6	修理或更换电路（紫色）导线束 修理是否完成		系统正常	
7	检查电动机和电源线 检查鼓风机继电器的导线束 检查熔丝 SB2 导线、继电器或熔丝是否有故障		至步骤 9	至步骤 8
8	更换高功率晶体模组 修理是否完成		系统正常	
9	必要时，修理或更换导线束、继电器或熔丝 修理是否完成		系统正常	

6. 别克凯越自动空调代码 3：冷却液传感器故障

（1）冷却液温度传感器相关电路（见图 8-6）

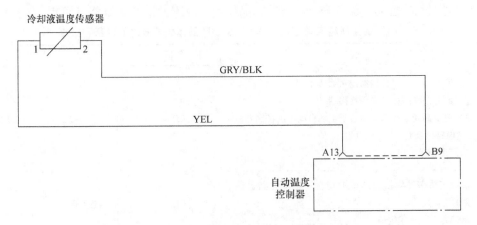

图 8-6　别克凯越自动空调冷却液传感器电路

（2）别克凯越自动空调代码 3：冷却液传感器故障诊断及维修（见表 8-7）

表 8-7　别克凯越自动空调代码 3：冷却液传感器故障诊断及维修

步骤	操作	值	是	否
1	1）从自动温度控制器线束上断开冷却液温度传感器 2）检查传感器到连接器的导线以及连接器是否出现损坏迹象 3）测量冷却液温度传感器连接器端子之间的电阻 　导线或连接器是否有损坏迹象，或在 20～25℃（68～77℉）的温度范围内，电阻值是否超出规定值	2600～2100Ω	至步骤 2	至步骤 3
2	必要时，修理损坏的导线或连接器或更换冷却液温度传感器 修理是否完成		系统正常	
3	1）接通点火开关 2）测量控制器线束上两个冷却液温度传感器连接器端子之间的电压 电压是否等于规定值	<4V	至步骤 7	至步骤 4
4	检查冷却液温度传感器连接器端子 连接器是否有故障		至步骤 5	至步骤 6
5	必要时，修理连接器端子或更换冷却液温度传感器或自动温度控制器 修理是否完成		系统正常	
6	1）将冷却液温度传感器重新连接到自动温度控制器线束上 2）接通点火开关 3）观察温度显示区 显示屏是否指示代码 3 故障仍然存在		至步骤 9	系统正常

（续）

步骤	操作	值	是	否
7	1）从仪表板上拔出自动温度控制器，但保持导线束连接 2）从背部探测连接器端子 A13 和 B9 之间的电压 电压是否等于规定值	<4V	至步骤 9	至步骤 8
8	1）跟踪检查从控制器端子 A13 和 B9 到自动温度控制器线束连接器上冷却液温度传感器连接器端子的导线 2）修理导线或连接器端子中的开路或电阻过高故障 修理是否完成		系统正常	
9	更换自动温度控制器 修理是否完成		系统正常	

第 9 章

纯电动汽车空调系统的结构和维修

本章导读

　　纯电动汽车没有发动机给空调系统提供动力源，也没有发动机余热进行采暖，因此不能直接使用传统的汽车空调系统，需要电能作为动力源。这样，蓄电池不仅要提供行驶所需动力，还要为空调系统提供能量。电动汽车的空调压缩机和PTC总成，实现了控制组件与运动或加热部件一体化的设计结构。压缩机控制器集成在压缩机上，PTC控制器与加热芯体集成后，再安装到暖风机总成内，都受整车控制器（VCU）和空调控制器控制，控制系统由CAN网络和电器控制电路构成。

　　通过本章的学习，可以了解电动汽车空调系统的结构与原理、主要部件的特点，掌握电动汽车空调的检修方法。

学习目标

1. 熟悉电动汽车空调的结构和原理
2. 掌握电动汽车空调的保养方法
3. 会检测电动汽车空调的常见故障

9.1　纯电动汽车空调系统的结构和原理

9.1.1　制冷系统的结构和原理

　　纯电动汽车的空调系统与传统燃油汽车基本相同，由电动压缩机、冷凝器、风扇控制器、风扇、蒸发器等组成，如图9-1所示。

　　电动压缩机由蓄电池提供电力驱动。制冷系统工作原理以及制冷剂循环过程和规律与由发动机驱动的汽车空调热泵式制冷相同，但在各阶段的压力和温度的数值有所不同，如图9-2所示。

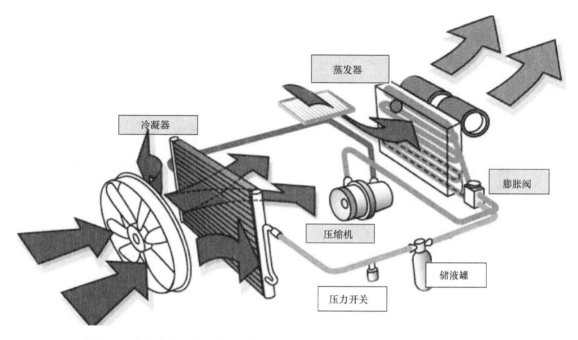

图 9-1　纯电动汽车空调制冷系统的组成示例（北汽 EV200，制冷剂为 R134a）

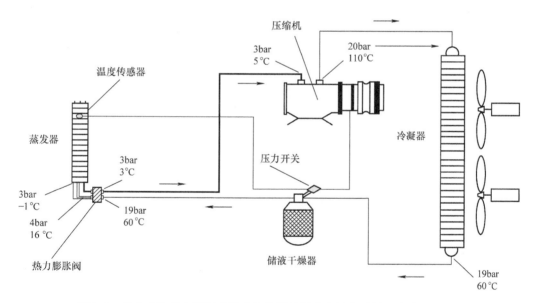

图 9-2　纯电动汽车空调制冷循环各阶段的温度和压力示例（北汽 EV200）

注：北汽 EV200 电动汽车的低压一般为 0.25～0.3MPa，高压一般为 1.3～1.5MPa，
平衡压力一般为 0.6MPa 左右，因受环境温度及加注量同时影响，会有一定的偏差。

9.1.2　暖风和风路

传统汽车压缩机由发动机传动带，通过电磁离合器带动，热源来自发动机余热。电动汽车空调不能利用发动机的余热，一般采用以下几种制热方式。

1. 热泵式

采用电动热泵式空调系统，压缩机使用电动机直接驱动，膨胀阀采用电子膨胀阀节流技术，使得控制更精确，并更节能。其组成及制冷、制热过程制冷剂的流动路径如图 9-3 所示。

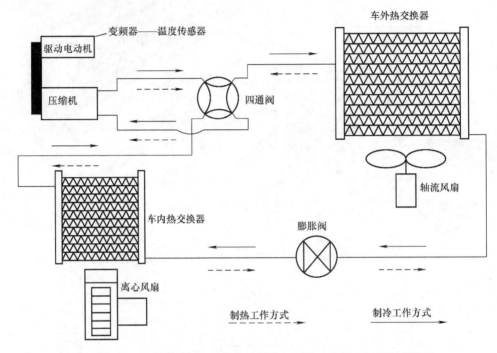

图 9-3　电动热泵式空调的组成以及制冷、制热过程制冷剂的流动路径

从图 9-3 可以看出，在制冷模式和制热模式中制冷剂的流动方向是不一样的。在制冷模式，车外热交换器充当冷凝器（放热），车内热交换器充当蒸发器（吸热）。在制热模式，车外热交换器充当蒸发器（吸热），车内热交换器充当冷凝器（放热）。制冷模式和制热模式下制冷剂的流动方向是通过四通阀来实现转换的，这与家用空调相似。

用来给热泵空调系统提供动力的电池主要是用来驱动汽车的，空调系统能量的消耗对汽车每充一次电的行程影响很大，所以对电动汽车空调系统的节能高效提出了更高的要求。

目前热泵型电动汽车空调最大的瓶颈是低温制热问题，特别是在我国的东北地区，这也是将来该行业研究的难题之一。为了使热泵型电动汽车空调更节能高效，通常从以下几个角度去着重解决：开发更高效的直流涡旋压缩机；开发控制更精准、更节能的硅电子膨胀阀；采用高效的过冷式平行流冷凝器；改善微通道蒸发器结构，使制冷剂蒸发更均匀。另外，电动汽车开门的次数以及在行车中受车速、光照、怠速等因素的影响，空调湿热负荷大。压缩机甚至整个空调系统都要适应这种多因素变化的工况，所以热泵型电动汽车空调系统变工况设计尤为重要。

汽车空调热泵系统和普通的家用空调比较相近，是对普通家用空调使用场合的扩展。为避免制热时因除霜导致室内舒适性下降，采用了热气旁通不间断制热除霜方式。除霜时，运行原理基本和制热相同，只是将融霜电磁阀打开，让从压缩机出来的高温高压的过热气体有一部分被分流至室外换热器的入口，迅速把室外换热器的温度提高到0℃以上，融掉室外换热器上的霜层，使得换热器保持良好的换热效率。

2. 半导体式（热电偶）

半导体式电动汽车空调系统的半导体制冷又称电子制冷，或者温差电制冷，与压缩式制冷和吸收式制冷并称为三大制冷方式。半导体制冷器的基本器件是热电偶对，即将一个N型半导体与一个P型半导体连接成热电偶，制成图9-4所示的半导体制冷片，通上直流电后，在接口处就会产生温差和热量的转移，一个平面吸热、制冷，另一个平面则放热。

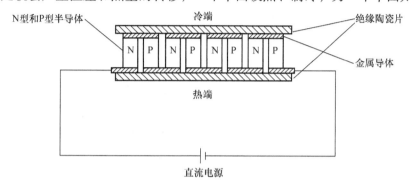

图9-4 半导体制冷（制热）

3. 加热器式

电动汽车采用加热器的电制热方式时，加热器通常配置在驾驶席和副驾驶席之间的地板下方。加热器由可用电发热的PTC加热器元件、将加热器元件的热量传送到散热剂（冷却水）的散热扇、散热剂流路和控制底板等组成。因要求加热器要有较高的制热性，所以，电源使用的是驱动电动机的锂离子充电电池（高压），而非辅助电池（12V）。

若是纯电动汽车专用产品，也可以不使用冷却液，直接用鼓风机使空气经PTC加热器，获得暖风。例如，北汽EV200纯电动汽车空调的PTC加热器和空调系统的其他部分如图9-5和图9-6所示。

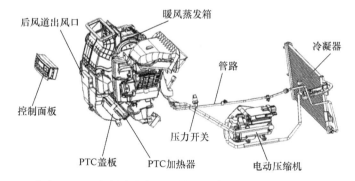

图9-5 北汽EV200纯电动汽车空调的PTC加热器和空调系统的其他部分

9.1.3 纯电动汽车空调主要部件的性能和参数

1. 电动压缩机

电动压缩机由涡旋式压缩机、直流无刷电动机、功率驱动模块（功能相当于变频器）

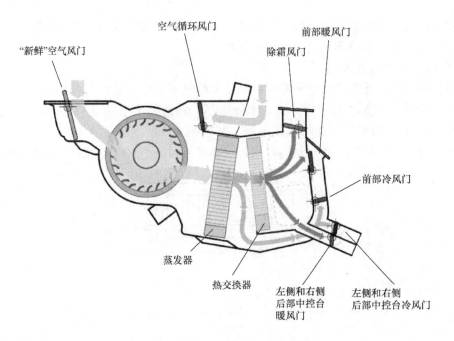

图 9-6　北汽 EV200 纯电动汽车空调的空调箱（内含蒸发器和 PTC 暖风、风扇等）结构

等部分组成。功率驱动模块得到直流高压和控制信号后，控制直流无刷电动机运转，电动机驱动压缩机运转，实现制冷运行，如图 9-7 所示。

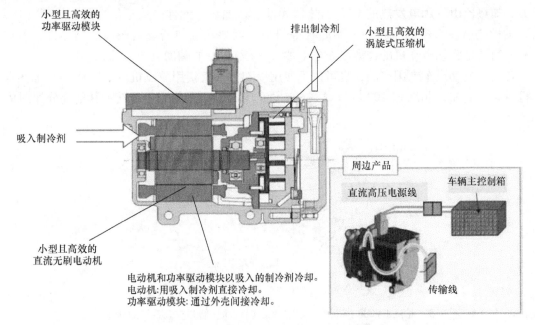

电动机和功率驱动模块以吸入的制冷剂冷却。
电动机：用吸入制冷剂直接冷却。
功率驱动模块：通过外壳间接冷却。

图 9-7　电动压缩机（北汽 EV200）的组成部件及各部件的作用

　　电动压缩机的外形及关键的特征部件（示例）如图 9-8 所示。
　　电动压缩机上的高低压接插件端子包含直流高压接插端子和控制信号端子两部分，如图 9-9 所示。各端子的作用详见表 9-1。

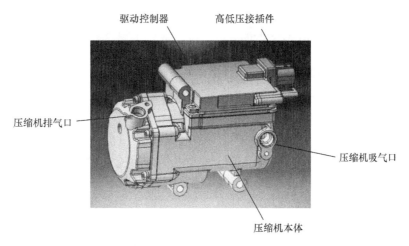

图 9-8　电动压缩机（北汽 EV200）的外形及关键特征部位

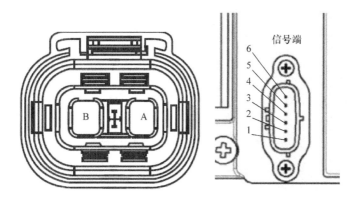

a) 空调压缩机高压线连接端子　　　b) 空调压缩机低压线连接端子(控制信号端子)

图 9-9　电动压缩机的接线端子示例（北汽 EV200）

表 9-1　电动压缩机控制信号端子的名称和功能

接插件	端口	接口定义	备注
高压两芯	A	正	控制器与动力电池的连接
	B	负	
低压六芯（控制信号接口）	1	12V 直流正极	
	2	空调开关信号输入	高电平或悬空为关闭（OFF），低电平或接地为开启（ON） 高电平输入范围：5～15V，直流，15mA 低电平输入范围：0～0.8V，直流，15mA
	3	空调调速信号输入	信号为 400Hz PWM 占空比信号 高电平输入范围：5～15V，直流，15mA 低电平输入范围：0～0.8V，直流，15mA
	4	12V 直流负极	
	5	CAN－H 接口	CAN 总线通信接口
	6	CAN－L 接口	

2. PTC 加热器

PTC 是 Positive Temperature Coefficient 的缩写，意为正温度系数（电阻值随温度的升高而增大，随温度的降低而减小）。PTC 加热器是采用 PTC 热敏电阻元件为发热源的一种加热器。PTC 热敏电阻通常是用半导体材料制成的，它的电阻随温度变化而急剧变化，当外界温度降低，PTC 电阻值随之减小，发热量反而会相应增加，反之发热量会增加，所以 PTC 加热器具有节能、恒温、安全和使用寿命长等特点。

PTC 热敏电阻按材质可以分为陶瓷 PTC 热敏电阻和有机高分子 PTC 热敏电阻。用于空调辅助电加热器的是陶瓷 PTC 热敏电阻。目前北汽生产的纯电动汽车空调制热系统均采用 PTC 电加热制热系统，它由 PTC 加热器元件、将加热器元件的热量传送到散热器的鼓风机以及 PTC 加热器控制器等组成。因要求加热器要有较高的制热性，所以，电源使用的是驱动电动机的锂离子充电电池（高压），而非辅助电池（12V）。

PTC 加热器升温快，耗电功率大，需 2kW 以上，对车辆续航能力有较大影响。PTC 本体由于温度相对较高，需周边结构件配合为其提供空间，防止塑料件受热变形，同时 HVAC（供热与空气调节系统）内海绵及润滑脂易因高温产生异味。

PTC 加热器的外形及工作原理（示例）如图 9-10 所示。

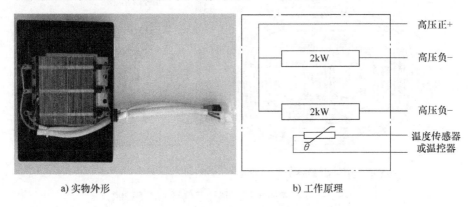

a) 实物外形　　　　　　　　b) 工作原理

图 9-10　PTC 加热器的外形及工作原理（示例）

PTC 加热器控制器（即 PTC 控制模块）是空调暖风系统的控制中心，来控制和保护 PTC 加热器。PTC 控制器内的单片机（微电脑）根据输入的开（ON）/关（OFF）信号、设定的预期温度需求和 PTC 温度传感器检测到 PTC 加热器的工作温度，通过模块内部的驱动电路控制两路开关管的导通或截止，来控制 PTC 加热器供电的接通和断开，实现 PTC 加热器的运行。

1）当风速开关在 0 档时，HEAT 键无效，风速为其他档时，HEAT 键有效，且检测到出风口处于暖风状态时，才允许 PTC 工作。

2）VCU 采集到 PTC 开启的按键信号，ECU 输出高电平，控制车辆 PTC 高压继电器闭合，PTC 通电开始工作。

3）VCU 采集到 PTC 温度传感器信号，根据设定温度值进行比较，若高于设定值，则断开 PTC 继电器，PTC 停止工作，当检测到温度传感器≤65℃时，PTC 恢复工作。

4）在制热状态时，按下 A/C 键，PTC 停止工作，进入制冷模式。

PTC 控制器（示例）如图 9-11 所示。

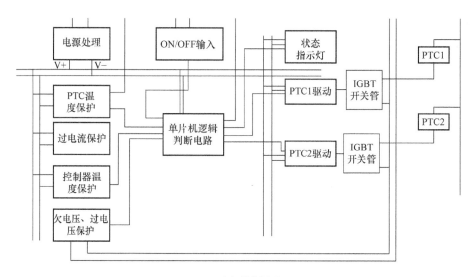

a) 内部结构框图

b) 实物

图 9-11　PTC 控制器（北汽 EV200）

9.1.4　控制系统结构

　　下面以北汽新能源 EV200 纯电动汽车空调为例进行介绍。控制系统由传感器、控制器和执行器组成，其原理框图如图 9-12 所示。其中，传感器主要有空调压力开关、空调温度传感器（包括空调蒸发器各出风口温度传感器、车内温度传感器等）和环境温度传感器；控制器主要有空调压缩机控制器、空调控制器和整车控制器（VCU）；执行器主要有空调压缩机、冷暖调节电动机、模式转换电动机、内外循环电动机、鼓风机调速控制模块和 PTC控制器。

　　空调控制器接收空调 A/C 开关信号以及空调压力传感器、环境温度传感器及各空调温度传感器等信号来判断空调系统是否满足运行条件。如果运行条件满足，则空调控制器通过CAN 总线信号向空调压缩机控制器发出运转指令。空调压缩机控制器接收到运转指令，将以高压动力电池驱动空调压缩机。空调压缩机运行后，空调控制器根据驾驶员所设定的温度及模式，并结合各传感器的反馈信号以确定满载荷、中等载荷、低载荷的运行方式，并对整个空调系统的运行进行综合控制。

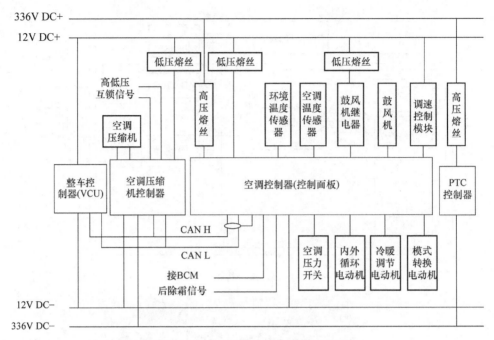

图9-12 纯电动汽车空调控制原理框图

9.2 纯电动汽车空调的保养、维护和维修

纯电动汽车的空调压缩机由高压电驱动，压缩机控制器安装在压缩机上，受整车控制单元（VCU）控制。压缩机是空调制冷系统制冷剂循环的动力来源。压缩机的故障有机械故障和电气系统故障，电气系统故障又分为高压电故障和低压电故障，压缩机的高压电受到低压电控制。空调压缩机高压电不能上电，无法正常工作，往往是由低压控制系统的故障引起的。因此，空调压缩机的电气故障诊断重点应从低压电路控制系统着手。当然压缩机的故障诊断关系到高压电，从业者一定要有相应的高压从业资格证，遵守高压维修的相关规范，才能确保人身安全。

9.2.1 空调系统维护和维修的注意事项

1. 维护

1）定期更换空调滤清器。

2）定期清洗冷凝器、散热器。

3）定期维护鼓风机。

4）经常检查制冷剂量。

5）检查各连接螺栓及接头部分是否松动。

6）检查制冷能力和制热能力（主观测评或用温度仪）。

7）检查工作是否异常（如压缩机异响、鼓风机异响、控制器功能失效等）。

2. 维修操作注意事项

1）压缩机绝缘电阻值为 $20M\Omega$。如果绝缘电阻低于正常值，要检查、维修或更换相应部件或更换压缩机。

2）对高压部件特别要注意安全操作。

3）拆解后及时密封各管路开口，防止水或湿空气进入系统。

4）冷冻油（压缩机润滑油）为POE68，与传统汽车（PAG冷冻油）不同，勿混用。

5）连接安装各管路接口时注意接口清洁，O形圈涂抹冷冻油。

6）制冷剂加注量按要求加注。

7）制冷剂喷出时注意个人防护，避免接触冻伤、吸入及误入眼睛。

3. 制冷剂加注流程

（1）检查空调系统部件安装情况

此过程中主要核对管路、冷凝器、膨胀阀、压缩机等各主要连接部件是否齐全，是否安装到位，确认各连接点未漏装O形圈、螺栓拧紧。

（2）抽真空

空调高低压充注阀均连接制冷剂加注机，打开阀门后开始抽真空过程，过程根据实际情况持续约5~10min，若结束后压力值仍偏高或认为原系统内水分含量偏多，此过程可酌情反复进行多次。

（3）保压

抽真空完毕后关闭高低压软管阀门，保持压力表工作，10min后观察压力值变化，若无明显反弹，则可认为此空调系统密封正常，可进行后续加注工作。

（4）制冷剂加注

按照车辆前舱指示标签所要求的加注量数值加注相应重量的制冷剂，加注过多或过少均影响空调使用效果。加注中注意采用优质、含水率低的制冷剂产品。

注意：

1）若采用简易方式加注，建议采用低压端加注，同时制冷剂罐体倒置，以保证液态制冷剂压力满足加注过程所需。

2）若在简易加注中仅由单一加注阀加注，在观察称量数值发现加注困难时，可在加注中起动压缩机。

9.2.2　纯电动汽车空调常见故障的检修方法和检修示例

1. 制冷系统常见故障及可能的原因及处理办法

制冷系统出现异常后，可用压力表测试高压侧和低压侧的压力，通过压力来确定故障的原因及处理办法，见表9-2。

表9-2　纯电动汽车空调制冷系统常见故障及可能的原因及处理办法

序号	故障表现	故障原因	处理办法
1	高压侧、低压侧压力表指示值比标准值低，在观察窗可看见气泡	制冷剂不足	检漏、补足制冷剂
2	高压侧、低压侧压力表指示值比标准值低。储液罐/干燥器前后管路有温差，甚至结霜	膨胀阀、储液罐/干燥器阻塞，或管路有阻塞	消除或更换相关部件

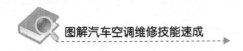

（续）

序号	故障表现	故障原因	处理办法
3	高压侧、低压侧压力表指示值比标准值高，冷凝器排出侧不热	制冷剂充入过量	排出多余的制冷剂
4	高压侧、低压侧压力表指示值比标准值高，但停机后，高压侧压力迅速下降	制冷系统混入空气	重新抽真空、加注制冷剂。如果仍有该现象，则需要更换储液罐/干燥器和压缩机冷冻油
5	高压侧、低压侧压力表指示值比标准值高，但低压侧形成霜冻或深度冷凝	膨胀阀失效，针阀开启过大，膨胀阀的感温压力泡与蒸发器的连接断开	检查、更换膨胀阀，或重新连接好压力泡
6	低压侧压力低，但高压侧压力高，停机后立即趋于平衡	压缩机内部磨损，不能有效压缩	更换压缩机
7	低压侧和高压侧压力波动	干燥器趋于饱和，制冷剂的湿气不能除去，以至出现冰堵现象	更换储液罐/干燥器，重新加注制冷剂
8	高压侧压力正常，低压侧压力偏低	蒸发器表面结满灰尘，蒸发器表面翅片碰伤，温度驱动控制器失灵，鼓风机风量减小（风量开关、变速电阻器损坏）	清洗及整理蒸发器表面，检修温控器、鼓风机、风量开关、变速电阻器，当更换蒸发器时必须向系统内加注30～50mL冷冻油

2. 制冷系统常见故障检修示例——制冷量不足故障的一般检修方法

（1）检查空调滤清器、冷凝器是否脏污、堵塞

汽车空调滤清器一般间隔半年或者车辆行驶1万km就需要更换一次，特别是在夏季或冬季需要使用空调时，必须要检查和清洗空调滤清器。当发现空调冷凝器表面有污物覆盖时，要及时清洗冷凝器，以免冷凝器出现不散热现象，从而使空调制冷量不足。

（2）检查制冷系统管路是否有泄漏

汽车空调常用的检漏方法有以下两种：

1）泡沫查漏法。采用氮气加压检漏法检测的同时，使用洗涤灵水溶液泡沫涂抹空调系统管路以及各部件外表（推荐用海绵进行涂抹，使起泡量达到最大），查看是否有气泡产生。建议使用洗涤灵溶液泡沫的原因是，其泡沫细腻且保持时间长，远优于肥皂水等发泡溶液。使用时，可将压缩机泵头处涂抹覆盖，在系统压力为2.0～2.5MPa时，上下晃动且尽可能地加大晃动的频率，可检查泵头处有无泄漏。

2）电子检漏仪检漏。使用专用仪器的探头在所有可能渗漏的部位附近移动（速度不要过快），当检漏装置发出报警时，即表明此处存在泄漏。因制冷剂挥发快，此种方法在小空间使用效果较佳，如蒸发器等部位。空调风机建议使用低档转速。

（3）对空调制冷系统管路进行抽真空

抽真空并不能直接把水分抽出制冷系统管路，而是产生真空后降低了水分的沸点，水分变成蒸汽后被抽出制冷系统。因此，系统抽真空时，时间越长，系统内残余的水分就越少。为了最大限度地将系统内的空气以及湿气抽出，必须采用重复抽真空法，即第一次抽真空完毕后，再连续抽 30min 以上。具体操作过程如下：

1）将空调歧管压力表上的高压、低压软管分别与空调系统中的高压、低压接口相连。

2）打开空调歧管压力表上的高、低压手动阀，起动真空泵，并注视空调歧管压力表上的压力值，特别是低压表上的压力值，将系统抽真空至 −0.1MPa。

3）关闭空调歧管压力表上的高、低压手动阀，观察压力表上的压力值是否回升。若回升，则表示系统泄漏；若压力表指针保持不动，则打开高、低压手动阀，起动真空泵继续抽真空 15 ~ 30min。

4）关闭空调歧管压力表上的高、低压手动阀。

5）关闭真空泵，应先关闭高、低压手动阀，然后关闭真空泵，以防止空气进入制冷系统。

（4）对空调制冷系统添加制冷剂

汽车空调添加制冷剂有两种方法。

1）高压侧充注法：当制冷系统中抽了真空，或者更换过元件之后宜采用这种方法。

① 当系统抽完真空后，关闭歧管压力表上的高、低手动阀进行并表，确认不漏后，将歧管压力表与系统连接。

② 将中间软管的一端与制冷剂罐注入阀的接头连接起来，如图 9-13 所示，打开制冷剂罐开关，拧开歧管压力表软管一端的螺母，让气体溢出几分钟，把空气排出，然后再拧紧螺母。

③ 拧开高压侧手动阀至全开位置，将制冷剂罐倒立，以便从高压管充注液态制冷剂。从高压管充注规定量的液态制冷剂，使表压达到 0.4MPa 左右，然后关闭制冷剂罐注入阀及歧管压力表上的手动高压阀。

④ 采用低压侧添加制冷剂。点火（N 档，手刹不松开），打开 A/C 空调开关，将风机温度调节开关调至最大位置。

⑤ 将制冷剂罐正置，打开低压阀，从低压管继续充气态制冷剂；观察高、低压表，北汽新能源电动汽车空调制冷系统高压一般为 1.3 ~ 1.5MPa，低压一般为 0.25 ~ 0.3MPa。

⑥ 熄火，再次检验制冷系统是否有泄漏。

⑦ 装回所有保护帽和保护罩。

注意，高压侧充注时，制冷剂罐必须倒立，严禁开启空调系统，否则会造成制冷剂罐的

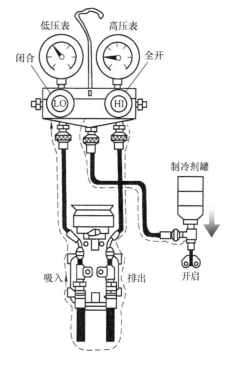

图 9-13　电动汽车空调从高压侧充注制冷剂

爆裂，也不可打开低压手动阀。

2）低压侧充注法：制冷系统中还存有一定的制冷剂，没有进行过抽真空过程的情况宜采用这种方法添加制冷剂。

① 将歧管压力表与压缩机和制冷剂罐系统连接好。

② 打开制冷剂罐开关。关闭高、低手动阀，拆开高压侧检修阀和软管的连接，然后打开高压手动阀，再打开制冷剂罐开关。在胶管口听到制冷剂蒸汽出来的声音后，立即将软管与高压检修阀相连，关闭高压手阀。用同样的方法清除低压侧和管路中的空气，然后关闭高、低压手动阀。

③ 拧开低压管手动阀至全开位置，将制冷剂罐正立，如图 9-14 所示，以便从低压管充注气态制冷剂。当系统压力值达到 0.35～0.4MPa时，关闭手动低压阀。

④ 点火，打开空调开关，并将风机置于高速，温度调节开关调到最冷位置。

⑤ 打开歧管压力表上的低压管手动阀。让制冷剂继续进入制冷系统，直至充注量达到规定值时，立即关闭低压管手动阀。

⑥ 观察视液窗，确认系统内无气泡、无过量制冷剂。

⑦ 充注规定量的制冷剂后，关闭制冷剂罐注入阀及歧管压力表上的手动低压阀，熄火，然后卸下仪表。卸下时动作要迅速，以免过多的制冷剂排出。

⑧ 再次检验制冷系统是否有泄漏。

⑨ 装回所有保护帽和保护罩。

注意，低压侧充注时，要打开空调压缩机A/C 开关，制冷剂罐为直立，高压手动阀处于关闭位置。

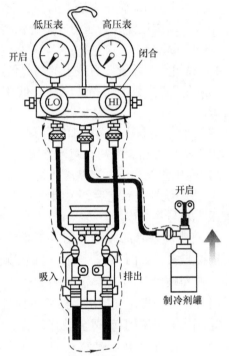

图 9-14　电动汽车空调从低压侧充注制冷剂

3. 电动压缩机常见故障的原因及排除

空调电动压缩机不能工作的故障有机械方面的故障和电子控制系统方面的故障，其常见故障原因及排除方法示例见表 9-3。

表 9-3　电动压缩机常见故障的原因及排除（北汽 EV160）

故障	现象	原因及判断	检测、排除方法
驱动控制器不工作，压缩机不工作	压缩机无起动的声音，电源电流无变化	① 12V 电源未接入驱动控制器 ② 控制电源电压不足或者超压 ③ 接线端子不足或者松脱	① 检查驱动控制器电源插头是否松脱 ② 检查电源到驱动控制器之间的导线是否松脱、断路 ③ 测量电源电压是否达到要求（对于 12V 的控制电源，应不低于 9V，不超过 15V）

（续）

故障	现象	原因及判断	检测、排除方法
驱动控制器工作正常，压缩机工作异常	压缩机发出异常的声音	① 电动机断相 ② 冷凝器风机未正常工作，系统压差过大，电动机负载过大	检查驱动控制器与电动机连接的电源及相关导线，保证其接触良好及导通，保证冷凝器风机正常工作，待系统压力平衡后再次起动
驱动控制器工作正常，压缩机不工作	压缩机无起动声音，电源电流无变化，各端口电压正常	空调控制器未接收到空调AC开关传来的开启（ON）信号	① 检查 A/C 开关是否有故障 ② 检查与 A/C 开关相连的导线是否断路 ③ 检查 A/C 开关连接方式是否正常 注意：连接方式正常时，AC 开关的控制端子输出高电平或悬空时为关闭（OFF），低电平或接地为开启（ON） 高电平输入范围：5~15V，直流，15mA 低电平输入范围：0~0.8V，直流，15mA
	压缩机无起动声音，电源电流无变化，高压端口电压不足或无供电	欠电压保护启动	① 检查驱动控制器主电源输入接口处的接线端子是否松脱 ② 主电源到驱动控制器之间的导线是否断路 ③ 控制主电源输入的继电器是否正常动作
驱动控制器自检正常，压缩机不工作	压缩机起动时轻微抖动，电源电流有变化，随后降为0	① 冷凝器风机未正常工作，系统压差过大，电动机负载过大，导致过电流保护启动 ② 电动机断相，导致过电流保护启动	① 保证冷凝器风机正常工作，待系统压力平衡后再次起动 ② 检查驱动控制器与电动机连接三相插头及相关导线，保证其接触良好及导通

4. 空调电动压缩机控制电路检修示例

下面以与北汽 EV200 相似的北汽 EV160 为例进行介绍。其空调系统控制原理如图 9-12 所示。压缩机电路控制原理图如图 9-15 所示。

空调继电器控制压缩机 12V 低压电源，低压电源电压是空调压缩机控制器的通信信号传输及控制功能得以正常运行的可靠保证。整车控制器 VCU 通过数据总线 CANH、CANL 与空调压缩机控制器相连接，再由压缩机控制器控制空调压缩机的高压电源线 DC + 与 DC − 通断。高压互锁信号线在高压上电前确保整个高压系统的完整性，使高压电处于一个封闭的环境下工作，提高安全性。空调压缩机的高压线束与低压线束相互独立。

（1）空调压缩机故障的判别

把点火开关旋至 ON 档，打开空调 A/C 开关，风量开至最大，观察发现鼓风机工作正常，但无冷风，汽车仪表无高压绝缘性故障描述，进一步检查，发现空调压缩机不工作，初步断定为空调压缩机或其控制系统的问题，决定对空调压缩机及其控制电路进行诊断，查找

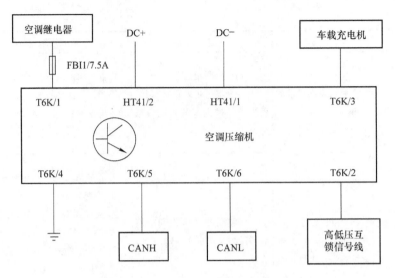

图 9-15 北汽 EV160 压缩机控制原理图

故障原因，并修复排除故障。

（2）测量搭铁线、CAN 总线

点火开关处于 OFF 状态，断开空调压缩机低压连接器，分别测量搭铁线、CAN 总线。

1）搭铁线的测量。用万用表测量低压连接器 4 脚（见图 9-9）与车身之间的电阻，其正常电阻应不超过 1Ω，如果电阻为无穷大，则故障为搭铁线断路。若搭铁线有故障，压缩机控制器无法控制压缩机工作。

2）空调压缩机 CAN 总线电阻的测量。用万用表测量低压连接器 5 脚与 6 脚之间的电阻（见图 9-9）。其电阻值应约为 60Ω，若电阻为无穷大，故障为断路，若电阻接近于 0，则可能为 CAN－H 与 CAN－L 短路或与其连接的相关部件有短路现象。

3）测量 CAN 总线的搭铁线之间是否短路。用万用表分别测量低压连接器 5 脚与车身、6 脚与车身之间的电阻，电阻值应为无穷大，若电阻接近于 0，故障为导线有搭铁现象。导线搭铁短路往往是由于导线绝缘胶老化、磨损导致导线的金属直接与车身相通。

（3）空调压缩机高压互锁信号线的测量

用万用表测量空调压缩机低压接口内部 2 脚与 3 脚（见图 9-9）之间的电阻，电阻值应小于 1Ω，如果电阻为无穷大，故障为线路断路。

（4）12V 低压电源线测量

点火开关旋至 ON 档，用万用表测量低压连接器 1 脚的直流电压，电压值应为 9～14V，如果测得电压为 0，则检查图 9-15 中的 FBI1/7.5A 熔丝、空调继电器，若熔丝及继电器良好，那么检查低压连接器 1 脚与 FBI1/7.5A 熔丝之间有否断路。

（5）空调压缩机高压线 A、B 线电流的测量

连接空调压缩机低压连接器，把点火开关旋至 ON 档，打开空调 A/C 开关，把风量开至最大，用数字钳形表分别测量 A 线和 B 线的电流（见图 9-9），电流值应为 1～1.5A，若电流值为 0，检查动力电池高压线连接器以及高压控制盒高压线束连接器，如果连接器正常，

则为空调压缩机内部控制器故障。

（6）修复后的检验

对检查出的故障点进行修复或更换元件，更换元件时须断开蓄电池负极。连接空调压缩机、高压连接器与低压连接器，装好蓄电池负极，确保各元件连接正常。把点火开关旋至 ON 档，打开空调 A/C 开关，风量开至最大，空调系统应工作正常；用压力表组测量空调系统高低管路压力，低压为 0.25～0.35MPa，高压为 1.3～15MPa，不开空调时，系统低压侧与高压侧压力平衡，压力约为 0.6MPa。

附 录

附录 A　奥迪 A4 制冷系统结构及部件连接示意图

1. 制冷系统结构及部件连接示意图

奥迪 A4 制冷系统结构及部件连接示意图比较典型，对于我们理解空调系统的组成和工作原理有一定的帮助，如图 A-1 所示。

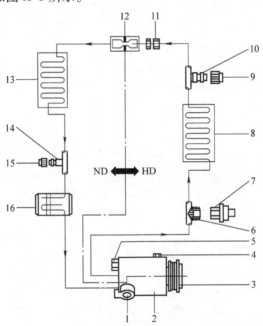

图 A-1　奥迪 A4 制冷系统结构及部件连接示意图

HD—高压侧　ND—低压侧

1—空调压缩机调节阀　2—空调压缩机　3—带轮/压缩机驱动单元

4—放油螺塞　5—过压泄压阀　6—连接阀的接口　7—空调设备高压传感器

8—冷凝器　9—螺塞（带密封件，原则上要旋上）

10—维修接口（高压侧，用于测量、排空和充注制冷剂）　11—制冷剂管路中的螺栓连接

12—节流阀（安装在螺栓连接中的位置）　13—蒸发器

14—维修接口（低压侧，用于测量、排空和充注制冷剂）

15—螺塞（带密封件，用于保护维修接口）　16—集油器

2. 奥迪 A4 空调各部件的安装位置（见图 A-2）

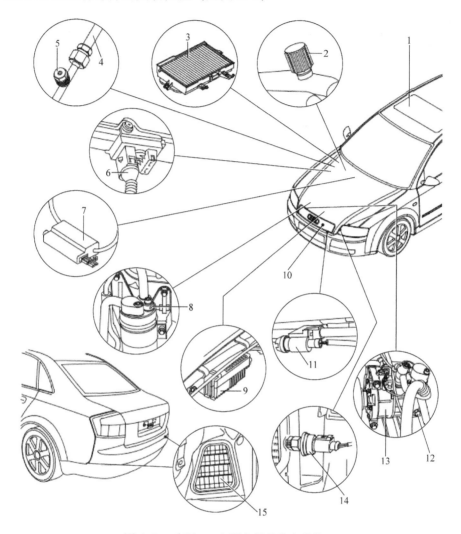

图 A-2　奥迪 A4 空调各部件的安装位置

1—太阳能滑动式天窗　2—低压侧维修接口（工艺口）　3—空气微尘滤清器
4—制冷剂管路的螺栓连接（带节流阀，螺栓连接只允许当制冷剂循环管路被排空时打开）
5—高压侧维修接口（工艺口）　6 —空气质量传感器　7—可加热前窗玻璃控制器
8—收集器（只允许在制冷剂循环管路被排空时拆下）
9—制冷剂鼓风机控制器（接通制冷剂鼓风机并无级地调到所希望的功率。根据车辆配置的
不同而有不同的规格和不同的安装位置）　10—冷凝器（只允许在制冷剂循环管路被排空时打开）
11—外界温度传感器　12—空调压缩机控制器　13—空调压缩机
14—空调设备高压传感器（高压开关）　15—强制通风（通风框架的密封唇必须合格并且能够自动关闭）

附录 B　汽车空调性能测试（R134a 系统）

1. 上汽通用别克凯越（R134a 系统）在不同工况下高、低压侧的压力

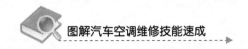

　　维修实践中经常需要通过测试高、低压侧的压力来判断故障。上汽通用别克凯越（R134a 系统）在不同工况下的压力见表 B-1。

表 B-1　上汽通用别克凯越（R134a 系统）在不同工况下的压力

相对湿度	环境空气温度		低压侧压力		发动机转速	中心空气管空气温度		高压侧压力	
%	℃	℉	lb/in²	kPa	r/min	℃	℉	lb/in²	kPa
20	21	70	26	179	2000	7	45	160	1103
	27	81	24	165		8	46	212	1462
	32	90	26	179		9	48	277	1910
	38	100	33	228		14	57	333	2296
30	21	70	26	179	2000	7	45	160	1103
	27	81	24	165		8	46	220	1517
	32	90	27	186		10	50	283	1951
	38	100	34	234		15	59	349	2406
40	21	70	26	179	2000	8	46	162	1117
	27	81	26	179		9	48	227	1565
	32	90	29	200		11	52	295	2034
	38	100	37	255		17	63	364	2510
50	21	70	26	179	2000	8	46	162	1117
	27	81	26	179		9	48	235	1620
	32	90	32	221		13	55	304	2096
	38	100	71	490		19	66	380	2620
60	21	70	27	186	2000	8	46	165	1138
	27	81	26	179		9	48	246	1696
	32	90	34	234		15	59	324	2234
	38	100	44	303		22	72	393	2710
70	21	70	27	186	2000	9	48	171	1179
	27	81	28	193		10	50	260	1793
	32	90	36	248		16	61	330	2275
	38	100	47	324		24	75	401	2765
80	21	70	27	186	2000	9	48	178	1227
	27	81	30	207		12	54	266	1834
	32	90	37	255		17	63	339	2337
90	21	70	27	186	2000	9	48	178	1227
	27	81	30	207		12	54	272	1875
	32	90	38	262		18	64	340	2344

　　注：测试条件为车门和发动机罩打开，空调接通，外循环模式，最冷和最高鼓风机转速，无阳光，风速为 8km/h（5mile/h）。

　　2. R134a 系统低压侧和高压侧压力关系

　　R134a 系统低压侧和高压侧压力关系如图 B-1 所示。

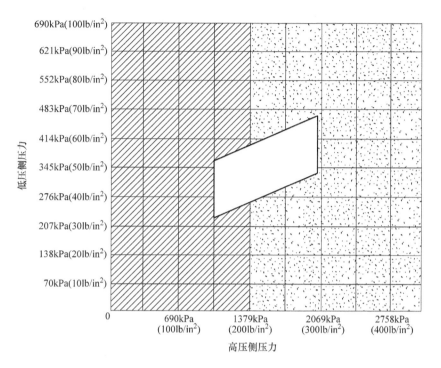

图 B-1　R134a 系统低压侧和高压侧压力关系

注：低压侧和高压侧压力的交点在白色区域为正常。

附录 C　上汽通用别克凯越空调（R134a 系统）压力测试及相关结果说明

别克凯越空调（R134a 系统）压力测试及相关结果说明对于我们在检修过程通过用压力表测试系统来判断系统性能是很有帮助的，有一定的参考价值，见表 C-1。

表 C-1　上汽通用别克凯越空调（R134a 系统）压力测试及相关结果说明

测试结果	相关症状	可能原因	排除方法
排出（高压）压力过高	在关闭压缩机后，压力迅速下降约 299kPa（28lb/in²），然后逐渐下降	系统中有空气	回收、排空并重新定量加注空调制冷剂
	冷凝器过热	系统中的制冷剂过多	回收、排空并重新定量加注空调制冷剂
	通过冷凝器的气流过小或没有气流	冷凝器或散热器片堵塞	清理冷凝器或散热器翅片
		冷凝器或散热器风扇工作不正常	检查电压和风扇转速检查风扇转向
	冷凝器连接管过热	系统中的制冷剂流动受阻	确定堵塞位置并修理

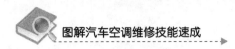
（续）

测试结果	相关症状	可能原因	排除方法
排出压力过低	冷凝器不热	系统缺制冷剂	检查系统是否泄漏 加注系统
	在压缩机停机后，高、低压迅速平衡 低压侧压力高于正常值	压缩机卸压阀有故障	修理或更换压缩机
		压缩机密封有故障	
	膨胀阀出口未结霜 低压侧压力表指示真空	膨胀阀有故障	更换膨胀阀
		系统中有湿气	回收、排空并重新加注空调制冷剂
吸入（低压）压力过低	冷凝器不热	系统缺制冷剂	修理泄漏位置 回收、排空并重新加注空调制冷剂
	膨胀阀未结霜，低压管路不凉 低压表指示真空	膨胀阀有故障	更换膨胀阀
		膨胀阀冻结	
	排气温度过低，气流出口受阻	膨胀阀冻结	清理堵塞的蒸发器壳体排水管路
	膨胀阀结霜	膨胀阀堵塞	清理或更换膨胀阀
	储气干燥器出口凉，进口热	储气干燥器堵塞	更换储气干燥器
吸入压力过高	低压软管和单向阀比蒸发器周围凉	膨胀阀开启时间过长	更换膨胀阀
		毛细管松动	
	用水冷却冷凝器时，吸入压力下降	系统中的制冷剂过多	回收、排空并重新加注空调制冷剂
	压缩机停机后高压和低压迅速平衡，而在压缩机运行时压力表读数不稳定	衬垫故障	修理或更换压缩机
		高压阀有故障 （仅 V5 压缩机）	
		异物颗粒卡在高压阀上 （仅 V5 压缩机）	
吸入压力和排出压力过高	通过冷凝器的气流过小	冷凝器或散热器翅片堵塞	清理冷凝器和散热器
		散热器冷却风扇工作异常	检查电压和散热器风扇转速 检查风扇转向
	冷凝器过热	系统中的制冷剂过多	回收、排空并重新加注空调制冷剂
吸入压力和排出压力过低	低压软管和金属端部位比蒸发器凉	低压软管堵塞或扭结	修理或更换低压软管
	膨胀阀周围的温度比储气干燥器周围低	高压管堵塞	修理或更换高压管
制冷剂泄漏	压缩机离合器过脏	压缩机轴封泄漏	修理或更换压缩机
	压缩机螺栓过脏	压缩机壳体螺栓周围泄漏	紧固螺栓或更换压缩机
	压缩机衬垫被机油浸透	压缩机衬垫泄漏	修理或更换压缩机